山东体育学院高水平应用型立项建设特殊教育专业（群）资助出版

大学生心理健康教育

杨健梅　于昊　杨见奎　编著

九州出版社
JIUZHOUPRESS

图书在版编目（CIP）数据

大学生心理健康教育 / 杨健梅，于昊，杨见奎编著
. -- 北京 : 九州出版社，2021.6
ISBN 978-7-5225-0189-5

Ⅰ. ①大… Ⅱ. ①杨… ②于… ③杨… Ⅲ. ①大学生
－心理健康－健康教育 Ⅳ. ①G444

中国版本图书馆CIP数据核字(2021)第116356号

大学生心理健康教育

作　　者　杨健梅　于　昊　杨见奎　编著
责任编辑　石增银
出版发行　九州出版社
地　　址　北京市西城区阜外大街甲 35 号 (100037)
发行电话　(010)68992190/3/5/6
网　　址　www.jiuzhoupress.com
印　　刷　北京旺都印务有限公司
开　　本　710 毫米 ×1000 毫米　16 开
印　　张　18.25
字　　数　280 千字
版　　次　2021 年 7 月第 1 版
印　　次　2021 年 7 月第 1 次印刷
书　　号　ISBN 978-7-5225-0189-5
定　　价　78.00 元

前言

来访者 A，男，21 岁，体育学院武术系大三学生。感觉自己脖子痛、关节痛、腿酸，情绪比较压抑，易激惹，担心自己得了绝症。不能集中注意力专心学习，晚上难以入睡，多梦，遂向心理咨询中心老师求助。

来访者主述，总是担心自己健康状况出现问题，怕自己患上了绝症“白血病”。（为什么是“白血病”？）来访者述，因为曾和白血病患者接触较多，很担心会被传染。之后，在当地的县医院做了血液检查，结果显示为阴性，正常。医生也告知自己，白血病不是传染病，单纯和白血病患者接触是不会被传染的……医学检查结果和医生的专业解答，只是暂时缓解了来访者的情绪压力。回到学校后，来访者又开始怀疑自己是否患病。同宿舍的同学也打趣他，看你的脖子后面和背上都长痘了，怕是得了吧！也有同学安慰他，你别想，你越想，越容易得病！不恰当的安慰方法适得其反，更加重了来访者疑病的暗示心理……主述情绪变得焦虑、烦躁、恐惧，性格变得暴躁，关注自己的身体感觉，老纠结于“白血病”的字眼；上网查该病的症状，和自己的情况逐一比对……来访者说自己这样神经兮兮的，都快被女朋友瞧不起了（苦笑）……（以前呢？以前发生过这样的事情吗？）以前也曾经发生过类似的事情，有一次在网上看新闻说有人把含有艾滋病病毒的血液放饭菜里，吓得自己好几天不敢去食堂吃饭……但这一次不同，是和自己亲密接触过的人患病，所以非常担心……了解来访者成长史，得知在其幼年时，他的父母为生计奔波，忙于饭店生意，怕他一个人在家不安全，常常把他独自锁在房间里，导致其性格略显孤僻；而且来访者自小体弱多病，有过敏性哮喘，曾经还得过肺气肿。随着年龄的增长，体质加强，加之练习武术强身健体，身体免疫能力才越来越好。但是，和普通人相比，来访者对健康问题更关注。来访者述，老怀疑自己身体有病，现在就想把心病治好，才有精神头好好学习……（欲言又止）而且最近和寝室同学关系紧张，也很烦……

被称为“现代危机干预之父”的凯普兰（Caplan）指出：当一个人先前处理危机的方式和惯常的支持系统不足以应对眼前的困难情境（problematic situation），也就是说他必须面对的困难情境超过了他的能力时，这时他就会产生暂时的心理困扰（psychological distress），这种暂时性的心理失衡状态就是心理危机。

个体在成长过程中，不可避免地会遇到各式各样的危机事件。但是，出现心理危机并不意味着失败，根据凯普兰的观点，成长正是通过为将来的发展提供基础的不平衡或危机状态来继续的。大学生处于人生的特殊发展时期，其心理状态难免有处于危机状态的可能性。

大学生在新生适应、人际关系、情感困惑、学习压力等诸多方面容易出现心理危机！

本书作者长期受聘于学生工作处下设的大学生心理咨询中心从事专职心理咨询工作，曾成功对上述案例中的疑病倾向大学生患者进行心理危机辅导。该咨询案例发表在《湖北体育科技》2013 年第 12 期！

在作者接待的个案中，有学生因恋爱受挫寻求帮助。在爱情中，她总感到男友不够爱她，恋情让她觉得不安，她希望能找到令人满意的另一半。作为咨询师，该如何去帮助她？从什么样的角度启发她去探索，探索关于亲密的冲突、为何自己不能全身心地给予对方，以及可能存在的阻碍她追求爱情的任何有问题的关系模式等，从而帮助她获得满意的爱情呢？

有学生因自卑而求助。在事情没有开始之前，就觉得自己不能完成，做事过程中，不断怀疑自己的能力；和他人相处时总是不安，很紧张；在群里发信息，要反复多次编辑；有选择恐惧，觉得自己做任何决定都很困难，比如两件衣服，挑回来的这件哪看哪不好，又想买剩下的那一件，但买回来以后，也不觉得有自己期望的那么好……如何帮助她克服自卑，解决和自己的关系，解决和外界的关系，让那个挑剔的“我”认可自己，接纳自己呢？

有学生因情绪问题求助。他觉得自己内心有一团火，情绪多变，时好时坏。和朋友的关系，也是莫名其妙就产生距离和生疏感。生活中，他需要时刻“端”着，怕别人看透他，如果别人的行为让他感觉自己“被怠慢”，不重要，他会有愤怒感，会怼回去。上课不喜欢面部表情严肃僵硬的老师，感觉不自在、不放松……小时候，他的父亲常常酗酒后和妈妈打架，打得很凶，他很害怕，心一直揪得很紧，现在听到猛烈的摔门声就害怕。如何帮助他走出童年创伤的阴影，读懂情绪，怡然舒适地生活呢？

如何能让大学生做到自察、自知和自明，能自由地去爱、去感受、去反思？这是一项非常艰巨的任务！

精神分析大师弗洛伊德根据临床工作经验得出这样的描述：有些神经症患者出现焦虑、强迫、恐惧等症状，是因为潜意识层面的思想和情感对意识活动产生了病态影响，造成意识层面的痛苦。意识之外的思想和情感虽然被禁闭，无法觉察，但它们具有驱力作用，极力寻求满足，影响我们的人际关系、我们的决定以及触发抑郁或焦虑情绪等。总之，会使人养成习惯化的、自动化的，并且是适应不良的思想、情感和行为方式。那么，为了阻止“幽闭”的思想和情感在黑暗中繁衍，我们不妨“挑破脓包”，认清、疏导和释放它们，就好像“打开卧室的灯照亮角落的阴影，看看是什么‘大怪兽’”一样，有意识地削弱它们对生活的掌控和影响。

作者撰写本书的目的：第一，从心理学的角度出发，对有聪明头脑的大学生们提供一些尝试性的解释，让其知晓他/她当下的种种不适可能来自过去某段不愉快的经历，搭建意识和无意识之间的桥梁和纽带，将无意识意识化，帮助他们领悟自身的问题，提高驾驭生活和学习的能力；第二，通过心理学知识和技巧的传授，帮助大学生发挥意识或理性的作用，保持心理健康，过幸福的生活。

目　录

第一章　健康及心理健康

由于社会的变迁，现代人变得越来越迷茫。生活节奏加快，竞争意识提高；人口密度增加，在有限的居住、交通、教育和医疗容量等各个方面制造出一个又一个竞争“瓶颈”；传统家庭在生产、生殖、保护教育、消费等方面的功能日益社会化，家庭破裂和重组的比例上升；科技飞速进步带来了先进的沟通手段，延伸了人行为半径的物理空间，但人与人之间的直接交往减少，情感淡化。上述诸多挑战加重了现代人的心理负担，人们越来越恐慌。

第一节　健康概述

什么是健康?

传统观念认为：无病即健康。

心身医学的格言：“人有病，不应理解只是发生在细胞或器官上，而是发生在人的身上。”

1948 年世界卫生组织（WHO）成立时，在宪章中把健康定义为：健康是一种生理、心理和社会适应都日臻完满的状态，而不是没有疾病和虚弱的状态。

健康行为包括生理、心理和社会三个方面。

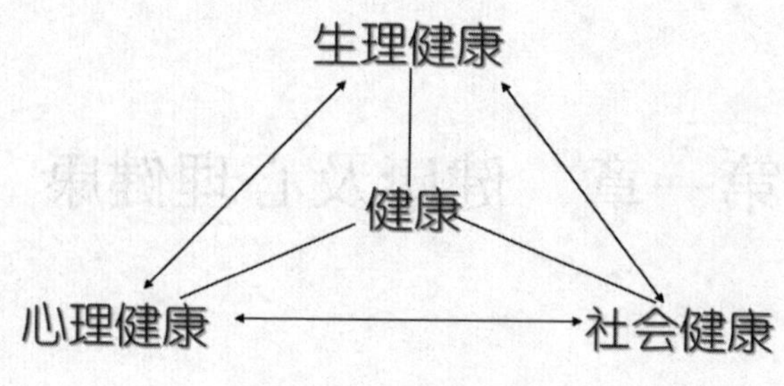

图 1.1 健康结构图

以上三者组成了人的健康行为。其中，生理健康是基础，心理健康和社会健康是健康的核心成分。

如图 1.1 所示，三个维度之间是相互作用的。生理健康水平影响到心理健康和社会健康，如肢体缺陷的人可能存在自卑敏感的个性特点，他们在社会交往中倾向于退缩或回避。心理健康水平影响生理健康和社会健康，人的不良情绪、认知和性格等因素会导致个体患心身疾病，比如，A 型性格的人容易患冠心病。心理健康也必然会影响到个体的人际交往，一个孤僻、怪异、好猜忌的人是很难获得良好的社会交往。社会健康水平影响生理健康和心理健康，社会交往满足了个体归属和爱的需要，缺少交往或剥夺交往，不仅会造成生理异常，也表现为心理异常。澳大利亚一项对 1400 名老人进行的研究显示，有相对固定社交圈和亲密伙伴的老人会比其他人年轻 3.5 岁，他们更聪明、自信和开朗。

第二节 心理健康

1948 年世界卫生组织将心理健康定义为：“人们在学习、生活和工作中的一种安宁平静的稳定状态。”

那么，心理不健康就是心理异常吗？

在日常生活中，我们经常听到心理变态、心理问题、精神病、神经症等名词，如何准确地鉴别和正确使用这些概念呢？

为了弄清楚这些问题，作者从临床心理学的角度出发来理解人的全部心理活动。

✧ 心理变态

✧ 心理障碍

“心理变态”又称为“心理障碍”，是相对于常态心理、正常心理而言。按“以人为本”的原则，“心理变态”有歧视、消极的意味，因此，我们主张采用“心理障碍”这一术语。

✧ 心理问题

✧ 心理疾病

心理问题是指个体意识到自己的心理出现了某些异常，这些异常让其困扰，但还没有达到疾病的程度。只有当心理问题严重到影响到个体的生活、工作或学习，才认为患心理疾病。

因此，心理问题和心理疾病只是患病程度上的区别。

精神疾病，又称为心理障碍或精神障碍，包括精神病、神经症和其他精神疾病。

✧ 精神病

精神病通常没有明显的发病诱因，被认为主要是由生物学因素引起的精神障碍。患者不能意识到自己有病，对自己的精神状况没有认识和判断能力。

✧ 神经症

神经症由心理、社会因素引起的一组精神障碍，表现为焦虑、抑郁、恐惧、强迫、疑病或神经衰弱症状。患者能够意识到自己的痛苦，有强烈的就医意愿，属于轻性的精神疾病。

✧ 其他精神疾病

其他精神疾病，比如抑郁及双相障碍、创伤及应激相关障碍、人格障碍、性心理障碍、进食与睡眠障碍等等。

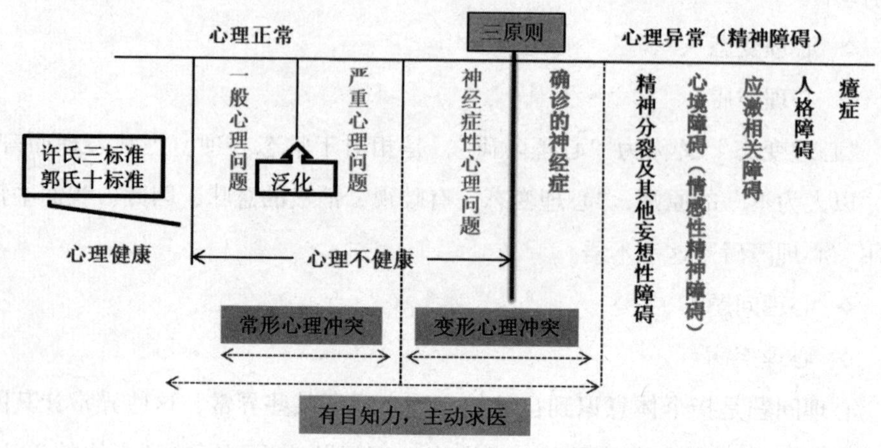

图 1.2　正常心理和异常心理图示

✧ 正常心理和异常心理的区别

（一）正常心理和异常心理三原则

心理的实质：心理是人脑的机能，是人脑对客观现实的主观反应。根据人类心理活动这一定义，郭念锋（2005）提出区别正常心理和异常心理的三原则。

1. 主观世界和客观世界统一性原则

正常的心理活动或行为，在形式或内容上必须与客观环境保持一致。比如，在客观世界并不存在引起感知觉的刺激时，精神病患会出现幻觉，幻听、幻视、幻触等。

2. 心理活动内在协调性原则

人的心理活动是一个由认知、情感和意志等心理过程组成的完整统一体，三者之间协调一致，才能保证个体心理正常。当一个人用低沉哀伤的语调叙述一件愉快的事，或者对悲伤的事情做出愉快的反应，又或者他违背一般常情做出他人无法理解的行为，比如喝尿、吃粪便等，这些都表明他的心理活动失去协调性。

3. 人格相对稳定性原则

人格是个体在先天生物遗传素质的基础上，通过与后天社会环境的相互作用而形成的相对稳定的和独特的心理行为模式。比如，一个很节俭的人突然变得铺张浪费、挥金如土，他并没有买彩票中大奖，也没有突然继承一大笔财产，在他的生活环境中找不到足以促使他行为改变的原因，那么，我们就可以说他的生活已经偏离了正轨。

（二）是否有幻觉、妄想、行为紊乱等精神病性症状

精神病性症状是脱离现实，无中生有的，主要有幻觉、妄想和行为紊乱三种。

幻觉是无对象的知觉，是很重要的精神病性症状。有的患者能听到别人骂他、看见火花、闻到轮胎烧焦的气味或者尝到水里的异味等等，但是实际上并没有他所说的客观刺激存在，这表明他产生了幻觉。

妄想是一种脱离现实的病理性思维。它的特点是：以无根据设想为前提推理，违背思维逻辑，得出不符合实际的结论；患者对结论坚定不移，不能纠正说服；自我卷入，以自己为参考系。比如，有患者认为电视里的节目在播放他的家事；别人吐痰是针对他；认为有人在跟踪他、监视他，试图迫害他等等，这些都是妄想症状的表现。

患者还会做出各种各样、与当时情境不相协调的行动，使人感到荒唐、奇特，难以理解。比如有的患者毫无理由的大哭，突如其来的伤人或毁物，发生行为紊乱。

（三）是否有自知力

自知力包括：症状自知力、机制自知力和人格自知力。这里所指的自知力，专指症状自知力，即个体对自身精神病态的认知和批判能力。

（四）是否主动求医

据调查，大约 97% 的精神分裂患者，特别是处于急性发病期时，他们的自知力完全丧失或无自知力，否认自己有精神障碍，拒绝求医。

因此，我们可以从以上四个方面，对正常心理和异常心理进行甄别。

✧ 神经症和神经症性心理问题的区别

确诊的神经症属于异常心理。

神经症性心理问题，又称可疑神经症，属于正常心理中的不健康心理。

按照许又新神经症的诊断和评定，两者的关系如表 1.1 所示：

表 1.1 神经症的诊断和评定

许又新神经症的诊断和评定			
评定项目	1 分	2 分	3 分
病程	短程： <3 个月	中程： 3—12 个月	长程： >12 个月
精神痛苦程度	轻度 可自己主动设法摆脱	中度 靠别人或改变环境摆脱	重度 几乎完全无法摆脱
社会功能 受损程度	照常工作学习 / 社会交往轻微妨碍	工作、学习、社会交往 效率显著下降	完全不能工作学习 / 回避社会交往
总分诊断评定	总分 =3 不够诊断为神经症	总分 =4—5 为可疑神经症	总分≥6 神经症诊断成立

注：对精神痛苦和社会功能的评定，至少要考虑近三个月的情况。

✧ 心理不健康的分类

（一）一般心理问题、严重心理问题和神经症性心理问题的区别

三者区分的重点，是考察心理冲突的性质属于常形还是变形。一般心理问题和严重心理问题的心理冲突属于常形，而神经症性心理问题的心理冲突属于变形。

心理冲突是个体在有目的的行为活动中，存在着两个或两个以上相反或相互排斥的动机时，产生的一种矛盾心理状态。正如《孟子·告子上》所述：鱼，我所欲也；熊掌，亦我所欲也。鱼和熊掌不可得兼，舍鱼而取熊掌者也！个体由于面临冲突的选择而引起的紧张情绪，往往是产生心理不平衡的重要原因。

常形心理冲突的特点：与现实处境直接相联系，涉及大家公认的重大生活事件；有明显的道德色彩。比如大学生活的适应；被自己不喜欢的专业录取，考虑转专业；大学毕业面临选择考研还是直接就业等等，这些心理冲突的性质都属于常形。

变形心理冲突的特点：与现实处境没有什么直接关系，或涉及生活中鸡毛蒜皮的小事，一般人认为不值得为它操心；不带有明显的道德色彩。比如，

某同学每天反复洗手数十遍，就因为害怕感染细菌，他明知这种害怕有些过分，但还是控制不住；某同学因为睡眠不好，医生建议服用安眠药，他怕吃药上瘾，又怕不吃药睡不着，每天晚饭后就陷入吃药还是不吃药的痛苦冲突中。变形的心理冲突引发的行为表现，在外人看来是“钻牛角尖”，感到不可理解。

（二）一般心理问题和严重心理问题的区别

泛化是区别一般心理问题和严重心理问题的唯一依据。如果未泛化，判断为一般心理问题，如果已经泛化，判断为严重心理问题。

泛化是行为主义心理学中的概念，又称为条件反射的泛化，指与最初引起情绪反应具有类似性质的事物也能诱发相同的情绪。如图三所示，在经典的恐惧形成实验中，刚开始 12 个月大的阿尔伯特对小兔子充满爱意，伸出双臂欢迎它。随后，当小兔奔向阿尔伯特时，实验者猛烈击锤，巨大的声音吓跑了小兔，也吓得阿尔伯特撤回双臂。多次实验，小兔和强烈的声响联结在一起，当小兔再次试图亲近阿尔伯特时，他惊慌所措，展开双臂身子后仰，企图逃跑。而且，和小兔类似带毛的事物，比如小老鼠、蓄着胡须的男人等都足以吓哭阿尔伯特。可见，阿尔伯特的恐惧情绪已经泛化。

图 1.3 恐惧形成实验

在生活中，某女同学在恋爱过程中遭遇背叛，就认为“男人都花心靠不住”“天下乌鸦一般黑”，丧失交友动机；某同学刚上大学开始独立生活感到不适应，非常想家，听到广播的音乐有“妈妈”的内容就哭，在街上听到的都是当地口音，觉得自己是外乡人，内心特别孤独。

✧ 如何判断心理健康和心理不健康

郭念锋于1986年在《临床心理学概论》一书中提出评估心理健康水平的十个标准，得到了心理学界的较多认可。

1. 周期节律性

人的心理活动在形式和效率上都有着自己内在的节律性，比如白天思维清晰，注意力高，适于工作；晚上能进入睡眠，以便养精蓄锐，第二天工作。如果一个人每到了晚上就睡不着觉，那表明他的心理活动的固有节律处在紊乱状态。

2. 意识水平

意识水平的高低，往往以注意力水平为客观指标。如果一个人不能专注于某种工作，不能专注于思考问题，思想经常开小差或者因注意力分散而出现工作上的差错，就有可能存在心理健康方面的问题了。

3. 暗示性

易受暗示性的人，往往容易被周围环境引起情绪的波动和思维的动摇，有时表现为意志力薄弱。他们的情绪和思维很容易随环境变化，给精神活动带来不太稳定的特点。

4. 心理活动强度

这是指对于精神刺激的抵抗能力。一种强烈的精神打击出现在面前，抵抗力低的人往往容易遗留下后患，可能因为一次精神刺激而导致反应性精神病或癔症，而抵抗力强的人虽有反应但不致病。

5. 心理活动耐受力

这是指人的心理对于现实生活中长期反复地出现的精神刺激的抵抗能力。这种慢性刺激虽不是一次性的强大剧烈，但却久久不消失，几乎每日每时都要缠绕着人的心灵。

6. 心理康复能力

由于人们各自的认识能力不同，人们各自的经验不同，从一次打击中恢复过来所需要的时间也会有所不同，恢复的程度也有差别。这种从创伤刺激中恢复到往常水平的能力，称为心理康复能力。

7. 心理自控力

情绪的强度、情感的表达、思维的方向和过程都是在人的自觉控制下实现的。当一个人身心十分健康时，他的心理活动会十分自如，情感的表达恰如其分，词令通畅、仪态大方，既不拘谨也不放肆。

8. 自信心

一个人是否有恰当的自信心是精神健康的一种标准。自信心实质上是一种自我认知和思维的分析综合能力，这种能力可以在生活实践中逐步提高。

9. 社会交往

一个人与社会中其他人的交往，也往往标志着一个人的精神健康水平。当一个人严重地、毫无理由地与亲友断绝来往，或者变得十分冷漠时，这就构成了精神病症状，叫作接触不良。如果过分地进行社会交往，也可能处于一种躁狂状态。

10. 环境适应能力

环境包括工作环境、生活环境、工作性质、人际关系等等。人不仅能适应环境，而且可以通过实践和认识去改造环境。

第二章　认识自己——从关系出发

理解我们自身一直以来都是哲学和心理学的一个基本话题，如何感知自我和他人对于人们怎样应对世界具有极其重要的作用（Leary，2004）。本书遵从古老的训诫“认识你自己”，引导我们去审视自己，去认识“我是谁”，而不是“成为谁”。

当你和别人交谈时，你表现怎样？是以一种恭顺的方式，低头、回避目光接触并伴以柔弱的声音讲话；还是眼睛一眨不眨地盯着对方滔滔不绝，从对方关注的目光中你获得了极大的乐趣，似乎那目光就是聚光灯。又比如，早上你骑自行车上学和他人无意相撞，你义愤填膺地告诉同学说，真晦气，别人撞了我的车！抑或，你带着愧疚谈论此事，哎，今天我把别人的车撞了。显然，我们在躯体动作、表情、声调、呼吸以及讲话方式上都存在差异。正是这些体现在非语言交流方面的差异，无意识地在表达着“我是谁”。

从哪个角度切入，能更好地帮助我们认识自己呢？

马克思主义有一个著名的命题：人的本质是一切社会关系的总和。人是基于某种需要在一定的社会关系中，从所从事的实践活动过程中不断生成的历史存在物。人性是社会性的，我们对他人的需求是最基本的要求，因而，应该把“关系”放置在人性发展的核心位置。

西方现代精神动力学派中的客体关系理论，强调“人寻求关系的内在动力”为特征的心理发展模式。该理论形成于20世纪三四十年代，由奥地利精神分析学家梅莱妮·克莱因（Melanie Klein）创建。客体关系是一种内部的心理结构，在人的早年人际交往中形成，这种在以往经历中逐渐形成的心理结构可以通过记忆或想象在各个方面深深地影响我们目前的生活态度，即人总是习惯沿袭早年形成的“客体关系”观，在生活中寻找符合这种观念的人和事，依此建立人际关系。

英国客体关系理论中间学派的杰出代表温尼科特（Winnicott）独树一帜，引导人们用新的眼光看待儿童和环境。母亲是环境的一部分，在孩子的意识层与潜意识层中扮演着不可取代的客体（object）角色，母亲与孩子之间的相互作用（母婴关系）或滋养或阻碍孩子发展。温尼科特关注一个"足够好的母亲"（good-enough mother）对儿童人格发展的重要性，强调生命早期（前俄狄浦斯期）母婴关系对个体心理发展的重要影响。

"足够好的母亲"，应具备促进婴儿良性发展的特质——调适。温尼科特把儿童心理发展分为三个阶段：1. 绝对依赖。在婴儿出生后数周内，母亲要全然施予到婴儿的照顾上，处于一种"原始母性专注"（primary maternal preoccupation）的状态，淡化自己的主体性、兴趣和生活节奏，为婴儿塑造主观全能感和持续存在感。2. 相对依赖。母亲开始从"原始母性专注"中退出，越来越关心自身的舒适度，慢慢减少"把世界带给孩子"的做法，减少婴儿的依赖感，鼓励他的自主性，帮助他去适应挫折。母亲越是能和孩子保持适度的亲密关系，孩子越能顺利进入独立阶段。3. 趋向独立。如果前两个阶段发展的好，婴儿就能够在母婴互动经验的基础上建立一个健康安全牢固的内部世界。

那么，认识自己，本章就从母婴关系谈起！

第一节　印刻现象——依恋现象

谈母婴关系前，我们先介绍一部电影！

13 岁的女主角艾米意外发现了一窝野雁蛋并把他们带回家，她用衣服和灯泡做成简易的孵化箱，一天天地等待着小雁出壳。终于，小雁子出壳了！一群湿漉漉的小雁子瞪着圆溜溜的眼睛，出于本能，它们会把第一次见到的活的动物当成自己的妈妈。这样，艾米成了雁妈妈，小雁们寸步不离地跟着她，在她身旁争先恐后地奔跑着……为了帮助雁群重返大自然，在爸爸的支持下，艾米驾驶飞机冲向蓝天，在她身后，有长长的一队大雁在陪伴她一起飞翔……他们飞过河流、飞过草地、飞过城市，向雁子过冬的地方——安大略湖飞去。这是电影《伴你高飞》中展现给观众的一道靓丽风景！

电影中大雁追逐艾米的现象被称之为印刻现象（imprinting）。

奥地利生物学家劳伦兹（Lorenz，1903—1989）对印刻现象进行了深入的研究。实验中，他把同一只鹅产下的蛋分成两组：一组由母鹅孵化，最先见到母鹅；另一组由孵化器孵化，最先见到洛伦茨。研究结果发现，第二组采用人工孵化的小鹅仅仅跟随洛伦茨，而非母鹅。小鹅在出生后不久所遇到的某一刺激或对象（母鸡、人或电动玩具），会印入它的感觉之中，使它对这种最先印入的刺激产生偏好和追随反应。因此，在动物个体生命的特定时期，由于遇到某一特定刺激而建立的一种固定的行为模式，劳伦兹把这种现象称为印刻现象。

印刻发生的时期称作关键期。在关键期内形成的印刻行为可以作为动物的习性保存下来，并且是不可逆的，一旦形成就不能修正和还原。在劳伦兹的实验中，原本应该追随妈妈的印刻过程遭到阻碍和中断，母鹅和幼鹅就相互不认识。它们见到真正的鹅妈妈时不理不睬，受到惊吓也总是向劳伦兹跑去。

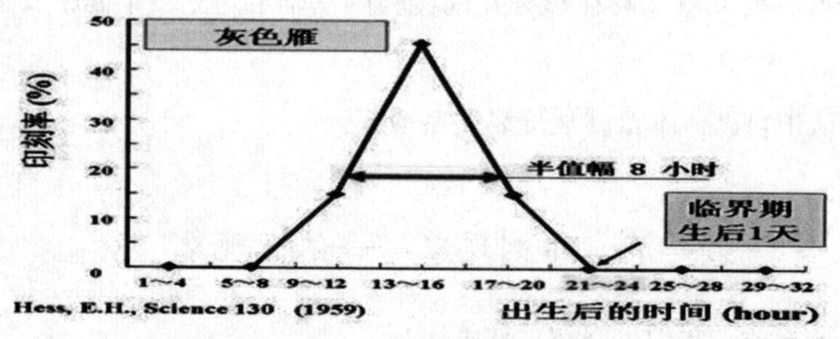

图 2.1　印刻现象的临界期

印刻现象是鸟类的突出现象，但不是鸟类特有的，很多幼小哺乳动物都有印刻现象。人类身上也存在印刻现象，但人类的印刻称为依恋（attachment）。

依恋是指个体寻求并企图与另一个体在身体和情感上保持亲密联系，并且当依恋对象在场时感觉安全的心理倾向。

依恋既是个体最初的社会性联结，也是情感社会化的重要标志。

依恋关系对生命个体是否健康发展有着非常重要的作用，而且，这种人际关系的内在模式会无意识地管控着我们的行为！依恋关系影响着“自我感”的形成、情绪表达和控制、社会交往以及亲密关系等等。

第二节　恒河猴实验——我们不能给出我们没有的东西

20 世纪 50 年代末，美国威斯康星大学比较心理学家哈里·哈洛教授用“恒河候”做了一系列实验，证明灵长类动物需要社会性依恋，这种观点也同样适用于人类婴儿。

为了防止母猴生病传染给幼猴，哈洛将刚出生的小猴与母亲及其他同伴隔离喂养，这就是所谓的“产妇剥夺”。

研究者发现虽然这些小猴身体上没有什么疾病，但在行为上却出现了一系列不正常现象。比如，小猴独处时，它们常常目空一切，神情呆滞地望向远方；当和别的小猴聚在一起时，它们表现得手足无措，不懂如何相处；它们对铺在笼子中的绒布产生强烈的依恋，躺在绒布上，或用它盖头上；当绒布脏了需要撤换时，它们用小爪子紧紧抓住绒布不松开，试图阻止实验者的工作，并表现出剧烈的情绪反应，尖叫着到处乱窜，就像人类婴儿发脾气一样。

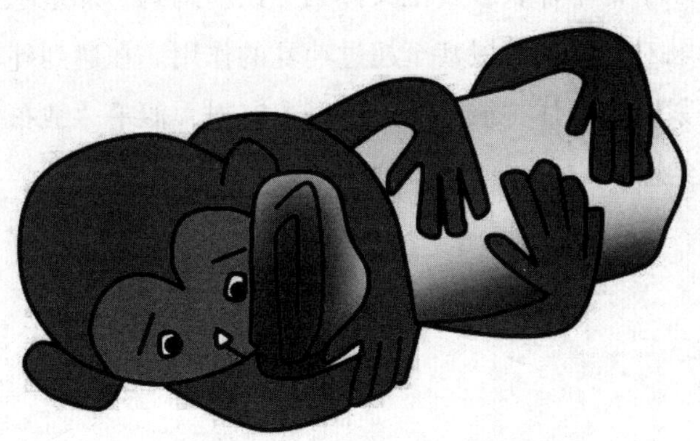

图 2.2　恒河猴向绒布寻求依恋

哈洛对实验中猴子的行为反应非常好奇？

20 世纪三四十年代，美国心理学家、行为主义心理学创始人华生，提出了一个非常著名的理论：孩子对爱的需求，源自他对食物的需求，满足了他对食物的需求，就满足了他对爱的需求。这种“有奶就是娘”的观点，认为婴儿对母亲的依恋就是“对营养物质的回报”，没有奶孩子会分分钟翻脸！那么，为什么猴子对不产奶的“绒布”产生强烈的“依恋”呢？

华生还专门撰写了《婴儿和儿童的心理学关怀》一书，他在书中倡导要把孩子当机器一样训练和塑造。华生罗列了温情过剩导致婴儿成年后的问题，要求母亲不要溺爱孩子，尽量少亲吻和拥抱孩子，不要让孩子坐妈妈腿上，不要轻易满足孩子，就算孩子哭也不能心软，以免让他们养成依赖父母的习惯。华生的理论风靡整个美国和西方多个国家。

但是，行为主义理论在解释小猴的行为时遭遇到了困难，问题出在哪儿呢？

带着疑问，哈洛进行了“代母养育实验”。哈洛把刚出生的婴猴放进笼中，用两个假猴代替母猴。一个猴妈妈用铁丝做成，胸前安装了一个一直供应奶水的奶瓶；另一个猴妈妈用绒布做成，摸起来舒适而柔软。研究结果和华生的理论相背离，铁丝妈妈失宠了！

所有参加实验的婴猴，都无一例外地选择了“绒布妈妈”。它们几乎所有时间都偎依在“绒布妈妈”身上。一刻也不愿离开自己热爱的“绒布妈妈”，饥饿难耐时，才不得不伸长脖子把头探到“铁丝妈妈”那里吃奶。哈洛得出结论：身体接触对婴猴的发展甚至超过哺乳的作用。在遇到外界威胁时，它们害怕极了，紧紧地抱住“绒布妈妈”寻求安慰，似乎“绒布妈妈”能带给婴猴更多的安全感。

图 2.3　恒河猴遇到威胁向“绒布妈妈”寻求安慰

哈洛从实验中还发现，那些由“绒布妈妈”抚养大的猴子存在一些问题：它们性格孤僻、抑郁、自闭、自残、攻击性强，撕咬自己的手，血流不止也不管，甚至有些猴子把自己的手臂咬断了；很多猴子到性成熟后不能进行交配，对孩子冷漠、殴打、虐待。

哈罗总结，未曾得到母爱的人，被证明缺乏情感能力去抚养后代。

实验启示：恒河猴实验充分说明了依恋对于灵长类动物的重要性，同时，也说明“我们不能给出我们没有的东西”！

第三节　咨询案例——一位抑郁学生的叙述

这是本人接诊的一个个案，求助者在校期间会发生阵发性抑郁发作。以下是部分咨询记录和分析。

求助者自述：一般三到四周的正常状态后，我会出现情绪低落、抑郁等负性情绪，觉得自己很没有价值，会通过掐自己这样的方式舒缓。如果让我发泄的话，一般一两天就恢复了；但是藏着掖着，负性情绪持续时间会长一些。我和妈妈关系不好，记得我大约三、四岁时，妈妈和大娘发生矛盾吵架。妈妈出去争吵一阵后回来给我穿衣服，又出去骂一阵，回来继续给我穿衣服。妈妈动作很粗暴，她的脸紧紧地绷着，好像没有牙齿。我感觉当时的一切似乎跟我无关！在内心深处，我体验到妈妈不是很愿意照顾我，但又被迫必须得照顾。我感觉“自己就好像是一个包袱！”

咨询师分析：在生命早期，求助者和母亲互动的体验塑造了她的自我感。“我是不好的，我不值得被善待”，这些可能诱发自伤行为！

求助者自述：妹妹和妈妈的关系更亲近。有一次，我和妹妹要给爸爸妈妈洗脚。妈妈摆摆手，说：去去去！当时我就僵住不动了。妈妈也会拒绝妹妹，但是妹妹会死皮赖脸地贴上去，最终妈妈也会同意了。

咨询师分析：妈妈说出同样的话，求助者和妹妹的反应截然不同。求助者认为妈妈那样说“去去去”，是因为妈妈不爱我，妈妈在拒绝我；而妹妹对妈妈和自己的感情很确信，妈妈的话语只代表她本人一贯的说话风格，并不表达拒绝和嫌弃。妹妹有能力去应对互动困难。

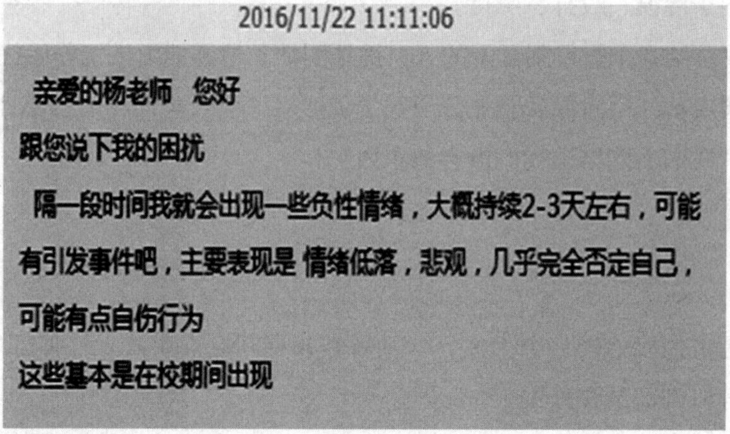

2016/11/22 11:11:06

亲爱的杨老师　您好

跟您说下我的困扰

隔一段时间我就会出现一些负性情绪，大概持续2-3天左右，可能有引发事件吧，主要表现是 情绪低落，悲观，几乎完全否定自己，可能有点自伤行为

这些基本是在校期间出现

图 2.4　求助者描述记录图

第四节　生活中的互动对话

这是真实发生在本书作者和她十岁儿子之间的场景对话！

在地下车库停车后，妈妈思考某个问题，下车在前面快步疾走；儿子落后一段，紧跟。儿子碰到障碍……

儿子：啊！噢！……

妈妈没有反应（因为知道车库里的障碍伤不到人）

儿子：伤自尊啊！没面子啊！

妈妈："'伤自尊、没面子'是什么感受？"（妈妈听到以上感叹，停下脚步好奇地问。）

儿子：不被注意、没有存在感、没有价值感！

妈妈：如果妈妈一直这么对待你，你长大后会怎样？

儿子：长大后会影响到与人交往啊！

妈妈：为什么？

儿子：妈妈是我最亲的人，最亲的人都不喜欢我，其他人应该也不会喜欢我！那可能我不会结婚哦，到死都很遗憾！

启示：妈妈惊叹孩子理解自己情绪的能力，挖掘情绪背后深层需要和动机的能力，以及洞察未来发展的能力。的确，童年早期真实的亲子关系是塑造我们的基础！

第五节　在恋爱中，你是如何表现自己的？

在恋爱关系中，有的人表现得很黏人，有的人却又过分独立，有的人享受爱情，游刃有余。在恋爱中，你是如何表现自己的呢？

焦虑型依恋

1. 在等待恋人打来电话的同时，不停打电话、发短信或者发邮件，在恋人工作的地方附近徘徊，希望早一点见到他 / 她。

2. 依赖感极强，想要跟恋人时刻保持联系，需要他 / 她每天报备行踪。

3. 待恋人回复电话或者信息后，对他 / 她们不理不睬，以示惩罚。在他 / 她们开口讲话或者离开房间时，对他 / 她们飘白眼，暗示自己并不在意。

4. 喜欢试探感情，不回复短信或电话，甚至威胁要离开他 / 她来引起对方关注。

5. 在恋人面前谈论其他异性，故意引起对方吃醋，让他 / 她感到嫉妒。

6. 患得患失，得到恋情后就开始脑补各种失恋的场景，用占有的方式表达和理解爱。

7. 总感觉对方不够爱自己，一旦对方没有达到了自己的期望或者感到对方对自己不够关注，就会感到难过和愤怒。

8. 习惯牺牲式的付出，会为了讨好恋人而放弃自身的需求。

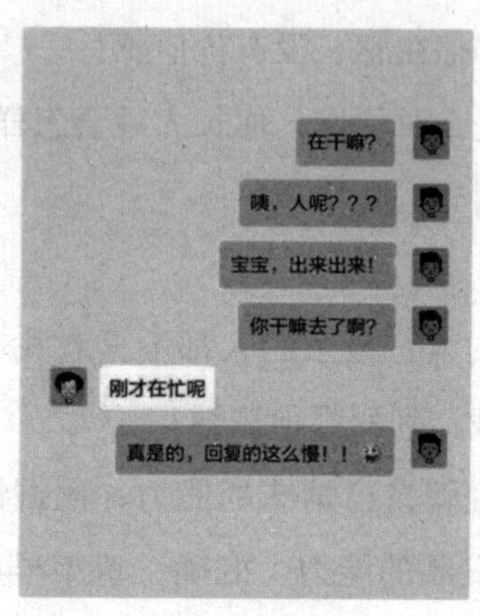

图 2.5　焦隐型依恋个体聊天图

分析：

焦虑型依恋个体拥有与恋人保持亲密关系的能力，但往往担心恋人不会像他 / 她所希望的那样与自己保持亲密。这种类型的人，在恋爱中消耗了大量情感能量，他 / 她对恋人情绪的微小波动都非常敏感，过于用自己的想法看待恋人的行为。在无法听到恋人的声音或者感觉对方情感疏离、情感无反馈时（由于工作、学习等原因），焦虑型依恋个体往往会把恋人的行为解读为“对方可能不爱我了”。他 / 她想要那种完全腻在一起的感觉——强联结感，需要时刻被关注、被肯定、被欣赏，稍稍分离，就会让他 / 她体验到被抛弃。这种被抛弃的恐惧以及由无助引发的焦虑，让他 / 她采取各种各样的行动放大自己的痛苦，反复确认、反复测试、反复求证或反驳，把痛苦凸显到让别人无法忽视的地步。在亲密关系中，焦虑型个体和他 / 她的恋人都付出了巨大的时间和精力，疲惫不堪。

回避型依恋

1. 会说“我没做好和你在一起的准备”，但两个人实际上还是会在一起，这种状态有时能持续多年。

2. 很在意恋人的缺点，例如说话方式，着装方面的品位等。

3. 分手之后会产生强烈的渴望，等待属于自己的那个人出现。

4. 与其他人调情，让自己的恋情产生不安全感。

5. 不会说“我爱你”，即使对对方非常有感觉。

6. 随着恋情的发展，他 / 她们会选择逃避，有时甚至不会赴约。

7. 会坠入不可能有结果的恋情，例如喜欢上已婚人士。

8. 躲避身体上的亲密接触，例如不喜欢睡在一张床上，不希望发生性关系，不喜欢并肩走，而是选择走在恋人前面。

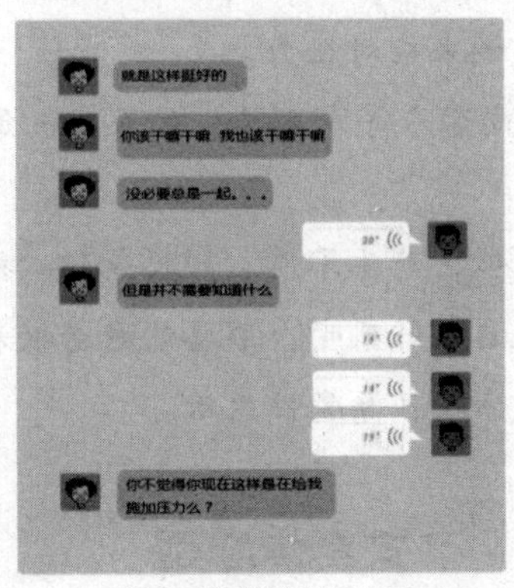

图 2.6　回避型依恋个体聊天图

分析：

对回避型依恋个体来说，亲密的关系会产生一种“被控制”的恐惧感，保持独立非常重要，对独立的重视程度往往超过彼此间的亲密。他 / 她希望与恋人亲密，但过度亲密又让他 / 她感到不舒服，往往选择与恋人保持一定距离。他 / 她不会担心遭到拒绝，往往不会敞开心扉，导致恋人常常抱怨彼此间的距离感。在恋爱交往中，回避型依恋个体对恋人控制或者侵犯其独立性的行为保持高度警惕。他 / 她像“脱离鹿群的小鹿”，既让人怜爱却难以靠近。在亲密关系中，他 / 她表现出情感消极冷淡、满意度低、不愿意自我表露、恋爱过于理智等特点，虽然“理智”上他 / 她屏蔽了依恋需求，但是潜意识中这种渴求从来就没有停止过。因此，在行为表现上，他 / 她不断寻求新的亲密关系，而又无法把握和长期维系稳定的亲密关系，对亲密关系处于防御状态，随时准备关闭自己的“情感阀门”，寻找各种理由或借口从亲密关系中撤离。

安全型依恋

1. 将恋人视为值得信赖的朋友并接受他/她的错误，善于化解矛盾，发生冲突时不会表现出攻击性，事后不会惩罚恋人，同时很快就把不愉快忘得干干净净。

2. 在心理上具有柔韧性，愿意做出改变，满足恋人的需要。

3. 在压力下，他/她更好地坚持任务，不会变得高度情绪化或否认问题。

4. 不会用酒精或饮食失调来应对压力。

5. 当焦虑时，他/她会向恋人寻求支持；如果恋人焦虑，他/她更可能给予支持。

6. 对恋人的沮丧程度较低，产生矛盾、妒忌或担心被抛弃的情况更少。

7. 喜欢毫不隐瞒地表达自己的感受，不喜欢藏着掖着。

8. 非常享受与恋人间的亲密，享受性生活。

安全依恋型

图 2.7　安全依恋型图

分析：

安全型依恋个体有“爱和被爱”的能力，他/她既能悦纳自己，也能信赖和接纳他人。他/她在亲密关系中既不回避，能享受与恋人之间的亲密，同时不会对恋情过分担心。他/她对恋人满怀爱意，表现出温柔多情的一面；能够有效表达自己的情感，并很善于发现和了解恋人的情绪变化；能与恋人分享自己的成功和所遇到的问题，在对方需要的时候能够为其提供帮助。他/

她表现出稳定的高自尊、更具同理心、自我复原力、主动性和社交能力等等。

为什么我们在恋爱中的表现会存在差异?

Fraley 和 Shaver（2000）研究认为，依恋系统，这个最初适合于婴儿生态环境的系统，继续影响着成人期的行为、意念和情感。因此，有研究者认为，恋爱关系就是依恋关系，好的恋爱和婚姻能够让成人从不安全依恋类型转化为安全型依恋，即“挣来的安全”（earned secure）。

第六节　安斯沃斯陌生情境实验

20 世纪 80 年代中后期，人格和社会心理学家加入依恋理论的研究，把依恋领域从儿童研究领域拓展到成人阶段。

Hazen 和 Shaver（1987）研究成人的恋爱关系，发现成人的恋爱关系类似于婴儿的依恋关系。在研究中，研究者要求成人被试阅读三段内容，指出哪一段内容更好地描述了他们在恋爱关系中的所思、所想和行为。基于分类测量结果，巧合的是，成人依恋类型的分布和婴儿类似。约 60% 的成人认为自己是安全型，20% 把自己描述为回避型，另外 20% 把自己描述为焦虑型。

那么，如何确定儿童的依恋类型呢?

20 世纪 60 年代，发展心理学家安斯沃斯（Ainsworth）设计了陌生情境实验（the Ainsworth Strange Situation），用来研究婴儿时期的母婴关系，评估依恋关系中的个体差异。

陌生情境实验是一个结构化的实验评估，大概需要花费 20 分钟。实验房间的配置：观察和拍摄的单向窗口、成年人进出的门、供婴儿探索的一些玩具、给妈妈坐的椅子以及给研究助理坐的椅子。实验中，妈妈和 12 个月大的婴儿被邀请到一个到处有玩具，让人开心的房间（见图 2.8）。实验共有 8 个片段，包含妈妈在场婴儿探索、妈妈 2 次离开、妈妈 2 次回来重聚、陌生人（经过训练的观察者）出现。研究者假设，婴儿身处这样一个令人不安的情境中——未知的环境、陌生人在场、妈妈一再离开等等，会触发各种各样的依恋行为。

图 2.8　陌生情境实验

陌生情境实验包括 8 个简短的片段：

片段 1：母亲和婴儿进了房间。（1 分钟）

片段 2：母亲坐着，婴儿 3 分钟自由玩耍。如果婴儿发起游戏或交流，母亲是应答的。

片段 3：女性研究助理进入，静静地坐在 1 分钟，和母亲谈话 1 分钟，然后坐在地板上，参与婴儿活动 1 分钟。

研究助理（通常被称为"陌生人"）不是来吓唬婴儿的。当妈妈离开的时候，她会陪伴着婴儿，这样婴儿就不会完全独自一人。

片段 4：妈妈说"再见"，离开房间 3 分钟。一旦走出房间，母亲就和研究人员一起站在单向窗口。25% 的婴儿会哭。如果婴儿似乎过于痛苦，母亲可以停止这个过程。

婴儿是否哭不能告诉我们依恋的质量。

片段 5：母亲回来。（陌生人悄悄离开）。母亲在门口停了下来。她向婴儿伸出手，愉快地说："我回来了。"如果婴儿想要被抱起来，妈妈就会这样做。必要时，母亲安慰婴儿。妈妈试着让婴儿继续玩。

重聚情景中的行为是依恋质量最有用的指标。

片段 6：陌生人已经离开。妈妈离开了 3 分钟。婴儿独自留下。母亲从单向窗口后面观察。

这是最有压力的阶段。如果婴儿连续哭闹 1 分钟，母亲就提早回来。

片段 7：陌生人回来了 3 分钟。如果有必要的话，她会把婴儿抱起来安慰他。她试图让婴儿对玩具感兴趣。如果婴儿得不到安慰，陌生人就坐着等待妈妈回来。

这个片段主要是用来说明婴儿不只是讨厌独处——他们想要妈妈。

片段 8：母亲回来。（陌生人悄悄离开）。母亲在门口停了下来。她向婴儿伸出手，愉快地说："我回来了。"如果婴儿想要被抱起来，妈妈就会这样做。必要时，母亲安慰婴儿。

在这两个片段（第 5 和第 8 片段）的行为是评估依恋安全的关键。

但是，婴儿们的反应并未完全印证研究者的假设，婴儿们表现出明显的个体差异。安斯沃斯发现了三种截然不同的依恋模式：安全型、回避型、焦虑 / 矛盾型。20 年后，根据对实验录像的严格审查，安斯沃斯的学生玛丽·梅恩（Mary Main）发现了一个之前没有甄别出的依恋类型：混乱 / 迷失型。

依恋是指寻求与某人的亲密，并且当依恋对象在场时感觉安全的心理倾向。当儿童难过时，只要依恋对象在场，儿童便会得到安慰。

这种天生的、由生物驱动的依恋系统发展为安全型还是不安全型，体现在和母亲重聚时婴儿的行为反应，而不是分离时的反应，其行为差异取决于他们与母亲依恋的本质。

安全型依恋

婴儿的表现：他们真诚地表达忧伤情绪，并利用母亲来调节痛苦。在他们感到不安全时，会自然地寻求安慰；一旦感到安全，他们又回到探索性游戏中。不管分离时多么难受，与母亲再次联结让他们几乎瞬间得到安慰，他们具有很强的灵活性和复原力，很容易继续玩耍。

安全型依恋婴儿的母亲倾向于按照婴儿的节奏调整她们自己的行动。当孩子难过哭泣时，她们抱起孩子，抚摸轻拍后背，用充满柔情和关怀的语气安慰他们：别怕，妈妈在这里呢！ 当孩子的情绪得到安抚，试图再次探索环境时，她们敏感地捕捉到孩子的意图，轻轻地把他们放在地上，细声说：去玩吧，宝贝！

"足够好"（good enough）（Winnicott 用语）的妈妈采用这些行为方式，让婴儿"相信"妈妈能提供关心和保护，形成了婴儿安全型的依恋风格。

回避型依恋

婴儿的表现：在这样一个让人惊慌失措的陌生情境中，这类婴儿对母亲的去或留表现得无动于衷，漠不关心，只是不停地探索。人们很容易把他们明显缺乏痛苦的表现错误地解读为“平静”或“淡定”。真实的情况是，在与母亲分离的陌生场景中，他们的心率加快，实验前后和整个实验中皮质醇的水平都明显高于安全型依恋的婴儿，反映出他们在压力情境下体验到了恐惧和焦虑，出现生理反应。

为什么回避型依恋的婴儿体验到环境中存在的威胁，产生了生理上的应激反应，但却表现出依恋行为的缺失呢？或者说，在某种程度上，他们放弃了对依恋的要求！

研究发现，那些被评定为回避型婴儿的母亲，她们要么在和孩子身体接触时表现得过于侵入、控制、粗鲁、唐突；要么厌恶身体接触、抑制情绪表达，在婴儿感到悲伤想要联结时，她们会退缩，拒绝孩子的请求。

回避型婴儿似乎意识到，自己想要得到安慰和照顾的任何主动表达都毫无用处，那么，他们不得不采用降低活性的依恋策略，不得不压抑自己的依恋需要，把和依恋有关的感受的觉知降到最低，并将注意力调离到探索活动中去。

焦虑 / 矛盾型依恋

这类依恋风格有两种表现形式，有些婴儿非常生气，而另一些婴儿则显得无助而被动。

重聚时，生气的婴儿又哭又闹、黏人，他们主动要跟母亲联结索取拥抱，但是又大发脾气表示愤怒，对母亲又拍又打，试图反抗挣脱母亲的怀抱。婴儿这种对母亲来回摇摆的情绪行为反应似乎在说：刚才我多么害怕，多么需要你！你去哪里了？你把我一个人丢下，现在才回来，你真坏！他们很难接受母亲的安慰变得平静，“母亲身处何方”的慢性焦虑淹没了他们，他们不能再继续进行探索游戏，实验被迫中断。

被动的婴儿好像完全被无助、悲伤、痛苦的情绪状态压倒，他们只能胆怯地或含蓄地向母亲寻求安慰，以至无法直接地接近母亲。

焦虑 / 矛盾型依恋的婴儿似乎极度渴望与母亲接触，但却不会因为重聚而变得平静，他们似乎一直在寻找一个“缺失的母亲”。

研究发现，那些被评定为焦虑 / 矛盾型依恋的婴儿的母亲，尽管她们并没有对婴儿表现出口头或身体上的拒绝，但是她们对婴儿发出的信号是不敏感的。她们的看护行动前后矛盾，无法预期，因此，焦虑 / 矛盾型依恋的婴儿学会放大情感来提高获得母亲关注的可能性。而且，母亲们似乎微妙地阻止了婴儿的独立自主——这一点似乎部分地解释了婴儿抑制自己探索行为的特点。

总之，焦虑 / 矛盾型依恋的婴儿为了得到安慰，不得不将依恋系统长期保持在过度激活状态，始终维持对痛苦的高水平表达，表现出生气或无助！

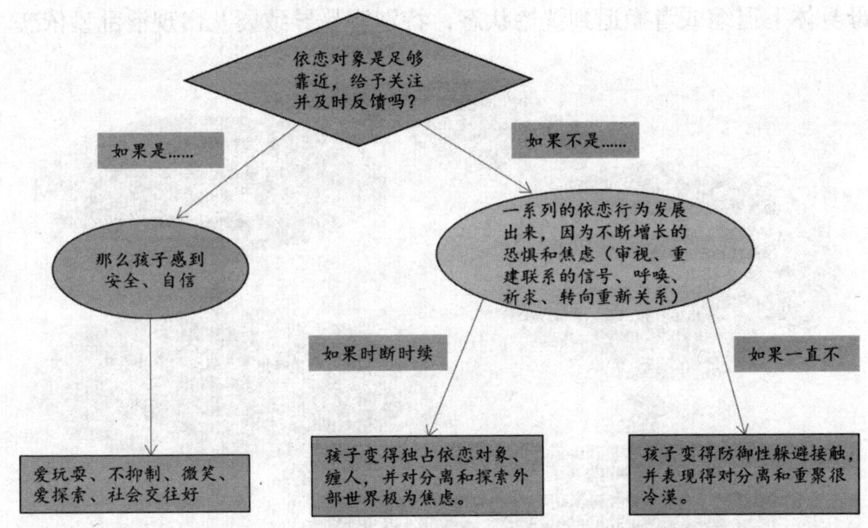

图 2.9　安全型、回避型和焦虑型依恋的发展

混乱 / 迷失型依恋

这种依恋风格由玛丽 • 梅恩和所罗门（Solomon）提出。

婴儿的表现：这类婴儿在尝试亲近时——哭着张开双臂奔向母亲，但随后又表现出令人困惑的回避行为和矛盾害怕的情绪表现——突然站住，转身，背对母亲，一动不动，或者是一种茫然或恍惚状态。这一系列行为，反映出婴儿受到惊后本能地趋向母亲寻求安慰，但却发现母亲同样也是令人恐惧的，那么，是否“亲近母亲”成为婴儿难以抉择的“接近—回避”型冲突。依恋对象既被体验为安全的来源，又被体验为危险的来源，婴儿就“卡”在“靠近”还是“避开”的矛盾冲动之间，这种“生物学上的两难境地”导致了依恋策略的瓦解。

研究发现，混乱/迷失型依恋的婴儿通常有被虐待、辱骂或忽视的创伤历史，比如，在一项关于父母虐待婴儿的研究中，82%的婴儿被鉴定为混乱型。当家庭处于贫困、精神疾病、药物滥用等压力源下，出现混乱型依恋的概率非常高。

混乱/迷失型依恋的婴儿在与父母互动时，体验到父母的确让人害怕，而且父母自身也在遭受惊吓。尤其是，父母在对婴儿的反应中出现恐惧情绪，父母身体上退缩或者撤退到恍惚状态，特别容易导致婴儿出现混乱型依恋。

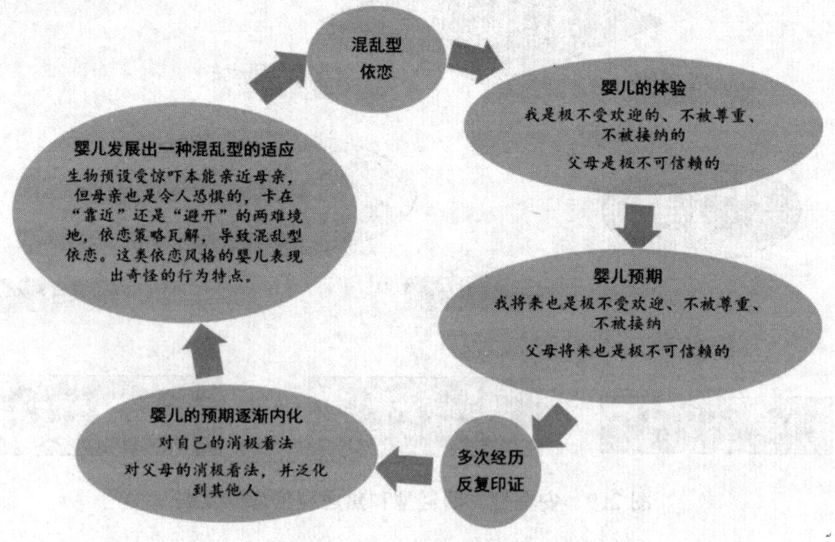

图 2.10　混乱型依恋的发展

第七节　不同依恋类型对个体发展的影响

英国精神病学家约翰·鲍尔比（John Bowlby）是依恋理论当之无愧的创始人。他认为，个体为了提高成功存活和繁衍的概率，将会寻求一个更加强壮或更具智慧的人陪伴，从而获得安全感。

在孕育婴儿的过程中，他在子宫内一直听到母亲的声音，并对之产生偏好。

因此，婴儿出生后，就或多或少确定了会将母亲当成主要的依恋对象。

婴儿与他身边的重要人物的关系，尤其是与母亲的关系非常重要。

根据研究，鲍尔比得出结论，母婴早期依恋关系的性质，以及婴儿对依恋关系的重复性体验，会形成一种人际关系的内部工作模式（internal working model）。这种内部工作模式常常在潜意识水平上发生作用，决定着个体对自我和他人的认知，从长远看会影响婴儿生命后期乃至成年后人际关系的建立。

多年来的实证研究表明，依恋风格存在代际相关，也就是说，婴儿在陌生情境实验中的行为，和母亲"在依恋方面的心理状态"之间的相关性。当母亲属于不安全型依恋时，她没有能力安抚自己的情绪，也没有能力去涵容和安抚孩子的焦虑，因此，没有办法养育安全型依恋的孩子。

实证研究已经建立了母亲"与依恋相关的心理状态"和她的孩子的依恋质量之间的联系 (Main, Kaplan, & Cassidy, 1985; Van IJzendoorn, 1995; Slade, Grienenberger, Bernbach, Levy, & Locker, 2005b)。

在创伤的代际传递链中，婴儿焦虑烦躁无法处理情绪，他依恋妈妈寻求安慰，但是妈妈无法做到足够好的容纳他的情绪，非但不能帮助到婴儿，反而会把他推的更远。婴儿内隐地学习到：为了保留妈妈的爱，即便我不开心、我难受，我也不可以表达，我必须笑，因为妈妈忍受不了那种焦虑，妈妈会消失（不是物理层面的消失，而是心理层面的消失）。

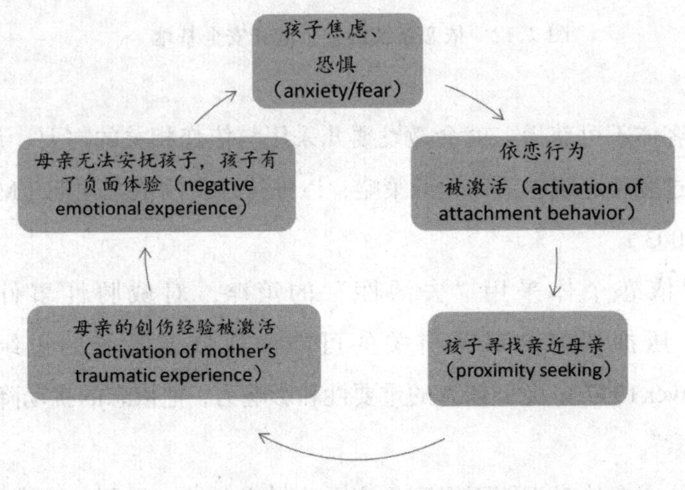

图 2.11　创伤的代际传递

这种母婴重复互动而形成的内部工作模式，使婴儿“知道”照看者下一步会做些什么，影响到婴儿的期待，也影响到婴儿随之而来采取的行动。

依恋系统同时兼具“安全港”和“安全基地”两种功能，好的依恋关系是在两种功能间取得平衡。在面对危险情境或受到惊吓时，婴儿逃向依恋对象寻求拥抱和安慰，依恋系统成为保护个体免受威胁和伤害的“安全港”；在积极探索自我和环境时，婴儿将依恋对象视为类似于“加油站”一样能提供能量的“安全基地”，鼓励婴儿发展他们的“探索行为系统”。安全型依恋是在“安全港”和“安全基地”之间的平衡，是依恋和探索之间的平衡，也是联系性和自我定义之间的平衡。

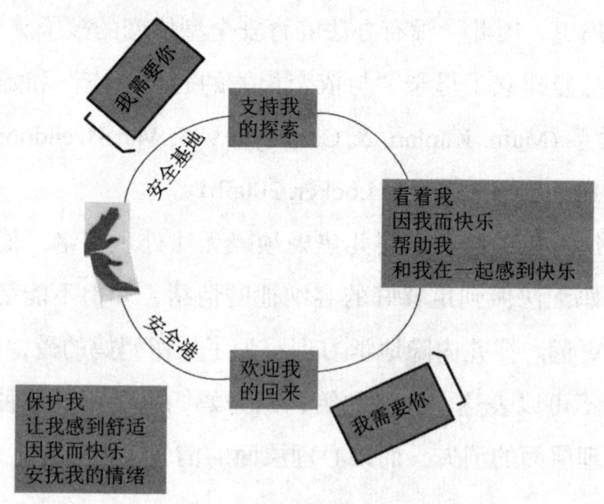

图 2.12　依恋系统的安全港和安全基地

若依恋客体不可获得，就会激发婴儿采用与依恋相关的需要、认知、情感和行为的过度唤起或去活性化的策略，以维持连贯的依恋预期（Mikulincer and Shaver,2003）。

回避型依恋个体采用“去活性”的策略，对威胁性事件忽视或不予理会，压抑任何与威胁有关的可能激活依恋系统的思维或情绪（Fraley&Shaver,1997），贬低依恋的重要性和影响力，把依恋的扰动降到最低，专注于“探索”。

焦虑型依恋个体对于能否得到母亲无法做出预期，采用“过度唤起”的策略确保得到持续的照顾，使依恋系统持续处于激活状态，导致对威胁性事件的夸大评估和注意增强（Mikulincer&Orbach,1995），以至于不能自由的探索。

混乱型依恋个体处于无法解决的危险之中，生物学上注定的安全港同时也是恐惧的来源，导致结构化依恋策略崩溃，出现混乱状态。

安全型依恋个体相信母亲的反应，他们能自由地联结、探索和反思，临在当下觉察自己的需求和感受，并且表达出来。

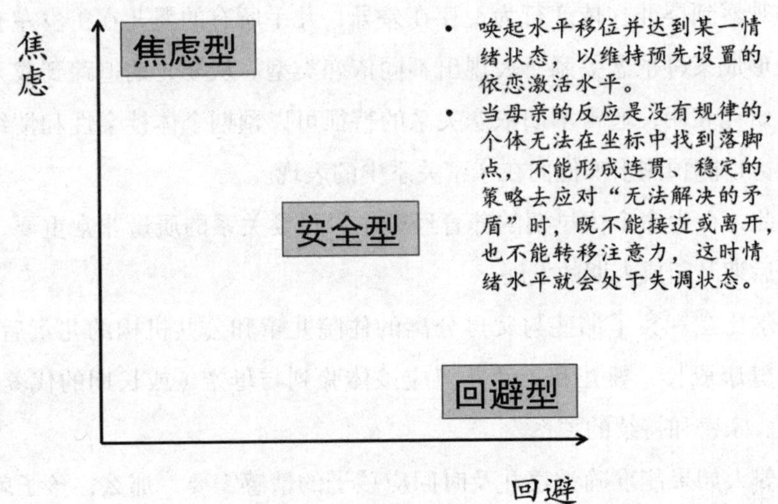

图 2.13 依恋平衡系统

个体的依恋发展呈现阶段性。

前依恋阶段（出生—3 个月）：婴儿无法辨识母亲和其他人，进行无差别的社会反应。

形成中的依恋阶段（3—6 个月）：婴儿对母亲和陌生人反应不同，婴儿更亲近母亲，比如对母亲咧嘴笑、咿呀说话，哭的时候母亲抱起来会安静，出现有差别的社会反应。

明确的依恋阶段（6 个月—2 岁）：婴儿非常偏爱母亲，和母亲产生特殊的情感依恋，出现第一个"分离焦虑期"。婴儿向母亲微笑、哭泣、注视、依偎、追踪；喜欢和母亲在一起，在母亲身边他们得到最大的安慰，感到愉悦、舒适；当母亲离开时，婴儿会烦躁不安。

目标调整的伙伴关系阶段（2岁以后）：随着婴儿认知能力的发展，他们能理解母亲离开自己的原因，理解母亲离开后还会回来，基本的安全感就此形成。

生命初期展现出来的依恋模式，影响我们的感受、期待和思考的习惯，影响着我们与他人的关系。早期的绝大多数问题，在儿童行为中明显表现出来，最终都被定义为关系问题（Sroufe，1989）。研究表明，正如在陌生情境实验中观察到婴儿在依恋行为上存在差异，几乎所有的婴儿在1岁左右都能与母亲形成某种依恋关系，表现出不同依恋类型。从婴儿期追踪到成人早期的纵向研究表明，通常早期依恋关系的特征可以预期个体社会性和情绪能力的发展，也能预测未来他们在亲密关系中的表现。

因此，在生命个体早期的养育经验中，母婴关系的质量非常重要，会影响婴儿后期乃至成人期的发展。

鲍尔比在观察了那些与父母分离的住院儿童和公共机构的儿童后得出：个体要健康成长，婴儿和年幼儿童应该体验到与母亲（或长期的代养母亲）的温暖、亲密和持续的关系。

抚养人如果能准确觉察并及时回应孩子的情感需要，那么，孩子就更可能成长为父母希望的样子。在应对困难情境时，他们能展现出更好的冲动控制和情绪处理能力。

他们能承受和管理焦虑、愤怒、绝望等情绪，不会任由自己跟随情感和内驱力“无法无天”行事，比如乱发脾气、总是动手动脚、暴饮暴食、吸毒、酗酒、滥交等等。良好的冲动控制能力让个体以可控的方式按照情感、驱力或愿望行事。

在安全依恋的环境中，我们体验到被承认、被理解、被关心，可以自地去爱、去感受、去反思，这些体验被我们内化，帮助我们发展出安全感。

大量研究证实，安全依恋能帮助个体形成一种应对威胁的开放、灵活、乐观的态度，促进安全感的提升和认知、情感和社会关系的良好发展，表现出安全依恋的“拓延建构环”效应（Mikulincer&Shaver，2001，2007a）。

1. 安全型依恋个体具有建设性的情绪调节能力，他们能通过改变情绪诱发事件或对事件进行认知重评等方式减少消极情绪，增加积极的情绪感受；或通过向他人寻求亲近、采用“问题中心”策略快速终止依恋系统的激活，有效缓解不良情绪，追寻更重要的目标。

2. 安全型依恋个体认为自我是有价值的，依恋对象是值得信任的，持有积极的自我—他人认知。他们拥有更高的自尊和能力感、更多使用积极词汇来描述自己、理想自我和真实自我差距小。他们理解信任他人，更多以积极的方式来描述和解释伴侣及其消极行为。

3. 安全型依恋个体富有同理心，对他人关怀，更愿意照顾年长的亲戚，表现出更多的亲社会行为。

4. 安全型依恋个体感受到来自他人的关爱和接纳，能保持一种稳定的、真实的自我价值感，很少需要害怕或蔑视外群体成员，有助于减少外群体偏见和歧视。

不安全的依恋类型和病态行为存在一定的联系。

1. 相对于安全型和焦虑/矛盾型儿童，有回避依恋史的儿童潜意识中认为成人和同伴会拒绝自己，对同伴显示出更大的敌意，在各种关系情境中人际交往能力低，更容易情绪上绝缘，成为具有反社会性的人（Suess,Grossman&Sroufe,1992）。

2. 童年早期，焦虑/矛盾型儿童在探索新情境时，表现得犹豫不决、不成熟和容易挫败。他们容易被同伴忽视，和安全型依恋儿童相比缺乏同理心、显示出分离焦虑，社会性隔离和社会性敌意更明显（Horvath&Weinraub,2005;Kestenbaum,Farber&Sroufe,1989;Sroufe,1983）。

3. 最脆弱的当属混乱/迷失型儿童。已有的研究中记录了很多此类儿童有问题的发展结果：童年早期不可控行为过多，敌对或挑衅同伴、更多外化或内化的行为问题，以及学业自尊和成就水平都较低（Green&Goldwyn,2002;Lyons-Ruth&Jacobvtitz,1999）。

在不安全的依恋风格中，混乱/迷失型依恋与精神病理学最为相关。其中，反应性依恋障碍（Reactive Attachment Disorder，RAD）、脱抑制性社会参与障碍（Disinhibited Social Engagement Disorder，DSED）和边缘性人格障碍（Borderline Personality Disorder，BPD）都把混乱的依恋关系作为一种风险因素来看待。

有研究者把 RAD 看成是混乱型依恋的一种极端形式，或者把混乱型依恋本身就考虑为依恋障碍。美国精神障碍诊断统计手册第五版（DSM-V）把 RAD 界定为“儿童发展显著受阻并在大多数环境中表现出不相适宜的人际互动方式，病理性照顾是其主要致病因素”。“病理性照顾”是 RAD 的致病因素，也是 RAD 形成的环境因素，主要包括：身体虐待、忽视；父母酒精依赖或药物滥用；父母有精神疾病；缺乏持续的重要的照顾者，如福利院儿童、孤儿或寄养。

DSED 与 RAD 的成因相同，都是由于看护人严重的社会忽视、持续性的缺乏安慰、反复性的变换主要照料者及成长在非正常环境等因素造成的儿童心理障碍。

那些被诊断为 RAD 和 DSED 的儿童在社交关系模式上长期处于异常和紊乱状态。

RAD 表现为抑郁及退缩行为：

不爱笑，很少有情绪反应；

长期表现出悲伤、无精打采的样子；

看着其他人玩耍，自己对同伴交往有兴趣，却无法进行正常的社交活动；

最重要的是，他们不会主动寻求安慰或安抚，并且对他人的安慰和安抚没有反应，甚至出现害怕、回避、易怒等反应。

DSED 表现为脱抑制和缺乏社交边界：

在社交对象上缺乏选择性，形成泛化的依恋关系；

过分“自来熟”，缺乏人际交往的界限，主动接近陌生人，坐陌生人的大腿，毫不犹豫地和陌生人离开；

和同伴交往困难，难以建立信任和亲密的关系。

研究表明：在寄养家庭或收养机构等高危人群中，RAD 的发生率低于 10%，DSED 的发生率约 20%，其他临床场所较罕见。

BPD 也被视为一种依恋障碍，个体的症状主要集中在心境障碍和冲动控制障碍上。本书后面章节会详细介绍！

第八节　如何镜映

曾经有来访者痛苦地向我求助：老师，我特别在意他人对我的看法，您能有什么办法让我的情绪变得“钝化”吗？

这类求助者保持较高的人际敏感。Marin 和 Miller（2013）将“人际敏感”——以不断担心负面社会评价为特征，对他人评价保持警觉和敏感，并采取防御性行为（如服从或抑制行为）来避免负面社会评价的倾向，作为一种整合的人格特征。

在意他人对自己的看法，对他人的感受和行为线索保持适当的敏感性，并及时做出对方期望的回应，这是成功人际交往的技巧，能帮助个体更好地适应社会。但是，如果个体持续不断地感知这种体验，这种有意向的倾向将会损害人的幸福感（Downey&Feldman，1996）。

因此，国内研究者把人际敏感作为评估个体心理健康的一个指标，它反映了个体的人际关系状况。人际敏感越高的个体其人际交往能力越差，碰到的问题越大。

人际敏感高的个体察言观色、小心而机警地捕捉他人的意图，活在他人的反应里。他们感觉生活的重心在自身之外，失去自己，没有机会了解和使用自身的欲望和资源。深入聆听他们内心的声音,似乎都在说“妈妈抱抱”“妈妈看着我”“妈妈不要不理我”……他们害怕被抛弃，一直在寻求关注。

你是一个人际敏感高的人吗？你总装出一副“活力四射”的样子防御性地压抑自己的真实感受，只为了活在别人的定义里吗？你能全然真实地体验和表达自己的感受吗？

Spence（1982）认为，人们在对自己的生活故事感到困惑，或者感到莫名其妙的不完整、痛苦或混乱时，他们会寻求帮助。

建构一个合理可信的叙事，把个体生命早期的经历整合进他的生命故事里，帮助他应对困惑、混乱或痛苦等情绪，从而获得安全感，这是一项有意义的工作！

情绪调节是自我发展的基础，依恋关系是情绪学习最早发生的学校。当个体还是婴儿的时候，没有能力产生自己的安全感，需要依恋对象帮助应对困难的情绪，进行情绪管理或情绪调节。婴儿的心理命运，拥有安全感或者缺乏安全感，很大程度依赖于最初的依恋关系能否有效地帮助他调节情绪。而且，早期母婴互动塑造的个体的行为、沟通以及情感调节的原始模式，在与同一双亲的持续互动中被维持和强化，个体不同的依恋风格稳定地延续到成人阶段。

加拿大的心理学家布里奇斯（Bridses,K.M,1932）的情绪分化理论指出：新生儿的情绪只是一种弥散性的兴奋或激动，是一种杂乱无章的未分化的反应，是强烈刺激引起的内脏和肌肉反应。

如何为婴儿的情绪体验留出空间，发展他对情绪的表征并有效地进行情感调节呢？

婴儿通过“社交生物反馈”的方式，逐步将自己不随意的表达与母亲的反应联系在一起。最初，他只是身体上感受着，可能不“知道”自己感受到什么，不知道情绪的意义；在母婴互动中，在他人了解自己的过程中，婴儿逐渐了解了自己。

日常生活中，我们经常把情绪、情感、感受、体验等词语不加区别混淆使用。在神经科学看来，“情绪”并不一定是“感觉到的体验”，指那些大脑皮层下的、意识无法觉知到的，通常是基于躯体体验的那些感受。心跳加速，手心出汗、发凉、潮乎乎的……是焦虑情绪的生理表现；发抖、手脚冰凉、心悸、呼吸困难……是恐惧情绪的生理表现。情绪本身就是一种躯体体验！

在临床门诊中发现了一类情感症状——述情障碍或述情困难，主要表现为患者不能明确表达自己的感受，缺乏识别他人和描述自我情绪的能力。研究中发现述情障碍水平高的个体经常报告适应不良、高强度疼痛、抑郁等。患者抱怨自己各种各样的躯体疾病，他们的身体承载了依恋关系中的大部分冲突！研究者把述情障碍分为原发性和继发性两种。原发性述情障碍与基因成分有关，大脑新皮层和边缘系统缺乏联系会导致情绪表达不畅；继发性述情障碍被认为是儿童早期经历创伤性生活事件的一个伴随性结果，比如忽视、虐待、非支持性的社会环境等。

安全的依恋关系中，母亲对婴儿进行调谐性反应，帮助他们缓解痛苦，放大积极情绪，赋予躯体体验情绪意义并有效调节婴儿的情绪。在这样的母婴互动中，婴儿把体验记录为一种本能的内脏感觉——和他人联结是放松、愉悦和舒适的；同时，婴儿还记录了关于“自我”的感觉——全方位表达自己的躯体和情绪需求是被接纳的——“我是好的”！

科胡特（Kohut）提出“镜映自体客体”（the mirroring self object）的概念。婴儿早期没有发展出自我意识，他需要一面镜子来对自身状态进行确认。“Gleam in his mother’s eye”，母亲的眼睛就是第一面镜子，孩子从母亲的眼睛中看到了自己。这面镜子蕴含着喜悦、欣赏、肯定等情绪，孩子感受到自身是被接纳的、尊重的、有价值的，“我是好的”的意识萌芽开始成为奠定人格的底层基调。

母亲调谐性“镜映”婴儿的情绪体验是形成安全型依恋的关键。

“镜”指镜子，“映”指反照，照射而显示，婴儿通过妈妈的脸照见自己，看清自己。“镜映”是母亲对婴儿表现出的内在状态的共情、反射和表达（Meltazoff&M）。在母婴互动中，母亲识别和详细解读婴儿的情感或动机状态，给婴儿的情绪体验提供“脚手架”，他们才可以在调节自身情绪经验时获得帮助（Lyons-Ruth,1999）。

例如，糟糕的事情发生了——孩子把画画的颜料罐打翻在她正在创作的画上，而且她已经画了一段时间了——孩子放声大哭。一种做法，母亲冲过来安抚孩子，温柔地告诉她：“有时会发生这样的事，真是让人‘难过’！你想不想我们再试一遍？”这位妈妈肯定了孩子的情绪体验，并带领孩子再次投入到作画中。她的做法隐含地表达“所发生的事情并非天塌下来般严重”，而且她对“打翻颜料罐”这件事保持一种开放的心态，决定不去追究。她尊重了孩子的体验，还通过行动传递出“挫败和失望的内心状态”是可以被克服的！另一种做法，妈妈冲过来，怒气冲冲地对孩子说；“看你干了些什么，我要赶快把这些清理干净。你这个'坏孩子'！回到你的房间去！"。妈妈在对这件事件的回应上表现出一种责难的态度，剥夺了孩子处理情绪体验的机会。更重要的是，她制造出一种决定性归因：传递给孩子这样的信念——糟糕事情的发生是因为她"坏"。这样，孩子形成"我是坏的"的自我感。

母亲的两种做法，将给孩子的心理发展带来截然不同的影响！

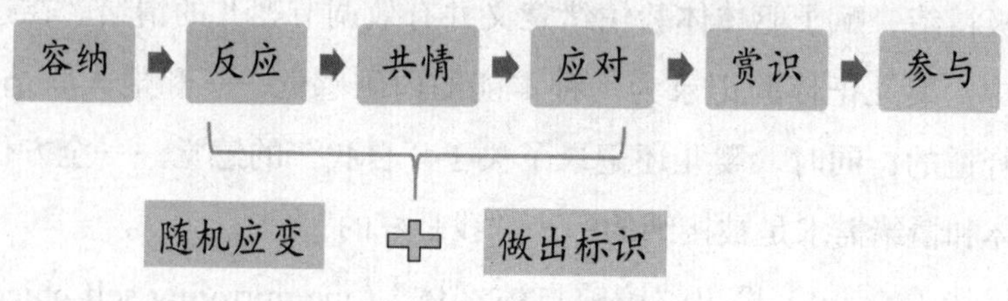

图 2.14 调谐性的镜映过程

如图 2.14，调谐性的镜映过程涉及母亲对婴儿的共情。

共情（empathy），又称为同感理解、同理心、共感等，指个体能体认他人的内心世界，并能恰当地将这种体认表达给对方的态度和能力。

母亲如何有能力做到对婴儿共情呢？

神经科学家们在研究中发现了镜像神经元（Minor neurons，MNs），这类神经元使我们有能力"穿上他人的鞋子"对他人进行"设身处地"和"感同身受"的共情性即时反应。

1996 年，意大利帕尔玛大学的里佐拉蒂（Rizzolatti）采用单细胞记录法进行认知科学研究，在观察恒河猴大脑时他发现了镜像神经元。当恒河猴看到实验员抓食物时，它们的大脑前运动皮质腹侧神经元就像它们自己抓取食物一样被激活。也就是说，某些神经元在个体执行某个指向目标的动作时兴奋，并且在观察他人在执行类似动作时也会兴奋，里佐拉蒂等称这类神经元为镜像神经元。研究者还发现，镜像神经元不仅能在观察者的大脑映射他人的动作，也能映射他人的声音、情绪或意图等等。

总之，镜像神经元为个体理解他人心智提供了重要的生物学基础，也为母亲有能力共情性镜映婴儿的情绪提供了可能性。

健康的镜映不仅是"随机应变"的，还应是"做出标识"的。

随机应变，指镜映是精准的，母亲的面部表情、肢体动作、音量高低或语速快慢的展现，都与婴儿的情绪变化一致。这样，母亲情绪的表达成为婴儿对自己情绪最初表征的基础。为了让镜映能支持婴儿的情绪表征框架，母亲不是在展现她自身的情绪，而是她对婴儿内在状态的觉察，是在镜映婴儿自身的情绪体验，那么，母亲就必须以“假装”或“好像”的方式展现自己的情绪，这种镜映形式的特征就是“标识”（Fonagy 等 2002a，Gergely &Wastson,1996）。比如，对情绪夸张的、缓慢的，或者是部分的表达；对混合情绪的表达，同时或连续的结合，焦躁不安中混合进一些与之相反的情绪；以及配合一些行为线索，就像抬高眉毛、张大嘴巴等面部表情来吸引婴儿注意（Gergely,2007）。

这样，母亲调谐性的镜映——“对婴儿显露出来的内在状态产生共情，予以反思，并帮其表达”——就“将婴儿的自我送还给婴儿”！孩子在母亲这面镜子中看到自己的形象——有欲望、有信念、有感受，有意图姿态的人，而且，母亲镜映时做出标识，让婴儿觉知“他的心智是属于他自己”。

在母婴互动中婴儿发现，情绪作为自己的心理状态而存在，情绪是可以被辨识的，也可以与他人分享——为情感调节和冲动控制奠定了基础。

如果镜映过程中缺乏随因反应（太多属于母亲的情绪成分）或不能做出标识情绪（太多属于孩子的情绪成分），那么婴儿没有办法通过母婴互动的方式发展出分离性（seperateness），心理发展就可能出现偏差。

镜映缺乏随因反应，也就是说镜映不准确。例如，母亲把婴儿兴奋地咬乳头镜映为攻击，她可能会说：“哦，你今天真是一个愤怒的小野兽！”这种不匹配的镜映被内化到一定程度，就可能产生不相容的内在体验，并造成碎片化的自我感知（Fonagy 等，2002a）。

如果镜映婴儿状态的情绪缺乏标识，“母亲的脸，这面镜子只能看，但无法照见自己”，就可能会将婴儿压垮。例如，当婴儿遇到挫折表现出哭闹生气时，母亲不是用一个标识性的表情去帮助婴儿应对，而是直接对婴儿感到生气并表达她的愤怒。那么，婴儿感到，母亲表达自己愤怒的真实情绪，他体验到自己的情绪具有感染性并变得更加危险，他的痛苦引起了母亲同样的情绪反应。在他看来，他的体验常常看起来和他对外界的体验相匹配，而且似乎没有其他出路。一再暴露在没有标识的镜映下可能导致婴儿产生创伤，是产生边缘性病理的基础。

在调谐性的镜映过程中，尤其当婴儿面对困难情绪——淹没性（overwhelming）和不稳定的情绪时，母亲充当一个结构性的、容纳的和共情的角色。她容纳婴儿不能忍受的情绪，以共情性的方式对婴儿的情绪做出调谐性的反应，随机应变并且做出标识，帮助他们放大并强化正性情绪状态，或者，提供安全保护减弱负性情绪状态。在这样的互动过程，母亲赏识和认可孩子的沟通意图，鼓励孩子参与社会互动（见图 2.14）。

知识拓展：心智化方法的最新发展水平与未来方向

摘要：心智化（mentalizing）是一种根据内部心理状态来理解他人和自己的能力。研究假设心智化能力由四个维度支撑：自动—控制（automatic-controlled）、内部—外部聚焦（internally–externally focused）、自我—他人（self–other）以及认知—情绪（cognitive–affective）。研究表明，心理障碍和这些维度的不同失衡有关。将心智化质量作为心理治疗的一部分，可能帮助有各种心理障碍的个体。研究者认为在解释精神病理学的易感性和治疗时，心智化是一个有益的跨理论和跨诊断体系的概念。本文从发展性的、社会生态的、进化的观点，总结了精神病理学的心智化方法。然后，本文重点讨论了应用心智化方法治疗人格障碍（personality disorders），回顾了将这种方法推广到其他类型的精神病理学，包括抑郁症（depression），焦虑症（anxiety）以及进食障碍（eating disorders）。本文总结了以心智化理论为基础的治疗、干预和预防的核心原则，以及治疗有效性的证据。最后，对未来的研究提出了建议。

关键词：心智化 反思功能 依恋 心理健康治疗 人格障碍 心理治疗

引言

关于心智化及其在精神病理学中的作用研究方兴未然。例如，在心理科学数据库中搜索一下，就会发现关于心智化的研究数量有了巨大的增长，20 世纪 90 年代末发表的关于该主题的研究屈指可数，到 2019 年已经超过 3000 篇。心智化，或称反思性功能，指的是人类根据意向心理状态（如情感、欲望、愿望、态度和目标）来理解自我和他人的一种典型的人类能力。它是一种基本的能力，使人们在纷繁复杂的社会世界中游刃有余。此外，它是一种物种特有的能力：它似乎只存在于人类，在和我们最接近的灵长类动物中以一种基本的形式存在，而在大多数其他动物物种中不存在（Tomasello 2010, 2018）。没有心智化的能力，我们将迷失在世界中——这个基于相互理解的、高度协作和合作的、不断变化的人际关系所决定的更复杂的环境（Fonagy et al. 2015, Tomasello & Vaish 2013），需要人类具备更多灵活性去适应它（Sng et al. 2018）。

本文，我们批判性地回顾了精神病理学的心智化研究方法的四个主要假设：

1. 神经科学研究有力地表明，心智化是一种进化预设的能力：正常发育的儿童通常表现出共同注意（joint attention）和共享意向性（shared intentionality）——反映心智化的能力——从生命开始（Csibra &Gergely 2009, Tomasello & Vaish 2013）。

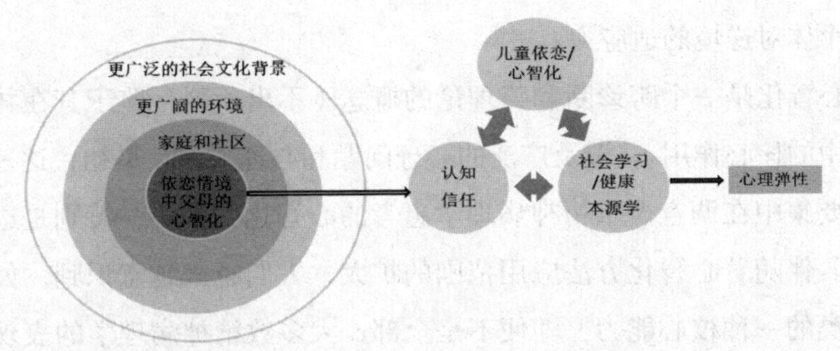

图一　心理发展初始心智化的简化模型

普遍认为亲子依恋关系直接和间接地影响婴儿的依恋和社会性情绪发展。拥有高安全依恋水平的父母为孩子提供了一个安全基地，安全基地允许他们逐渐探索和发展认知能力和社会性情绪能力，这些能力允许他们成功地驾驭人际世界。

进一步说，研究认为安全的亲子依恋能培养亲子心智化能力——也就是说，把孩子看成是由内在的心理状态所驱动的能力。后一种能力被认为主要通过对儿童心智化发展的影响，来培养婴儿的依恋和社会性情绪发展，高水平的亲子心智化能力为孩子们创造了一个环境，在这样的环境中，他们能够学会反思和心理发展有关的不可避免的挑战，导致了面对逆境时具有心理弹性。逆境经验、生理倾向或两者的结合可能会破坏这些良性循环。

2. 发展性研究表明，要发展完全平衡的心智化能力，需要大量的环境投入。关于这点，近年来在研究者的思维方面有一个显著的转变（Fonagy et al. 2017a, 2017b）。尽管早期的理论构想（Fonagy 2000, Fonagy et al. 1991b）聚焦于二元依恋在培养或阻碍心智发展方面的独特作用（见图 1），最近的观点已经演变成一套更全面的，涉及家庭、同伴以及更广泛的社会文化因素等对心智化发展的影响。

由此而论，我们现在强调认知信任的作用，这是一种进化预设的信任他人作为社会信息来源的能力，这种能力由心智化能力促进，也能促进个体进一步心智化；

通过社会学习获得健康（健康本源学）（见图二），经由社会环境从可获得的相关信息流中获得最大利益（Fonagy et al. 2017a, 2017b），反过来，这又促进了个体对逆境的适应力。

3. 心智化是一个跨诊断和跨理论的概念（不出所料，鉴于其在物种特异性适应中的核心作用），涉及广泛的心理问题和心理障碍。最初，这一领域的研究主要集中在调查严重精神病理学患者的心智化失衡——特别是边缘性人格障碍。伴随着心智化方法应用范围的扩大，人们越来越意识到，如果心智化是人类的一种核心能力，即便不是全部，大多数精神病理学的表现形式可能是以心智化能力暂时的或长期的损害和中断为特征。

4. 同样地，在一系列心理治疗和干预措施中，普遍认为心智化可能是与康复相关的因素，这些心理疗法或干预可能不会明确地专注于改善心智化水平，不过，由于这些措施可以通过不同的途径促进心智化和健康形成，可能有效地减少心理健康问题。

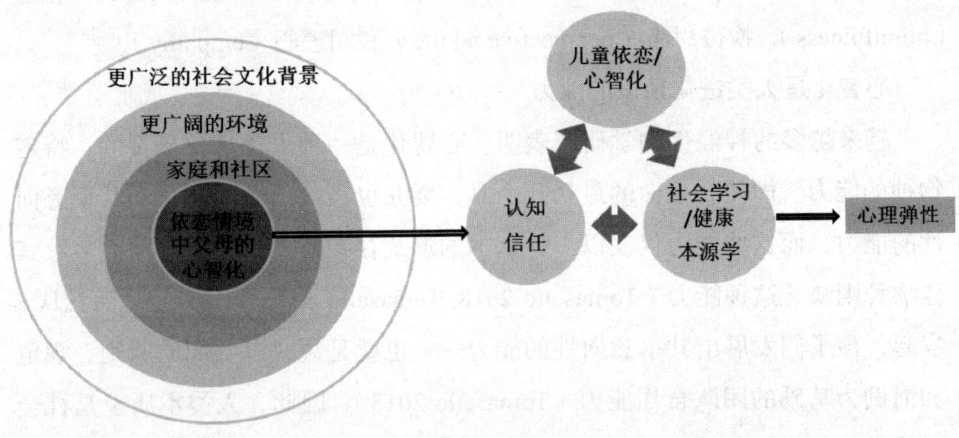

图二　　心智化在发展中的作用——社会进化交际模式

父母的心智化能力——也就是说，从孩子的内在心理状态来理解孩子——父母的这种能力嵌入在一套更广泛的因素中，包括家庭和社区、更广阔的环境和一般的社会文化背景，这些因素都会影响到孩子的发展。这些因素影响进化预设的能力，这种能力将他人传递的知识鉴定为和个人相关，并推广到其他情境（即，认知信任），在运行中设置了一套以社会学习和健康本源学（salutogenesis）（得益于个体环境的积极影响的能力）为特征的良性循环——特别是，安全依恋和稳固的心智化。无论他们自己还是在和他人的互动中，当面对逆境时使用安全依恋策略，当面对具有挑战性的不利环境时，孩子自身心智化的能力允许他们重新校对想法和感受，因此，培养了心理弹性。

本研究批判性地审查这些假设的证据，找出知识中的重要差距，概述未来的研究方向，并讨论对临床实践的影响。

心智化的神经生物学

心智化为研究人类行为提供了一个强有力的视角，神经科学研究对实现这一目标至关重要。来自神经科学的发现在证明以下几方面尤为重要：（1）一组高度专门化的、物种特有的神经回路参与了心智化；（2）心智化不是单一的，而是一个多维的能力，不同维度之间可能存在不平衡和分离，潜在心智化是不同心理障碍的特征；（3）心智化是一个涵盖面很广的概念，这个概念由一系列构念和能力重叠，比如心智理论（Theory of Mind，ToM），正念（mindfulness），换位思考（perspective taking）和同理心（empathy）。

心智化是人类进化预设的能力

越来越多的神经生物学研究表明，心智化是一种人类进化预设的、特定物种的能力。即使在生命的最初几个月，婴儿也表现出共同注意和共享意向性的能力，而这些能力仅仅以一种基本的形式存在类人猿身上，而大多数其他物种则缺乏这种能力（Tomasello 2018, Tomasello & Vaish 2013）。而且从3岁起，孩子们发展出共享意向性的能力——也就是说，以共同的原则、规范和惯例为基础的团队合作能力（Tomasello 2018）。因此，人类本质上是社会动物。心智化能力进化的原因大部分尚不清楚，但这种能力似乎为人类提供了一个主要的适应优势。个人想象他们自己的和他人的目标、感受和愿望的能力，使得复杂的协作和合作成为可能——这样的协作和合作在动物王国中是无法看见的，并且通过社会学习使得共享的目标、动机、品行和知识代代相传（Sng et al. 2018）。的确，由于人类具有共享意图的能力，他们能够非常迅速地获得一个社区（文化）共享的知识。人们相信，在心智化能力的支持下，共享意向性的出现促进了人类有意义的社会互动，超越那些非人类的灵长类动物。此外，协作与合作的倾向似乎缓和了竞争——竞争往往导致人类产生攻击和暴力——这些人类行为和动机会妨碍群体的合作和协作（Fonagy & Luyten 2018）。然而，与此同时，心智化能力能使有些人使用其他技术和他人竞争，包括操纵和欺骗（Fonagy & Luyten 2018）。

心智化是多维的

神经科学和行为研究表明，心智化可以围绕四个维度或对立的两极来组织，相对不同的潜在的神经回路促进了每个极点。四个两极分别是：（1）自动心智化对控制心智化（automatic versus controlled），（2）对自我和他人的心智化，（3）基于自我和他人的外部或内部特征的心智化，（4）认知对情感心智化（cognitive versus affective）。正如文中在论述“心智化和人格障碍”部分所讨论的那样，这个观点引出这样的假设，不同类型的精神病理学反映了各维度的不同失衡状况，导致各种心理障碍以不同的心智化剖面图为特征。

自动心智化（automatic mentalizing）或内隐心智化（implicit mentalizing）

涉及快速、平行和反射的过程，需要很少的努力。它主要依靠感觉信息的系统发育上较老的神经回路所促进。与之相比，控制心智化（controlled mentalizing）或外显心智化（explicit mentalizing）是有意识的、言语的和反思的。在种系进化上，依赖于语言或象征过程的更新的大脑回路构成心智化能力的神经基础，和论断一致，控制心智化实现了人类交流、协作和合作能力的进化上的飞跃。

在压力和情绪调节中，自动心智化和控制心智化起着关键作用。伴随着压力或唤醒水平增高，神经系统从控制心智化向自动心智化转换（Lieberman 2007, Mayes 2006）（见表 1）。这种转换的进化优势是明显的：当面对威胁时，有机体依赖于快速、自动的威胁信息加工过程发起战斗 / 逃跑反应（fight/flight response）。然而，在我们复杂的人际世界中，这样的自动化反应经常是有问题的；的确，现实社会世界中很多挑战常常需要人们具有重要的"计算能力"（computational power），去发展他人和自我的心智模型（Fonagy et al. 2015）。过度依赖自动心智化，通常意味着没有反思——因此，对自我和他人经常会持有过分简单的和有偏见的设想。例如，Knutson 等人（2007）充分地证明了，对其他种族的人持有的偏见能被快速激活。对于那些在压力或情绪唤醒下，难以从自动心智化向控制心智化转换的个体来说，他们在以交流、协作和竞争为特征的复杂人类世界中生存是会出现问题的。我们知道，生物因素（即，低水平的努力控制）和环境因素（即，依恋历史），以及它们的交互作用，都能导致个体的控制心智化能力表现出差异（Long et al. 2019）。

反思自我或他人可能要么内部聚焦（即，它可能涉及通过换位思考或情境归因的方式推论心理状态），要么聚焦于外部线索，比如姿势、面部表情和声调。基于外部的心智化倾向于招募额颞顶外侧神经网络（a lateral frontotemporoparietal network），涉及更少的反思过程。基于内部的心智化更多依赖内侧额顶叶神经网络（a medial frontoparietal network），涉及更主动的和控制的反思过程（Lieberman，2007）。

心智化是一种进化上的适应，以适应日益增长的互助和合作的需要，与这一观念相一致的是，一个共同的神经回路支持了反思自我和他人的能力。而且，有两种认识自我和他人的方式——一个基本的和一个更高级的方式——似乎是能够区分的。Ripoll 等人（2013）区分了共享表征系统（a shared representation system，SR）和心理状态归因系统（a mental state attribution，MSA），在 SR 系统中，同理心加工过程依赖于对他人心理状态的共享表征；MSA 系统依赖于符号和抽象处理过程（symbolic and abstract processing）。SR 系统包含了一种更内隐的、内脏的、基于身体的，额顶叶镜像神经元系统（a more implicit, visceral, bodily based，frontoparietal mirror neuron system），不需要高水平的认知加工，当个体观察他人的经历时，就如同自己在亲身经历一样，神经激活和心理状态是相似的。SR 系统允许个体通过运动—模仿机制（motor-simulation mechanisms）来理解他人，它被认为是人类和其他哺乳动物社会同理心（social empathy）的关键进化机制之一，它让我们知道别人内心的感受。SR 系统招募额下回（inferior frontal gyrus）和顶叶下叶（inferior parietal lobule）（它们都富含镜像神经元），和前脑岛（anterior insula）和前扣带皮层（anterior cingulate cortex）（这两者都与观察和感觉疼痛有关）。

MSA 系统不是以身体为基础，它以更抽象和象征的方式加工关于自己和他人的信息。它主要是由人际关系塑造的。在灵长类动物中能发现 MSA 系统，而人类只有在青春期才会发育完全（Lackner et al. 2010）。它涉及由腹内侧前额叶皮层（the ventromedial prefrontal cortex，VMPFC）、背内侧前额叶皮层（dorsomedial prefrontal cortex）、颞顶叶交界处（temporoparietal junction）和内侧颞极（medial temporal pole）组成的皮层中线系统（a cortical midline system）（Lieberman 2007, Uddin et al. 2007）。研究表明，SR 系统和 MSA 系统是相互抑制的，MSA 系统对 SR 系统提供自上而下的监管和纠正（Brass et al.2009）。尽管心智化允许个体理解他人，总有可能把自己的心理状态（由 SR 系统促使的即时的自我—他人映射）和别人的心理状态混为一谈。因此，尽管人类无疑有显著的心智化能力，但是误解他人似乎被植入进神经结构中，因为我们倾向于假定，通过对他人经历的具身模拟，我们能理解他人。这一认识已成为所有以心智化为基础的治疗（mentalization-based treatment，MBT）的一个关键性指导原则。

最后，平衡的心智化需要认知和情感的整合。心智化显然涉及认知特征，包括换位思考（能够看到别人可能有不同的观点）和信念—愿望推理（在理解他人的愿望和信念的基础上，能解释和预测他人的行为的能力）。但是，平衡的心智化也包括具身情感特征，这些特征奠定了在感性的现实中进行心智化的基础。然而，心智化的认知方面很大程度依赖于控制心智化，情感心智化，至少在基本的神经水平上，大部分是自动化和具身的（Sabbagh 2004）。然而，在人类发展的过程中，心智化的这两种特征日益融合。以认知为导向的心智化会招募前额叶皮层的几个区域，然而腹内侧前额叶皮层似乎在情感导向心智化中起着关键的作用（Shamay-Tsoory & Aharon-Peretz 2007）。这些发现也与论断一致，同理心由一个更基本的"情绪感染"（emotional contagion）系统和一个更高级的认知换位思考系统共同支持。影像学研究表明，在认知同理心（和腹内侧前额叶皮层联系）和情感同理心（和前额下回相联系）中有重要的行为和解剖学分离（Shamay-Tsoory et al. 2009）。

心智化是一个涵盖面很广的概念

心智化包含了广泛的相关概念，这些概念都集中在社会认知的各个方面，包括同理心、正念、心智理论，心理感受性（psychological mindedness）、述情障碍（alexithymia）和洞察力（insightfulness）（Choi-Kain & Gunderson2008）。同理心和心智理论集中在心智化他人的方面，然而，正念和述情障碍涉及心智化自我的核心特征（例如，能够意识到和注意自己内部心理状态的能力）。同理心和正念涉及心智化的情感成分，然而心智理论聚焦在心智化的认知特征（例如，信念—愿望推理）。因此，心智化是一个广泛的概念，包括关于自我—他人的反思功能，以及基于内外部特征的认知—情感功能。此外，心智化指动态状态的和情境依赖的过程，而不是一个特质，比如，压力和唤醒将导致从控制的、反思的心智化，向快速的、自动的心智化转换，结果，经常产生带有偏见的心智化。因此，有效的心智化是不同极性和不同系统之间的平衡。不同类型的心理问题可能与特定类型的心智化维度失衡有关；我们将在"心智化与人格障碍"部分更详细地讨论这个问题。

心智化出现——一种发展性的精神病理学方法

依恋在心智化出现中的作用

心智化的能力首先是在依恋关系中获得的，自这一论断提出以来，它就一直是对于正常和中断的心理发展采用心智化治疗方法的一个关键特征。特别是，父母的心智化能力，或父母的反思功能（parental reflective functioning，PRF）——即，看护者反思他/她自己和孩子的内在心理体验的能力——被认为在依恋关系情境中发挥关键的作用（Luyten et al.2017b, Sharp & Fonagy 2008, Slade 2005）。

父母的反思功能代表了一种特定人际关系中更一般的能力的表现，被认为能培养儿童安全的依恋关系，也能培养儿童自己的反思功能，因而，能培养他们的情绪调节能力和人际功能。假定看护者高水平的反思功能，能够对孩子们的主观体验进行随机应变的（contingent）和做出标志的（marked）情感反应，因而能使孩子们对他/她自己的主观体验发展出二级表征（second-order representations）。因此，从这个角度来看，关注心理状态（而不是安全依恋、情感上的可用性或父母的敏感性本身）的社交环境，被认为能促进幼儿安全依恋和反射功能的发展（见图一），导致以适应情绪调节和积极的社会情感发展为标记的良性循环（Luyten et al . 2017 b）。

这种观点意味着，在依恋、情绪敏感性或可用性以及父母的反思功能中存在松散的联系。即使安全型依恋个体，父母的心智化能力也会有明显的波动，然而一般而言，这些能力可以预期有正相关（Sharp &Fonagy 2008）。相比之下，非安全型依恋的养育者不太可能有高水平的反思功能，因为早期依恋关系的中断通常会损害个人心智化的能力，特别是在情感紧张的关系环境中，如亲子关系。

此外，心智化被认为从根本上是相互作用的，因为心智化能力是在与他人互动的环境中发展的，因此，它被认为是不断受到他人心智化能力的影响。所以，至少在某种程度上，心智化是依赖于关系和环境的。

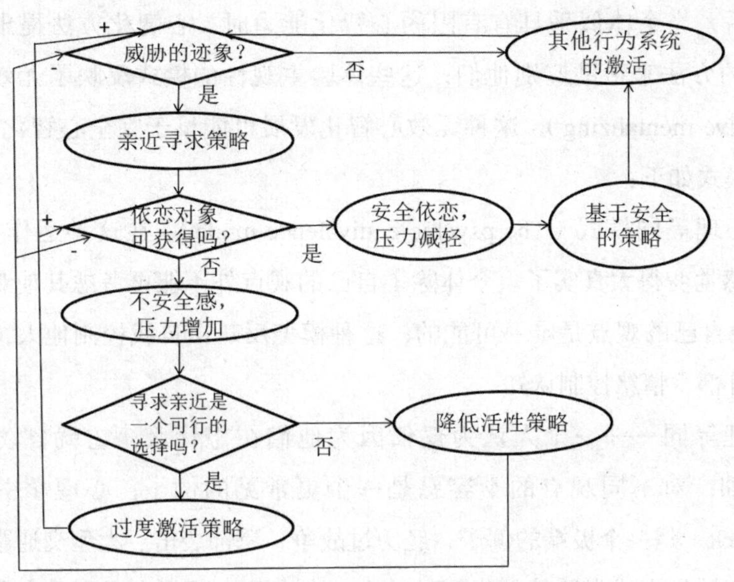

图三　过度激活策略和降低活性策略

依恋—过度激活和降低活性策略（见图三），在解释压力 / 唤醒下的关系以及不同唤醒 / 人际环境下的心智化时，起着关键作用（见表 1）。它们会影响（1）到从控制心智化到自动心智化转换的阈限值（正如在"心智化是多维的"一节中所描述的那样）；（2）压力 / 唤醒的严重程度和涉及控制 VS 自动心智化的神经回路的激活之间关系的强度；（3）从压力 / 唤醒中恢复的时间（Luyten et al. 2019b）。

表 1　次级依恋策略、唤醒和心智化之间的关系

	从控制心智化向自动心智化转换的阈限值	自动心智化激活的强度	控制心智化的恢复
安全依恋	高	适中	快
过度激活策略	低：对压力 / 唤醒的高反应	强	慢
降低活性策略	相对高：反应迟钝，但在压力增加的情况下下调反应失败	弱，但是在压力增加时，强度变成中等或强，反映降低活性策略失败	相对快
紊乱的依恋	不连贯的：高反应性，但经常疯狂试图下调	强	慢

最后，当个体似乎具有有限的心智化能力时，心智化方法提出了一种启发式的方法来帮助鉴别他们；这些体验主观性的模式反映了无效心智化（ineffective mentalizing），这种无效心智化发展可能早于完全心智化的能力。这三种模式如下：

1. 心理等同模式（The psychic equivalence mode）。在这种运作模式下，思想和感觉变得太真实了。个体除了自己的观点外不能再考虑其他观点，认为他 / 她自己的观点是唯一可能的；这种模型反映出自我控制他人，内部现实控制外部，情绪控制认知。

心理等同——一个人认为仅仅因为他们在想什么，它就自动是正确的。例如，对不同观点的不容忍是一个更常见的例子；心理学中的闪回（Flashback）是一个极端的例子，经历过战争、恐怖袭击、大型交通事故、性侵、童年被忽视或虐待等创伤事件的人，在大脑中反复出现不受自我控制的创伤画面，这种现象称作闪回。每一次闪回，创伤个体都可能重新体验一遍创伤，跟真实情境一模一样！

在一个著名的实验里（Gopnik 和 Astington，1988），发展心理学家给一个 5 岁的孩子看一个糖果盒，问她是什么。“糖果”，她说。然后让她看了看盒子里面，她惊奇地发现里面竟然装着铅笔，而不是糖果。“另一个还没有打开盒子的孩子会认为盒子里装的是什么呢？”实验者接着问。“糖果！”孩子说，她被这个恶作剧逗乐了。然后，实验人员对一个 3 岁的孩子进行同样的操作。对第一个问题的回答是意料之中的“糖果”，但对第二个问题的回答却令人意外，“铅笔”。更令人惊讶的是，孩子还坚持说，他自己一开始也以为铅笔会在盒子里。与 5 岁的孩子不同，3 岁的孩子没有表现出理解他自己或其他人可能持有“错误信念”的迹象。

学前儿童还没有认识到人们的思维和行为是按照他们表征世界的方式来进行的，而不是现实的实际情况。相应的，他们也不能理解人们认为正确而并依之行动的心理表征可能与现实是不一致的——即是一种错误信念。

“错误信念”测试清楚地说明，让儿童（特别是 4 岁或 5 岁之前）在头脑中对体验保持一个以上的观点是有困难的（即对一个体验持多元观点）。他们既不能想象朋友可能跟自己有不同的看法，也不能想象自己的观点可能已经变了。

现实生活和实验一样，要保持不让内在心理世界与外在现实世界等同起来，而且内在世界不会在某种感觉上被外部现实所取缔，幼儿——和嵌入体验中的成人——可能有着非同寻常的困难。

处于心理等同模式时，个体成了自己的情绪和信念的囚徒，好像这些都是不折不扣、毋庸置疑的事实！心理等同中的危险之一，是太容易将内在心理感受（愤怒、恐惧）投射到外界，创造出一个非常危险的世界！

3 岁以下的儿童倾向于以心理等同模式来运作。

2. 目的论模式（The teleological mode）。在这种模型中，仅仅那些真实的、可以观察到的目标导向的行为，以及可能潜在驱使这些目标的客观可辨别的事件能被意识到；这种模型反映了极端的外部聚焦和控制心智化的短暂丧失。

在目的论模式中，一个人只有在精神状态以具体的、具体的物理形式被证明时，才承认它的存在。例如，当一个人坚持要你拿出具体的证据来证明你关心他，比如额外的谈话、电话或身体接触。

3. 假装模式（The pretend mode）。此时，思想和情感与现实分离（所谓的过度心智化，hypermentalizing 或伪心智化，pseudomentalizing），个人陷入了无休止的认知或情感上压倒一切的叙述之中，这些叙述与现实没有联系，在极端情况下导致人的现实感丧失和分离；这种模型反映了内隐心智化控制外显心智化，内部关注不足，信念—欲望推理匮乏并且与他人融合的脆弱性。

“假装模式”是所谓的“思维的前心智化模式”之一，20 多年前由 Target 和 Fonagy 首次引入。在一系列关于游戏和现实的论文中，“假装模式”思维被理解为一种前心智化思维模式，这种思维模式在生命早期很典型，但在成年后，个体仍继续采用这种模式，则会出现问题。

按照皮亚杰的观点，前运算阶段（2—6、7 岁）的儿童能利用表象将眼前存在的东西（如小棍、石头、纸条）想象为另一些眼前不存在的东西（如枪、鸡蛋、面条），这种游戏被称为象征性游戏或假装游戏。比如，孩子把毛巾披在肩上扮作蝙蝠侠。围上代表蝙蝠侠披风（被象征物）的毛巾（象征物），儿童成为蝙蝠侠（见图四），而不用真的相信自己就是蝙蝠侠——换句话说，在象征性游戏中儿童能对同一个体验持两个观点，用一个事物代表另一个事物，同时知道象征物和被象征物是两个分开的实体，即领会表面/实质的区别。

图四　假装模式

作者还记得多年前和儿子及他的玩伴一起玩“警察抓小偷”的游戏！孩子们喜欢扮演威风凛凛的警察，4 岁的儿子也是其中的一名警察，我当然就扮演小偷。我假装偷完东西后逃跑，一群小孩奋力追赶我，并且把我“羁押”进铁栅栏后面！我假装哀求，“求求你们，求求你们放我出去吧，我再也不干坏事了！”并用可怜的眼神看着“警察们”！突然，意想不到的情况发生了，儿子背叛了他的组织，不顾大家的反对，打开铁栅栏把我给放了出来！……

处于假装模式时，因为扮演得太真实而恐惧，儿子因为担心妈妈受委屈而忘记我们是在做游戏！而且，假装一旦遭到现实的对质，有关的自由感受以及情感调节能力，都容易一起蒸发掉。

在假装模式下，作为经验的解释者或创造者的自我受到了约束，因为考虑到现实会威胁到想象，并为被忽视的信息打开大门。解离、否认和极度自恋的浮夸都是“假装模式”的例子。

父母或照料者安全型依恋的养育，3—6 岁的儿童逐渐将假装模式和心理等同模式整合。心理表征（表面 VS 实质、表征性改变、表征的多样性）和现实之间的区分开始变得牢固起来，形成心智化（或反思）模式——我们能够认识到内在世界和外部现实是分开的，但又是有联系的。我们能够反思自己的感受、思考以及幻想，是如何受真实事件的影响，又如何影响真实发生的事件。

总之，体验主观性这些前心智化模式的一个共同因素在于，它们被认为会导致压力，引起自我的未心智化方面外化（所谓的异化自我，alien-self）；通过试图控制他人的心智、自我损伤或其他类型的行为（比如物质滥用）等方式予以表达；在目的论模型中，期望缓解压力和唤醒。一种“再次受害”（revictimization）的倾向代表了一种特定类型的外化，即被忽视和/或虐待的未心智化的经历（Luyten & Fonagy 2019）。

实验证据

元分析和质性研究已经为心智化方法的主要原则提供支持（见图 1）。在这里，我们简要回顾了该方法的主要假设的证据，并注意现存研究的重要局限性，这些局限性导致了该理论的重新表述，我们将在“迈向更广阔的社会生态进化视角”部分对此进行讨论。

心智化的稳定性。研究表明，心智化具有特质性和状态性两种特征；它在很大程度上是关系特异性的，并且当唤醒/压力增加时，倾向于抑制控制心智化（Luyten et al. 2019b）。因此，心智化过程中，相当大的稳定性可能与跨情境的大量波动共存。例如，在一项针对 3,083 名成年芬兰人进行为期 10 年跟踪研究发现，在述情障碍患者中——该障碍反映了基于内部的心智化的严重问题，存在高相关和绝对稳定性（Hiirola et al. 2017）。然而，已有大量研究结果表明，心智化能力存在相当大的波动，比如边缘性人格障碍患者（Fonagy & Luyten 2016）。需要使用更多动态模型方法深入研究心智化的影响因素，解释跨情境和跨时间心智化的稳定性和变化。

父母心智化和儿童依恋。照护者倾向于把他们的婴儿当作心理代理人来对待，这有利于儿童安全依恋的发展。最近一项元分析（Zeegers et al. 2017）调查了 974 人，考察父母心智化对安全依恋的影响，共确定了 20 个效应量。我们发现，父母的心智化能力与婴儿安全依恋之间的总相关系数 r = 0.30。敏感性和心智化能力共同解释了安全依恋 12% 的方差变异。然而，行为测量的敏感性并不能解释心智化和依恋之间的联系。同样地，在控制了父母的心智化能力后，敏感性和依恋之间仍然显著相关（r = 0.19）。因此，尽管父母心智化影响的一小部分似乎受行为敏感性来调节的（r = 0.07），从行为上观察到的敏感性和主要通过口头报告评估获得的父母心智化能力，似乎对亲子依恋有相对独立的影响。

这些发现之所以令人印象深刻，有两个原因。首先，这一领域的研究一直立足于三个相对独立的传统研究。Meins（2013）和她的同事在研究父母双亲将心比心（mind-mindedness）的能力时，强调了恰当心理相关评论（appropriate mind-related comments）（指准确解释孩子的行为）和非调谐性的心理相关评论（nonattuned mind-related comments）（反映了照顾者误解了孩子的意图，把当前发生的事件看作和过去没有联系，试图转移孩子对当前活动的兴趣，因此，表明父母缺乏对孩子观点的认识或者用父母的观点替代了孩子的观点）之间的区别。

相反，Oppenheim 等人（2001）提出了一种重叠的概念，即父母的洞察力，这个概念评估了照顾者感知孩子行为意图的倾向，愿意修改他们的信念，他们称之为“接受改变”（open to change）的态度（Oppenheim & Koren-Karie 2013）。最后，反思功能概念来源于使用反思功能量表（the Reflective Functioning Scale）的研究（Fonagy et al. 1998），用于成人依恋访谈（the Adult Attachment Interview，AAI）（George et al. 1985）和父母发展访谈（Parent Development Interview，PDI）（Fonagy et al. 1991a, Slade 2005）。父母反思功能聚焦在照顾者反思孩子的主观经验的能力，照顾者自己的依恋历史，以及那些历史如何影响他们与孩子的关系。这三种方法明显是重叠的，它们稍微从不同的视角出发，强调了父母意识的潜在结构——以及超越了孩子模糊心理状态的能力，并强调了反思功能对亲子关系质量的深远影响。这些方法也进一步突出了本研究中强调的（父母）心智化的多维性。

研究主体的第二个优势在于，证明父母心智化能力可以潜在预测孩子依恋的发展。Fonagy 等人（1991b）在一项使用 AAI 技术对 200 个初次为人父母的样本进行调查研究，首次为这种联系找到证据。产前父母心智化能力能预测 12 到 18 个月婴儿在陌生情境实验（the Strange Situation Procedure，SSP）中评定的依恋类型（Ainsworth et al. 1978），即使在控制了言语智商后，父母心智化能力能在 17 年后继续成为青少年反思功能的预测因子（Steele et al. 2016）。Steele & Steele（2005）研究表明，婴儿期属于安全依恋的个体，在他们 5.5 岁时完成认知—情感任务能获得更好的表现。在另一项研究中，Meins 等（2001，2002）发现，母亲将心比心的能力（作为父母心智化的指数）能预测婴儿的安全型依恋，正如在婴儿 45-48 个月时采用陌生情境实验随访时获得的一样；也能够预测婴儿在 55 个月时的社会—认知操作表现（Meins et al. 2003），以及预测婴儿 18-26 个月时的努力控制能力（Bernier et al. 2010）。就童年时期依恋类型有限的稳定性（Pinquart et al. 2013）和预测儿童未来发展能力的一般局限性（Fearon et al. 2014）而言，这些发现尤其令人印象深刻。正如我们在"面向更广阔的社会生态进化视角"部分更详细地讨论的那样，涉及心理发展的因果过程是多因素的，因此有必要重新考虑儿童发展的简单确定性模型。

父母心智化和儿童心智化。研究还表明，父母高水平的心智化能力能促进儿童（e.g., Meins et al. 2002）和青少年（e.g., Rosso & Airaldi 2016, Rosso et al. 2015）的心智化能力。然而，父母心智化能力和婴儿依恋类型之间的相关通常表现为较小的效应值（按照 Cohen' s d =0.20 界定），父母心智化能力和婴儿心智化能力之间的相关更强，表现为中到大的效应值（Cohen' s d=0.50-0.80）。例如，Rosso 和 Airaldi（2016）研究发现，母亲对消极和混合—矛盾的心理状态（而非积极心理状态）进行心智化的能力，与她们的子女在青春期时具备的相应能力之间存在着特别强的相关（r ≈ 0.40-0.50）。诸如此类的研究表明，照护者反思困境的能力以及充满情感的心理状态在心智化的代际传递中尤其重要。

有关心智化和逆境方面的研究，已经为照顾者心智化能力在儿童发展中所起到的潜在作用提供了一些最强有力的证据。研究已经证明，特别是早期逆境和复杂创伤（也就是，早期的负性生活经历，通常涉及在依恋 / 养育情境中被忽视和 / 或虐待）有可能会严重损害个体心智化的能力，正如研究表明的那样，他们具有强烈偏见的心智化、对他人的心理状态高度敏感、心智化的防御性抑制或者是以上特征的组合（for reviews, see Borelli et al. 2019, Luyten & Fonagy 2019）。与此同时，越来越多的证据表明，照顾者高水平的反思功能，特别是有关他们自己的创伤经历的反思功能（trauma-RF）（Ensink et al. 2017),可以缓冲父母自己早期逆境和儿童依恋养育结果的关系(reviewed by Borelli et al.2019)。例如，Berthelot 等（2015）调查了那些有着性虐待和忽视历史的父母，研究发现高水平的创伤反思功能（trauma-RF）和婴儿混乱型依恋的低风险有关；暴露于儿童期性虐待的风险也大大降低（Borelli et al. 2019)。这些研究结果对于预防和干预来说，特别鼓舞人心！研究也进一步强调，就父母依恋历史和儿童依恋之间的关系中，父母心智化能力所起的作用，需要进行更直接的测试（Zeegers et al. 2017)。

儿童依恋类型和儿童心智化。对儿童和青少年进行横向和纵向研究表明，儿童的安全型依恋和儿童具有更高水平的心智化能力相关。研究表明，儿童的安全依恋促进了心智化的认知特征，包括共同注意、换位思考、心智理论，以及诸如情绪处理过程、同理心和心理状态语言的使用等情感成分（e.g., Becker Razuri et al. 2017, Claussen et al. 2002, Kobak et al. 2017, Kokkinos et al. 2016, McQuaid et al. 2008, Meins et al. 2008, Troyer & Greitemeyer 2018,Zaccagnino et al. 2015)。

儿童心智化、认知和社会情绪发展。儿童心智化障碍与一系列广泛的认知和社会情绪问题有关——范围包括注意力控制、努力控制、学业成就、情绪调节和人际关系问题——以及内化和外化问题（for reviews,see Fonagy & Luyten 2016, 2018; Luyten & Fonagy 2018)。在“心智化与人格障碍”部分中，我们特别关注心智化失衡与不同心理障碍易感性之间的关联。至于儿童和青少年精神病理学的出现，需要更多的研究来解决婴儿依恋和心智化能力在决定心理问题易感性方面所起的相对作用，以及它们与儿童的其他特点（比如气质）、环境因素（比如家庭、学校和社会文化环境）、生物易感性和弹性等因素之间的相互作用。

依恋和心智化在压力和觉醒调节中的作用。正如表 1 所描述的，发展精神病理学和神经科学研究通常支持依恋各维度、心智化能力和压力唤醒调节之间的假设关系（for reviews, see Feldman 2017, Long et al. 2019, Vrticka & Vuilleumier 2012)。安全依恋的经历似乎为涉及心智化能力和协调压力反应的生物行为系统的高度同步功能做好准备。该领域的研究为以下假设提供了强有力的支持：依恋和心智化系统都与压力和情绪调节有关，并且在行为和大脑水平上都显示高水平的功能连接。依恋系统似乎相对不同于心智化系统；它由大脑的中脑皮质奖励系统（a mesocorticolimbic reward system）所支撑，该奖励系统包含中脑边缘通道（mesolimbic pathways）和中脑皮层通道（mesocortical pathways）。中脑边缘通道是大脑中的多巴胺能通道，起源于腹侧被盖区，投射至腹侧纹状体区，尤其是伏隔核（也投射至海马体和杏仁核）。中脑皮层通道投射至 PFC 和前扣带皮层，是大脑中四大多巴胺通路之一，这条通路可能是精神疾病（如精神分裂症）中功能异常的大脑系统。这个系统涉及几个关键的生物介质，包括多巴胺、催产素、阿片类物质和大麻素。作为由这些生物介质的激活产生的结果，安全依恋的经历通常会缓冲早期发展中压力的影响，导致下丘脑—垂体—肾上腺（hypothalamic–pituitary–adrenal，HPA）轴所谓的适应性活动减弱（so-called adaptive hypoactivity），HPA 轴是早期发展中主要的人类压力系统。特别是在所谓的敏感期，人类似乎会延长到成人早期，所描述的社会调控是必要的：它为更普遍的压力和情绪调节模式奠定了基础。在关怀、敏感和可获得的依恋对象的照料下，反复经历压力和唤醒的下调，将引起奖励和心智系统之间的生物行为同步模式，表现为父母和婴儿之间在行为上的、自发的、激素的和脑对脑的同步（Feldman 2017）。对这些婴儿来说，照顾者不仅是奖励的来源，而且当他们需要的时候，照顾着也是一个帮助他们不断地重新校对自己心智（也就是心智化）的机会。现在也有证据表明，在这些婴儿中，这种模式倾向于从亲子关系、伴侣关系，同辈关系以及其他更普遍的关系发展中归纳概括出来。然而，研究也表明，从父母—婴儿关系、伴侣—关系到与同辈和其他人的关系发生转变，这种模式会普遍减弱，这清楚地表明，人类对他人的安全依恋和稳固的心智化能力是有限的。

对于在高度不安全的依恋环境中长大的婴儿，这种与依恋和心智化系统的整合功能相联系的模式可能永远不会充分地发展。不安全的依恋经历通常会导致对压力易感性的增加，正如表现在 HPA 轴及奖励系统的功能受损，更普遍的是，心智化和奖励系统的同步功能受损。对这些个体来说，人际关系是没有回报的，甚至可能变得非常讨厌。对他们而言，要么依恋对象不可获得性，导致一种轻视他人的模式；要么依恋对象间歇地获得，导致他们使用过度激活的依恋策略来获得爱、关怀和支持，但他们有一个潜在的信念，那就是其他人将是不可获得的。出现以贬低依恋关系和对痛苦的低反应为特征的强迫性的自主模式（a pattern of compulsive autonomy），或过度寻求爱和关怀，因而对与拒绝相关的痛苦感受过度反应（Luyten & Fonagy 2015）。

前心智化模式的重新出现和异己部分的外化。例如，在成人依恋访谈（AAI）中使用反思功能量表（RFC）研究边缘型人格障碍（BPD）患者，或者，采用父母发展访谈（PDI）调查有严重风险的父母在解释他们的发展历史时，正如被观察到的一样，研究普遍表明了心智化损害和心理等同之间的联系，发现他们常常采用表明过度心智化（hypomentalizing）的刻板的、高度简单化的、常常是防御性的叙述（Katznelson 2014, Slade 2005, Taubner et al. 2013）。类似地，研究已经充分证明了BPD患者（他们通常表现出严重的心智化失衡）倾向于使用假装模式，表现为高度的过度心智化或伪心智化（Fonagy & Luyten 2016, Sharp et al. 2016）。在高危母亲中也发现了类似的倾向（Luyten et al. 2017a, Slade 2005）。

同样地，心智化能力损害已被证明与目的论模式密切相关，这一点可以从心智化障碍与物质滥用（substance abuse）、暴力（violence）、进食障碍(eating disorders ，EDs) 和自伤行为（self-harm）等之间的关系中得到证明，这些障碍都可以被视为个体试图通过特定的目标导向行为来调节难以忍受的、未心智化的自我状态（unmentalized self-states）（Fonagy et al. 2016, Jewell et al. 2016, Suchman et al. 2018, Taubner et al. 2016）。近来的观察结果也支持这种观点，即与心智化有关的那些问题会导致个体倾向于将未心智化的经验外化；这些行为可以被理解为个体试图下调与未心智化的自我状态有关的压力和觉醒。和这种观点一致，Hielscher等（2019）最近做了一项元分析，选择了64个研究，涉及275,183名被试进行研究，和没有自伤行为的控制组相比，有自我损害的个体报告更强烈的身体不满意、放弃身体所有权、缺乏对身体感觉的体验和评价。在这种情况下，需要更多的实验研究来调查这些关联的精确机制。

朝向更广阔的社会生态进化角度

心智化方法的局限性

近年来，就“依恋和心智化在正常的和中断的发展中所起作用”而言，一些调查结果已经造成了我们所持观点的重大转变（summarized in Fonagy et al. 2017a, 2017b）。虽然有充分的证据支持，在心智化的代际传递中亲子依恋和父母的心智化所起的作用，但是元分析表明，代际间的关联通常很小（Zeegers et al. 2017）。此外，其他有统计学显著意义的环境因素（控制了言语能力），如社会经济地位（r = 0.18）和兄弟姐妹的数量（r = 0.14），都与心智化的代际传递有关（Devine & Hughes 2018）。

发展性研究越来越多地表明人类发展过程的复杂性和多因素性，特别是在依恋领域。很明显，唤起的人与环境的关系（例如，儿童的某些特征将引起儿童的照顾者和更广泛的社会环境的某些反应）在这些过程中起着重要的作用（Klahr &Burt 2014）；这对依恋理论提出了一个重大挑战，传统上认为，照顾者的依恋类型随着时间的推移是相对稳定的，在决定儿童的发展轨迹方面起着重要的作用（Fraley 2002）。然而，元分析一致表明，诸如风险状况等环境因素降低了父母与子女依恋分类的一致性（Verhage et al. 2018）。

总之，发展性研究为当代依恋理论提供了五大挑战。首先，童年依恋与发展结果之间的关系并不像依恋理论中某些传统假设所预期的那样紧密（Fearon et al. 2010, Groh et al. 2012, Madigan et al. 2013）。第二，元分析表明，在整个发展过程中，依恋只有中等的稳定性，这再次与依恋方法的关键假设形成对比（Fraley 2002, Pinquart et al. 2013）。虽然依恋的稳定性在青春期和成年期比儿童期稍强（Fraley & Roberts 2005,Jones et al. 2018），但在现有的元分析中，风险状况（如家庭冲突、父母分居、少数民族身份、男性性别）通常与较低的稳定性相关（e.g., Verhage et al.2018）。只有当依恋被概念化为一种人际策略，用来优化适应特定环境时，这些调查结果才有意义。因此，依恋的稳定性（或不稳定性）似乎在很大程度上取决于环境的稳定性，正如在仿真研究中表明的（Fraley & Roberts 2005）。第三，历史、社会文化和环境因素可能决定了依恋—行为系统的作用和功能，这种观点挑战了鲍尔比最初提出的将依恋作为一种固有的、普遍的行为系统的构想（see Bowlby

1988）。第四，最近的一项元分析发现，父母的敏感性——被认为在依恋的代际传递中起到关键作用的因素，仅仅解释了父母和婴儿依恋关系中一小部分方差（在安全—自主型依恋中，代际传递中效应量 r = 0.31，在未解决型依恋中，代际传递中效应量 r = 0.21）（Verhage et al. 2016）。正如我们所看到的，在解释依恋的代际传递和相关特征时，父母的心智化仅仅占方差的一小部分比例（Zeegers et al. 2017）。最后，越来越多的证据表明，遗传因素在决定依恋过程中起着重要作用，这表明基因可能在重置与依恋相关的发展轨迹中起着重要作用（Fearon et al. 2014）。同样，这些研究结果很难被传统的依恋观所接受。

拓宽了心智化方法的范围

最近基于进化和发展性的神经生物学对人类发展的描述，似乎为心智化和依恋在心理发展中的作用提供了一个更广泛的观点（见图 2）。在这种背景下，我们一直受到多种理论观点特别的影响，比如，Gergely 和 Csibra 的自然教学法理论（Gergely 2013）；Konner 对童年时期的描述，他把童年时期视作可能由文化获得装置进化而形成的一种文化教化过程（Konner 2010）；Tomasello 的文化智力假说（Tomasello 2010），社会基线理论（Coan & Sbarra 2015）以及 Sperber 关于认知警觉的研究工作（Sperber et al. 2010）。支持这些理论的研究主体都指向相同的结论：人类具有一种物种特有的能力，能够在代际间快速传递文化知识。在这种情况下，尽管心智化能力是至关重要的，但认知信任（epistemic trust）的能力似乎起到更基本的作用，这种能力将他人传递的知识鉴定为与个人相关的，并推广到其他情境。这种能力的获得对人类有重大的进化优势，可能最早出现在更新世晚期（Wilson & Wilson 2007）。信息的接受者（例如，一个幼儿）可以通过认知信任，依靠传达信息的人（比如养育者或教师）的权威和感知到的可信度，而不是必须靠自己，去弄懂文化知识——这是一个非常耗时、困难的而且通常不可能完成的过程。因此，认知信任使一种特殊的物种特异性的学习成为可能：它涉及将他人提供的知识编码为重要的、与接受者相关的并可以进行社会性概括的。

明示线索（ostensive cueing）已经显示在这种特定的学习形式中的重要作用：言语和非言语的明示线索被认为能激发接受者的教学状态，使他 / 她意识到即将到来的交流是重要的（Gergely 2013）。此外，明示线索通常会让接受者觉得自己是一个主观的、施动的自我（Gergely 2013）。发展性研究表明，这种被认可的感觉打开了快速传递知识的渠道，反过来，也打开了健康本源学的途径：个体从自己所处环境的积极影响中获益的能力。因此，由认知信任启动的良性循环，可能抓住了人类顺应力（resilience）的本质（see Figure 2）。

然而，认知信任不是默认的运作模式。发展性研究表明，认知警觉（epistemic vigilance）——一种识别和过滤那些由他人传达的、被知觉为误导性的、不准确的或欺骗性的信息的能力——必须在发展过程中被克服。研究表明，在个体发展的早期，婴儿就对他人传授的知识表现出适当的怀疑和不信任（Fonagy et al. 2017a）。正是在这个阶段，早期的依恋体验被证明起到了至关重要的作用。主要在（早期）依恋关系环境中，孩子们学会识别谁是值得信任的、权威的和知识渊博的（Corriveau et al. 2009）。心智化是辨别意图所需要的一种必要的能力，去理解他人不透明的心理状态，从而证明他们所传达的知识是可靠的。安全依恋经历以敏感的照顾者为特征，他们对孩子的心理有真正的兴趣（即，高水平的心智化），有可能提供了最一致的、明晰的线索，因此，这也是孩子发展认知信任并将其推广到新的人际关系和人际情境的最肥沃的土壤。然而，这个过程超出了依恋情境。其他社会背景因素和学习过程也会影响认知信任的发展。同辈、社区的人们以及更普遍的社会文化影响（例如，那些通过社交媒体传播的影响）可能进一步促进或抑制认知信任的发展。

这种更广泛的社会—交际视角，使我们能够适应更广泛的社会背景和不同的文化规范，及它们对认知信任和心智化发展的影响。这也导致我们对依恋的观点发生重要的转变：现在我们把特定的依恋类型看作是社会交往的环境，家庭环境促进了这种社会交往，使其成为在一般环境中发挥作用的最有效的方式。通常情况下，依恋或人格风格是由个体决定的，而不是由个体与他人互动类型的特征，以及与他们所处的社会环境所决定的。从这个角度来看，不安全的依恋和相关的概念，比如人格功能紊乱、人格障碍，以及实际上大多数类型的精神病理学，可以被概念化为基于社会学习的交际策略的临床表现，以确保充分适应不断变化的社会情境。例如，对社会交往的普遍不信任，可能被认为是对严重的童年不幸遭遇的合理适应。

在心理学干预上一个跨理论方法的改变

采用更广泛的社会—交际方法研究心智化，已经造成我们在“心理治疗中心智化的作用”方面的观点发生了实质性的改变（Fonagy et al. 2017b）。基本上，我们认为：由心理干预产生的改变是来自于病人环境中特殊形式的社会学习的结果，从本质上讲，有效的治疗是一种由变化所促成的社会再学习形式，三种沟通系统产生改变：

1. 沟通系统 1（降低认知警觉性）指的是，所有有效的心理治疗都向患者传达一种特定的心智模式，这种模式让患者感到有意义以及和自我关联，通常治疗师会使用特定的明示线索，在理想情况下，这些明示线索会激活患者的社会学习。学习的渠道被开启到一定程度，病人会认识到善意的意图（benign intentions），并感到被视为一个独立的个体（an independent agent）。认知警觉性降低，认知信任的增加创造了学习和改变的潜力。相互心智化（mutual mentalizing）在这个过程中发挥着关键作用，因为治疗师需要根据具体的病人调整他 / 她的干预手段，展示他 / 她从病人的角度看问题的能力，并且需要病人能够认识到治疗师能够考虑他的观点（也就是说，联合意向性）。

2. 病人认知信任的增加（沟通系统 1）激活沟通系统 2（建立社会学习机制）。信任的背景和心理治疗的社会经验促进了患者心智化能力的重新激活；理想情况下，患者模仿治疗师采用的心智化姿态。心智化的重新出现进一步促进了认知信任。因此，尽管我们仍然相信心智化是大多数心理干预的一个共同因素，我们现在争论治疗的目的不是增加心智化本身；相反，为了增强的心智化，我们打开患者学习的潜力，因此，随着认知信任的增强，帮助患者从治疗师的交流中受益，学习新的技能，获得自我认知，并重构内部工作模式。新的学习方法使标志为健康本源学的良性循环成为可能——患者能够从治疗以及治疗环境之外的人际世界中，获得更多的积极的社会影响。

3. 沟通系统 3（重新融入社会）反映了另一人的心智化能力是如何将患者从他 / 她暂时或长期的社会孤立状态中解脱出来，并（重新）激活学习能力的；这样可以让患者在治疗之外的人际关系中自由成长。因此，这种观点意味着重要的不仅仅是治疗中传授的事实和技巧，也许根本上，当患者的社会学习能力以及心智的社会再校准能力被激活时，他们可能会寻求新的体验，重建现有的人际关系，这样可能会提高适应能力。患者能够以不同的方式“使用”他 / 她的环境。当然，进一步的意义是，在需要或适当的时候，可能需要在社会环境层面进行心理干预。

实验证据

首先，这种理论方法的基本宗旨得到了发展心理学、进化论和比较研究的有力支持。有重要证据表明，人类具有建立在联合意向性和心智化基础上的社会学习的物种一特异性，证据也表明，孩子与沟通者之间关系的质量，在很大程度上决定了孩子从沟通者那里获取和推广信息的程度（Lane & Harris 2015, Mascaro & Sperber 2009, Shafto et al. 2012）。第二，经历早期逆境（early adversity）和丧失（deprivation）的个体具有“难以触及”（hard-to-reach）的特点，我们认为这种特点通常会导致他们产生认知上的不信任，这一点已经得到了很好的证明（Fonagy et al. 2015）。关于这些个体的高辍学率及信任问题方面的研究，可以沿着同样的思路来解释（e.g., Ekeblad et al. 2016）。第三，关于一般精神病理学因素（P 因素）的研究发现——该因素包括精神疾病的易感性、疾病间的共病性、随着时间的推移，疾病的持续性、症状的严重程度和治疗反应——指出了在解释精神病理学众多方面时一般因素的相关性。P 因素与精神疾病家族史、童年逆境和成年生活障碍之间的联系表明，P 因素可能与认知信任和健康本源学的问题有关。第四，一般性心理干预的同等效力同样指向了涉及社会学习和健康本源学的最终共同的路径。最后，有充分的证据表明，心理健康障碍的患病率与社会制度的不信任程度高度相关（Rozer & Volker 2016），反映了认知信任不仅在个人层面，而且在种群水平上对幸福感的影响。

心智化和人格障碍

边缘型人格障碍（BPD）

这一领域的大量研究集中在边缘性人格障碍及其相关联的条件下，依恋和心智化所起的作用。与本综述中概述的理论假设相一致，在 BPD 患者中发现了高水平的矛盾型依恋（preoccupied attachment）（采用过度激活的依恋策略）和紊乱的 / 未解决型依恋模式（disorganized/unresolved）（同时采用过度激活和去活性的依恋策略）（for a review, see Fonagy & Luyten 2016）。然而，由于 BPD 与矛盾型依恋以及紊乱型依恋模式在现象学上的重叠，这些研究结果并不是特别引人注目。

前瞻性研究显示，BPD 患者有非常高的（复合）创伤发生率，为依恋行为系统发展过程中的破坏与 BPD 之间的假设关系提供更有说服力的证据。最近的一项综述确定了 39 项前瞻性研究（包括 24 个独立样本），发现暴露于不同类型的创伤，包括精神虐待、忽视、身体虐待和性虐待，都与 BPD 风险增加有关（Stepp et al. 2016）。在 BPD 的病因学中强调更广阔的社会生态背景，Stepp 和他的同事（2016）所做的回顾性评论支持了这一更新的构想，正如研究发现的那样，BPD 患者通常被暴露在更广泛的不良环境中，其特征是父母的精神病理、较低的社会经济地位和 / 或暴力。

此外，尽管 BPD 中（复合）创伤的患病率通常高达 90%，和其他人格障碍个体相比，BPD 患者通常报告更高程度的创伤（Fonagy & Luyten 2016），遗传因素，包括基因—环境的相互关系和相互作用，可能在 BPD 的病因学中起到重要的作用。BPD 的遗传力估计为 40%—50%（Distel et al. 2008）。一项对 5000 多名双胞胎和近 1300 名兄弟姐妹的研究发现，在解释 BPD 特征时，独特的环境方差随个体暴露于创伤性生活事件的数量线性增加（Distel et al. 2011）。在英国 1100 多个双胞胎家庭中，虐待与 BPD 高度相关，但仅在那些有精神病史的家庭中作为遗传易感性的指标（Belsky et al. 2012）。在没有精神病史的家庭中，只有 7% 的 BPD 患者报告受到虐待，而有精神病史的 BPD 患者中报告被虐待的比例接近 50%。因此，与我们最近的理论构想一致，最好在一个多因素的、社会生态的框架内考虑 BPD 的易感性（Luyten et al. 2020）。

不安全的依恋也与心智化损害有关（常常是严重的），心智化损害是 BPD 患者的典型特点。这些损害通常表现为患者对自己和他人心理状态的过分简单化或过度分析 / 过度活跃的归因（Fonagy & Luyten 2009）。然而，研究结果和临床报告也表明，与正常对照组相比，BPD 患者明显具有优越的心智能力——这一现象也被称作同理心悖论（the empathy paradox）（Carter &

Rinsley 1977, Dinsdale &Crespi 2013, Krohn 1974）。当考虑心智化能力四个极性之间的典型不平衡时，这些有关 BPD 患者心智化能力看似矛盾的研究结果是可以被理解的（Fonagy & Luyten 2016）。BPD 患者心智化特征是迅速丧失控制心智化，过度依赖快速、自动的心智化，随之而来的是认知心智化的问题，尤其是在复杂的人际关系情境中；这些问题导致过度依赖情感主导和高度基于外部的心智化，而牺牲了直接聚焦于心理内部的心智化。因此，人们倾向于将自我和他人的心理状态混为一谈，从而增加了情绪感染的易感性。在某些情况下，BPD 患者心智化能力的假定优势，似乎在很大程度上是基于一种过度心智化的倾向——试图通过对信息快速、自动加工来弄清楚他人外部线索（比如他们的面部表情或姿势）。因此，BPD 患者经常可能“做对了”（get it right），但另一方面，他们往往会对他人的内心状态妄下定论。就 BPD 患者持有消极偏见而言，很多研究表明了这一点，例如，Herpertz & Bertsch（2015）研究 BPD 患者在对中性面孔进行解释，或者 Barnow et al.（2009）研究他们观看无声短片。当 BPD 患者看到这些材料时，他们通常认为这些特征更消极、更有攻击性。最后，BPD 患者有将自我和他人的心理状态混为一谈的倾向，可以被看作是快速、自动的、情感驱动的心智化的另一种结果，这一点和“在 BPD 患者中，涉及 SR 网络的神经回路过度激活和 MSA 系统的不足”研究证据一致（Fonagy & Luyten 2016, Ripoll et al. 2013）。

目前，只有间接的证据表明认知信任在 BPD 中的作用——例如，研究表明 BPD 患者怀有高度的认知怀疑。BPD 患者的特征是对他人有偏见，认为他人是不友好和不值得信任的；他们倾向于预期别人会拒绝、伤害、抛弃、批评、忽视他们或不诚实地对待他们（for a recent review, see Fertuck et al. 2018）。从神经生物学角度看，BPD 患者对他人缺乏信任似乎是受奖赏系统调节的（Herpertz &Bertsch 2015），这也与依恋密切相关（see the section titled Neurobiology of Mentalizing）。在双盲安慰剂对照试验中，给 BPD 患者施加催产素激活奖赏系统，导致 BPD 患者更加不信任他人（Herpertz & Bertsch 2015）。研究表明，即使在成功的心理治疗后，BPD 患者也需要花数十年的时间才能在工作和人际关系等核心生活领域追上正常的发展轨迹（Gunderson et al. 2018）；这也与本综述中概述所说的“BPD 患者需要广泛的社会—交际途径”一致，也和“强调 BPD 患者健康本源学能力损害”的观点一致。

其他人格障碍

最近的研究将心智化方法扩展到反社会人格障碍（antisocial personality disorder，ASPD）（Bateman et al. 2019）和自恋和回避型人格障碍（narcissistic and avoidant personality disorders）（Simonsen &Euler 2019）。与 BPD 一样，这些研究已经开始描绘出每种疾病的特定的心智化失衡状况。例如，现在有越来越多的共识认为，ASPD 有两种主要的发展路径，在儿童期和青春期有其前兆（Fonagy& Luyten 2018, Taubner et al. 2019）。这两种路径都涉及不同的心智化失衡模式。其中一种路径指向那些表现出高度的焦虑、对情绪状态的过度警觉以及高度的反应性攻击的群体。很多研究一致表明，这些人心智化的特征是快速切换到自动的、由情感主导的心智化模式（Fonagy & Luyten 2018）。另一种路径似乎指向典型的具有所谓的冷酷无情（callous-unemotional）特征的个体：对压力的低反应性，情感心智化能力严重缺陷，以及使用工具性（即，操纵性）攻击（Viding et al. 2014）。

与本研究中概述的社会交际方法一致的是，研究表明，ASPD 及其在儿童和青少年时期出现品行障碍，最好被概念化为适应策略。这一假设与这些精神障碍患者，特别是那些有着冷酷无情特质的患者对攻击性的遗忘问题的发现相一致。在这些个体身上，似乎由于生物脆弱性、不利的社会环境或两者兼有，从根本上破坏了基于社会交流的社会学习（Fonagy & Luyten 2018）。在以虐待、忽视和暴力为特征的社会环境中，自动地、迅速地、情感性聚焦于他人（而不是自己）的心理状态将是一种适当的生存策略，而将认知信任扩展到他人可能会降低生存的机会（Luyten et al. 2020）。

心智化和其他心理障碍

近年来，对于遍及整个生命周期中常见的精神障碍和问题，采用基于精神病理学的心智化方法进行的研究在稳步增加。关于抑郁和焦虑障碍，在解释这些障碍的易感性，障碍对心智化的负面影响，以及在引起自我和他人产生抑郁和焦虑情绪时，心智化损害起到的作用等方面，研究充分证明了依恋破坏和（早期）逆境的作用。也有证据表明，在某种程度上，心智化障碍损害是情绪困扰和情绪问题的持续时间的结果，并因其加重（Fischer-Kern

& Tmej 2019, Li et al. 2015, Nolte et al. 2011)。研究发现抑郁症患者心智化受损，而且心智化受损可能增加了抑郁症复发的可能性（Luyten & Fonagy 2018)。因此，不考虑具体治疗的理论取向，心智化损害是治疗抑郁症的一个重要目标。符合这一假设，认知行为（cognitive behavioral）和心理动力学（psychodynamic）方法，已经从关注抑郁症患者的心理动力学内容的治疗（例如，图示或依恋表征），转移到关注包括对心智化或元认知过程的治疗（例如，在 MBT 和基于正念的方法中），特别是治疗慢性抑郁症患者（Luyten et al.2013)。

在焦虑症中，患者反思焦虑症状的能力的重要性已经得到证实，尤其是他们与人际事件的关系。这种以惊恐为中心的反思功能，已被证明与涉及关注人际关系、情绪表达以及心理动力和认知行为治疗的结果的治疗联盟相关（Keefe et al. 2019, Solomonov et al. 2019)。需要更多的研究来关注特定类型心理障碍的心智化损伤，因为它们与那些证明心智化的情境特异性的研究是一致，并且可能对改进跨理论取向的治疗干预手段有直接的影响。

对进食障碍患者（EDs）的研究同样指出了依恋破坏和心智化损害之间的内在联系（for a recent comprehensive review, see Robinson et al. 2019)。在更多的进食障碍失调患者中，研究常常发现一种严重的心智化损害模式（尤其是，embodied mentalizing 具身心智化）和情感过度心智化模式，特别是在伴有 BPD 共病特征的人群中。相比之下，在高功能、完美主义的患者中，有报道称低心智化（hypomentalizing）和认知过度心智化（hypermentalizing）的结合。尤其是在高自我功能患者中，过度心智化往往很难与真正的心智化分开（Fonagy et al. 2016)。

采用心智化方法治疗躯体形式障碍（somatoform disorders）患者的研究愈发表明，从依恋破坏到心智化损害和压力调节异常的因果顺序，导致了对压力的高度反应模式（Luyten et al.2019a)。作为应激系统核心结构的 HPA 轴系统和交感神经系统，因为持续不断的痛苦而受到磨损和撕裂，这种模式可能导致一种所谓的“生物—心理—社会（biopsychosocial)”系统崩溃，导致一种生物应激系统和相关的疼痛和免疫调节系统的慢性失调状态，以及抑郁情绪、焦虑和疲劳。这种状态导致心智化（尤其是具身心智化）进一步损害，因为患者越来越多地开始体验到他/她的身体是一个从内部威胁自我的外来物体（Schattner et al. 2008）。

长期以来，人们都知道自闭症谱系障碍（autism spectrum disorder）患者存在心智理论（ToM）方面的问题，这引发了一些研究，这些研究记录了这些患者在广泛的心智化能力方面存在缺陷（有时是严重的）。考虑到自闭症谱系的显著异质性，需要进一步确定这些缺陷在自闭症起源中的确切作用（如果有的话），以及找到帮助自闭症患者在社会世界中找到正确的应对方法（Lombardo et al. 2019）。此外，尽管一些试验已经研究了鼻内催产素((intranasal oxytocin）的作用，它是依恋和心智化的关键性生物中介，但它对自闭症患者社会功能的影响是有限的（DeMayo et al. 2017）。

一些研究已表明了心智化在其他精神疾病中的作用，包括由目的论模式支配的失调，比如物质滥用（Suchman et al. 2018），病理性赌博（Cosenza et al. 2019），注意缺陷/多动症（Perroud et al. 2018），以及以严重扭曲的（具身的）心智化为特征的精神分裂（Debbane et al. 2016）。

最后，在创伤后应激障碍（PTSD）患者中，最近的一项元分析报告称，与健康对照组相比，暴露于创伤的创伤后应激障碍患者在心智化能力上存在一致的、巨大的缺陷（Stevens & Jovanovic 2019）；这一发现强调了有必要进一步研究创伤后应激障碍的心智化，特别是发现增加PTSD风险的发病前的心智化缺陷。

基于心智化的治疗（MENTALIZATION-BASED TREATMENT，MBT）干预措施的范围

根植于心智化方法的心理干预有三个共同的特征，尽管它们的具体目标和目标人群存在明显差异。首先，与理论基础相一致，MBT干预方法是通过关注患者每时每刻的心理状态来提高他们心智化的能力，并且主动修复患者—治疗师关系的关系，强调治疗联盟（Bateman & Fonagy 2016）。治疗师采取一种既“好奇（inquisitive）”又“不知道的（not-knowing）”姿态：治疗师不“知道”病人的感觉或想法，但好奇地向病人学习，因此，需要病人作为“老师”，共同发展病人的心智模型。第二，MBT干预是一种结构化的、指南性的干预，其重点在于长时间地提供一贯的（coherent）、一致的（consistent）

和持续的（continuous）治疗。与我们最近的理论向更广泛的、社会交流方法转变一致，遵守“三 Cs”原则是所有循证心理治疗的一个关键性的共同特征，特别是针对那些缺乏一致性自我结构的患者，比如 BPD 患者（Fonagy et al. 2017c）。第三，基于本综述中概述的社会生态模型，MBT 越来越强调培养患者的健康本源学能力和心理弹性。

最近的一项元分析，包括 33 项随机对照试验（RCTs），比较了针对 BPD 患者的专门化心理治疗和被诊断为 BPD 的成年病患的非专门化心理治疗（Cristea et al. 2017），研究结果支持了 MBT 治疗 BPD 患者的疗效。最近发表的随机对照试验也发现，MBT 治疗成人和青少年 BPD 患者通常有中到大到非常大的相关效应值，这些效应值的变化涵盖了从核心的 BPD 特征到受教育程度和人际功能的变动（Volkert et al. 2019）。在随机对照试验中，BPD 患者在 3 年（Smits et al. 2019）和 8 年（Bateman & Fonagy2008）的随访中，在多个生活领域中均显示出获益和进一步改善。十几项自然观察法研究一致表明，MBT 对 BPD 患者有类似的效果（Volkert et al. 2019）。只有一个随机对照试验比较了门诊治疗 MBT 和日间住院治疗 MBT 对 BPD 的影响；研究发现，尽管治疗方案的强度存在很大差异，但结果并无实质性差别（Smits et al. 2019）。因此，较低强度的治疗可能与高强度的日间住院治疗对 BPD 同样有效；这为扩大治疗 BPD 患者的 MBT 方法和其他治疗手段开辟了有趣的前景。这也与我们将心理治疗干预中至少一些有效成分置于治疗环境之外，并将其置于患者对其社会环境所采取的一种改变的方法的概念方法相一致。随着越来越多的证据表明 MBT 治疗 BPD 的成本高效益（cost-effectiveness）（Blankers et al. 2019），与治疗强度和时间有关的议题可能最终决定 BPD 的最佳治疗方案。

虽然还没有任何直接的比较试验，但研究表明，在治疗 BPD 患者时，MBT 与其他专业的治疗或专业治疗与真正的非专业治疗在疗效上没有实质性的差异（Cristea et al. 2017, Volkert et al.2019）；这个建议与我们在治疗这一患者群体时强调一贯性、一致性和持续性（三 Cs 原则）的重要性是一致的，和我们所强调的“可以通过各种通用的方法，帮助人格障碍病人恢复认知信任和重新参与社会学习”观点一致。只有一项非随机研究比较了 MBT 和辩证行为疗法（dialectical behavior therapy，DBT），该研究没有发现任何治疗结果上的差异（Barnicot & Crawford 2019）。

MBT 的可能优势在于它具有较低的退出率（Barnicot & Crawford 2019），对于症状更严重的患者，MBT 可能比非专门的干预措施更有效（Bateman & Fonagy 2013, Kvarstein et al. 2019），但证明这一结果还需更多的研究。无论如何，在日常护理中实施 MBT 的研究表明，实施的质量可能对 MBT 的效果有很大的影响；MBT 技术实施不当的效果量比实施良好的小三倍（Bales et al. 2017）。

MBT 在治疗其他心理疾病中的证据正在迅速增长，尽管在得出任何确切的结论之前还需要进行更多的研究。最近的随机对照试验为 MBT 治疗反社会人格障碍（ASPD）（Bateman et al. 2016）、进食障碍（EDs）共病边缘型人格障碍（BPD）（Robinson et al. 2016）、药物滥用障碍（Philips et al. 2018, Suchman et al. 2018）和抑郁症（Fonagy et al. 2019）的疗效提供了初步支持。目前几项随机对照试验正在进行，以明确 MBT 治疗多种心理疾病的疗效性。

也有越来越多的证据表明，MBT 干预以家庭和更广泛的社会背景为重点，这与本综述中概述的社会生态方法相一致。几项自然观察法研究和随机对照试验支持了 MBT 的效果，比如 Suchman 等（2018）对物质滥用的母亲及其婴儿的研究；Redfern（2018）对寄养和领养儿童的研究；Byrne 等（2019）研究生活在服务不足、贫困的城市社区的母亲，发现其子女遭受虐待的风险很高；Bateman 和 Fonagy（2019a）研究边缘型人格障碍患者的家庭；以及 Fonagy 等（2009）以学校为基础的预防干预项目等等。这些系统级的干预类型，通过创造一种心智化的氛围来平衡竞争、敌对和侵略性的愿望和倾向，可能在解决非心智化的社会环境问题时（例如，受犯罪和暴力困扰的社区，有欺凌文化的学校）是最有效的。这一观点的一个重要部分是，承认有必要为心理健康专业人员提供一个支持性的心智化系统，因为从事这类工作会产生许多内部和外部的压力和焦虑。

尽管研究相对一致地表明，跨不同治疗方法和条件下病人的心智化能力变化与他们症状的改变相关（e.g., Cologon et al. 2017, De Meulemeester et al. 2018, but see Levy et al. 2006 for a negative finding），重要的是要记住，心智化

本身的改善可能不是直接效益，但相反，心智化可能会导致正常的社会功能的恢复，从而使知识在人际间传播成为可能。

未来方向

尽管在过去的几十年里，采用心智化方法对正常的和被破坏的心理发展进行研究已经变得越来越流行，但是一些重要的限制性因素阻碍了对其有效性的实证研究。这儿，我们讨论一下，未来研究中应该解决的五个最紧迫的问题。

第一，很明显需要对心智化措施和相关概念的有效性进行更多的研究。考虑到心智化的多维性和环境因素对心智化的影响，在行为研究和神经生物学研究时，需要使用具有更大生态效度的方法。同样，迫切需要开发发展认知信任和健康本源学的有效措施。

第二，需要更好地理解心智化所涉及的神经系统，特别是在个体间的实时互动（real-time interactions）。到目前为止，我们对大脑的研究大多是在它的自然环境之外——也就是说，在与其他大脑的交往中。随着社会神经科学越来越多地从第一人称方法过渡到重点关注生物行为同步性和间脑一致性的第二人称方法（Long et al. 2019），这些变化无疑将彻底改变本综述中概述的研究方法。

第三，在本综述中，我们认为有必要进行充分有力的纵向研究，记录心智化与其他心理社会和生物因素的发展，为图 1 和图 2 中概述的理论模型提供更全面的测试。

第四，有必要对 MBT 的疗效和有效性进行大规模、充分的研究，特别是考虑到最近一篇关于 BPD 患者心理治疗的综述（Cristea et al. 2017）中发现的偏差和发表偏差（publication bias）的风险。

第五，需要对 MBT 和其他治疗方法的变化机制进行更多的研究。如果心智化和认知信任作为关键的学习机制嵌入到人类行为系统中，那么它们也应该在解释心理社会干预的影响方面发挥核心作用。需要对心理社会干预中过程和结果之间的关系进行复杂的多层次研究，以便在包括病人的社会环境的框架内调查这些假设，并探讨心理治疗在社会适应变化的相互作用中所起的作用。

结论

这篇综述表明，对正常和被破坏的心理发展采用心智化的方法正在走向成熟，基础研究和干预研究的稳步增长证明了这一点。这一方法为植根于进化科学和发展精神病理学的心理发展，提供了一个统一的、跨理论和跨诊断框架的视角。

心智化方法的早期构想侧重于二元依恋相关的过程，及其对正常的和被破坏的心理发展产生的影响。较新的构想已经集中强调了作为认知信任和健康本源学成因的心智化和相关能力，它们是实现知识快速代际传递的关键机制。这一框架导致了从一个广泛的、社会生态的视角来看待心理障碍，它反映了社会沟通方面的障碍，而不是仅仅或主要存在于个体内部对精神病理的易感性来考虑。这个新的视角，在保留了精神分析思维的理论根基的同时，也架起了精神病理学的心理学和社会生态模型之间的桥梁，为研究、预防和干预策略开辟了新的途径。我们希望目前的综述将进一步激发人们对心智化方法，以及该方法在理解心理问题上的应用产生兴趣。

全文总结

1. “心智化”（或“反思功能”）指的是一种高度发展的、进化预设的人类能力，这种能力能够根据意向心理状态（如情感、欲望、愿望、态度和目标）来理解自我和他人。

2. 心智化损害对于精神病理学是一个跨诊断和跨理论的易感性因素；各种各样的心理问题和心理障碍都涉及心智化暂时或长期的损害。

3. 最近的理论构想已经发生转变，从早期理论构想中强调二元依恋在心智化发展中的作用，到强调心智化发展中家庭、同辈和更广泛的社会—文化因素的更宽广的社会—交际方法，以及强调认知信任的能力——这一由进化预设的相信他人作为社会信息来源的能力。

4. 越来越多的研究支持以心智化为基础的治疗（MBT）的（成本）有效性——也就是说，治疗的重点是心智化能力和认知信任的恢复。

5. 虽然 MBT 有效性的证据正在增加，但仍有必要进行大规模试验，以进一步调查 MBT 的（成本）有效性、其所谓的变化机制以及在常规临床护理中实施的潜力。

6. 同样，有必要对心智化的各个方面进行更多的评估研究，这也将使有关“心智化的神经生物学基础及其相关的心理过程”的研究成为可能。

注释

1. 共同注意或共享注意：是两个个体对一个物体的共同关注。当一个人通过凝视、指指点点或其他语言或非语言的暗示来提醒另一个人注意某个物体时，就会达到这种效果。

2. 共享或集体意向性：是指在具有共同目标和意图的合作活动中与他人进行合作的能力和动机。

3. 健康本源学：是一种医学方法，关注支持人类健康和福祉的因素，而不是导致疾病的因素（发病机制）。

4. 心智理论：心理学术语，是一种能够理解自己以及周围人类的心理状态的能力，这些心理状态包括情绪、信仰、意图、欲望、假装与知识等 .

5. 正念：是一种心理过程，有意识地将一个人的注意力转移到当下发生的体验上，并不加判断，这种体验是通过冥想练习和其他训练形成的。

6. 换位思考：是一种超越自己观点的能力，以便可以考虑别人对某事的看法或感受。要成功地做到这一点，个体必须对他人的想法、感受、动机和意图有一定的了解。

7. 同理心：是一种能力，能够理解或感受他人在他们的参照系中所经历的事情，也就是说，能够设身处地为他人着想。

8. 社会同理心：是一种通过感知或体验人们的生活状况来理解他们的能力，并因此洞察结构性的不平等和不平等。

9. 心理感受性：是指一个人自我审视、自我观察、内省和最终的洞察能力。

10. 述情障碍：是一种人格构念，是一种以无法识别和描述自己或他人经历的情绪为特征的亚临床表现。述情障碍的核心特征是情感意识、社会依恋和人际关系的功能障碍。

11. 洞察力：是指深入事物或问题的能力，是人通过表面现象精确判断出背后本质能力。

12. 过度心智化：也被称为过度的心智理论（Dziobek et al., 2006），被界定为一种社会认知过程，包括对他人的心理状态进行假设，假设远远超出他人可能看到的资料。很难弄明白这些资料如何被证明是正确的（Sharp et al., 2013）。

13. 联合意向性：是一种思维模式，它应该能解释人类早期的、两人（或多人）参与的协作活动的物种—特异的能力。

第三章 自我防御机制

第一节 自我防御机制是解决问题的方法吗？

你是否曾经忽视你的问题，假装最坏的事情没有发生过？在内心困惑矛盾的时候，你有没有把自己隔离起来，或者摆出一副过于勇敢的面孔来假作自信和勇气？

在大学生活中，我们看到这样奇怪的现象。为什么学生们明明知道考试即将来临却显得漠不关心，总是等到最后一分钟才开始学习？为什么学生们没有意识到，花太多时间在娱乐活动和非学术工作上会直接导致了他们学业失败？他们恼人的行为背后是什么动机？

否认、隔离、拖延——所有这些行为以及更多的行为都是防御机制及其带来的结果。我们往往认为只有精神病患才会采用防御机制，但有趣的是，防御机制在像你我这样相当健全的人的生活中也起作用。至少在一段时候内，我们采用某种防御机制来掩盖现实，回避痛苦。

是的，我们都有一些难以处理的想法、感觉、冲动和记忆。在某些情况下，我们会利用所谓的防御机制来处理这种感觉，使自己对生活中能引起焦虑的事件感觉更好。这些防御机制是无意识的心理反应，保护我们免遭焦虑侵袭、保护自尊心受到威胁，以及避免不想思考或不想处理的事情伤害我们。“防御机制”这个词最初出现在精神分析疗法中，但它已经慢慢进入日常用语，被越来越多的人接受！

一、防御机制是什么

防御机制是一系列无意识地保护我们免受焦虑和威胁的应对策略。可以把它看作是个体在羞耻和自恋性脆弱面前保持自尊感，在感受到被抛弃或其他可怕的威胁时确保安全感，以及通过否认或轻视的方式把自己和外在的危险隔绝开来等一系列操作。个体在采用防御机制时，现实被操纵、被否定或被扭曲，以防止不受欢迎的思想和情感伤害到有意识的人格。

使用防御机制是自然的过程，心理健康的人经常使用它们来克服大脑产生压力的情况。但即使是最"病态"的防御也能起到镇定的作用。19世纪早期的医学现象学家认为，脓、发烧和咳嗽是疾病的证据；19世纪后期，病理生理学家学会了将这些症状视为身体健康努力应对传染性的证据。哈佛大学教授心理分析学家乔治·维兰特（George Vaillant）曾言：发烧有时是一种应对外界的反应，而不是疾病的征兆！类似地，不成熟的防御机制，如假想的朋友（幻想）、发脾气（见诸行动）和自我伤害（被动攻击），由它们产生的行为在他人看来似乎是恼人的和/或病态的，但实际上，这反映了大脑在应对内外部环境的突然变化时努力保持自我平衡。

是的，防御机制就像免疫系统一样，为帮助有机体抵御生存危机进化发展而成，保护我们心理结构的完整性——自我、自尊、自我认同等等。

二、防御机制的历史

1894年西格蒙德·弗洛伊德（Sigmund Freud）首次在《防御性神经精神病》一书中提出防御机制的概念。根据弗洛伊德的精神分析理论，精神或人格的三个要素相互作用，以满足一个人的需要和欲望：

本我（Id）：本我是人格中从出生就存在的无意识部分。它包括原始和本能的行为（即，对食物和性的欲望），并为这些欲望寻求即时的满足。本我遵循快乐原则。举个例子，直到喂食婴儿才停止哭闹，这是由本我促成的一种行为。

自我（Ego）：自我以意识和无意识的形式表达，管理着现实。自我的目标是在社会可以接受的情况下满足本我的冲动。自我遵循现实原则，这可能需要延迟满足。

超我（Superego）：超我包括来自父母和社会的道德标准。它给出了判断是非的准则。超过遵循道德原则，包括自我理想和良心。

图 3.1　本我、自我和超我

“自我”必须随时学习外部世界，以便理性地处理“本我”与“超我”之间的冲突和矛盾，体验着焦虑。当人格各因素发生冲突时，就会产生神经症（neuroses）。神经症人格会感到焦虑、抑郁、强迫、恐惧或歇斯底里。为了减轻负面情绪的负担，自我创造了防御机制。

三、防御机制的重要特性

1. 它们减轻情绪和认知失调的痛苦影响；

2. 它们是无意识的（或者，换句话说，不知不觉的）；

3. 它们彼此分离；

4. 尽管它们通常是主要精神疾病的特征，但不像大脑疾病，它们是动态的、可逆的；

5. 它们可以是适应性的，甚至是创造性的，也可以是病态的；

6. 如果对使用者来说自我防御是无形的，那么对观察者来说防御就显得奇怪，甚至令人讨厌。

四、防御机制如何变得事与愿违，适得其反

尽管防御机制是为了保护心理免受负面情绪的伤害，但它们会妨碍一个人有效应对的能力。如果过度使用防御机制，促进了适应不良的行为，个体人格就会变得病态。某些防御机制会导致患精神疾病的风险，如精神病、抑郁症和恐惧症等等。

按照防御机制的心理影响，以及随年龄增长正常使用防御机制的状况，1977 年乔治·维兰特提出把防御机制分为四类：病态的、不成熟的、神经质的和成熟的。

1. 病态的防御机制

病态的防御机制扭曲经验，以消除应对现实的需要。病态防御机制的使用者在他人看来，显得疯狂和荒谬。病态防御机制在显性精神病中被描述，但健康的人在梦中或童年时期也会表现出来。

（1）否认（Denial）

否认通过无视感官信息，回避对难以面对的外在现实的意识，拒绝承认不愉快或不舒服的经历。它阻止来自意识的威胁刺激，因为个体不承认问题的存在。“鸵鸟心态”“掩耳盗铃”等成语所体现的就是典型的否认防御机制的例子。

现实生活中，酗酒者否认他们有问题，这样他们就可以继续喝酒。当你用否认作为防御机制时，你只是拒绝接受现实。例如，一个刚刚丧偶的寡妇可能通过她的语言、思想或行为来否认丈夫已经去世，以此来处理她的丧失，更严重的否认，可能意味着每晚她都在餐桌上为他安排一个位置。

（2）曲解（Distortion）

曲解通过对现实的重塑，以适应内心的需要。这包括幻觉（看到、听到或闻到不存在的东西）和妄想（尽管有证据表明它是不真实的，但个体仍然坚持自己持有的信念）。

较轻的曲解：贬低（Devaluation）、理想化（Idealization）和全能感（Omnipotence）。贬低和理想化是相反的过程。全能感是个体表现得好像自己拥有特殊的权力或能力，并且优于他人，轻微的意象曲解可以被用来维持自尊。

较重的曲解：自闭幻想（Autistic fantasy）、投射性认同（Projective identification）和分裂的自我意象（Splitting of self-image）。自闭幻想利用白日梦和幻想作为一种应对压力的方法，用它们取代真实的社交互动和行为。

投射性认同是个体一种个性化的行为模式，这种行为模式“诱导”与其互动的对象以一种限定的方式产生感受、想法和行为。

调节异常的曲解：妄想性投射（Delusional projection）、精神病性否认（Psychotic denial）和精神病性曲解（Psychotic distortion）。精神病性否认是一种极端的否认形式，以至被归入妄想的范畴。精神病性曲解对现实的感知与他人不同，个体使用这种防御来改变现实以处理痛苦。

（3）妄想性投射（Delusional Projection）

妄想性投射是把不受欢迎的想法、感觉或冲动加到另一个没有这些想法、感觉或冲动的人身上。投射将责任转移到其他地方，但在妄想投射中，个体会毫无根据地认为其他人会伤害他们。这是对外部现实的妄想，通常是一种被害倾向。

（4）转换（Conversion）

转换也被称为歇斯底里。在转换过程中，它作为一种沟通手段，把人格上的冲突在潜意识中转换为身体上的症状。较轻的症状包括疲劳、肌肉抽搐和头痛。极端情况可能导致随意运动或感觉功能障碍或缺陷症状，症状包括无力或麻痹；触觉、视觉、听觉或痛觉改变、减弱或丧失。

（5）分裂（Splitting）

分裂是一种防御机制，主体只关注一个人、一个物件、一种信念或行为的积极或消极的品质。没有把“好的”和“坏的”整合为假设的“灰色地带”，导致思维变得完全非黑即白或全有全无。当个体面对行为、想法或情感上相互对立的部分时，他会平静地否认或冷漠地看待那些差别，使它们保持没有被整合的状态，而且不会引起冲突。

例如，一名边缘型人格障碍女性患者，不断抱怨男人把她的身体当成“一块肉”或者“性的目标”盯着看；同时，她把自己穿比基尼的照片寄给《花花公子》杂志，试图受雇成为杂志模特。但这名患者对担忧成为男人的性目标和尝试做人体模特这一对矛盾体漠不关心。

2. 不成熟的防御机制

不成熟的防御机制损害情感觉察。被归类为不成熟防御的过程是幼稚的，与现实脱节的。青少年经常使用它们，但成年人也使用它们。主要依赖于不成熟的防御机制的应对是不能持续的，这就是为什么不成熟的防御机制与严重的抑郁症和人格障碍有关。

（1）见诸行动（Acting Out）

见诸行动被描述为试图表达无意识的想法、感受和冲动时表现出的行为，以避免痛苦情感。暴力是一种见诸行动的形式，当孩子们没有得到他们想要的东西时，他们不承认自己生气了，而是发脾气或用拳头砸墙。自残也是见诸行动的一种表现形式，因为它意味着通过身体上伤害自己来缓解情感上的痛苦。

（2）投射（Projection）

投射是将社会上不可接受的冲动加诸于他人的行为。无意识的冲动在其他人身上会被错误地看到，比如有人指责配偶不忠，而实际上他们是不忠诚的伴侣。

当你使用投射时，你在别人身上看到了自己的特质，而在自己身上却看不到。通过关注别人身上的这种特质，你会分散自己的注意力，让自己看不到自身的这种特质。通过投射，你试图通过给别人施加压力来保护你的自我。

（3）内摄（Introjection）

内摄是对一个想法、对象、行为或属性的强烈认同，以至于它成为那个人的一部分。内摄被认为是规范发展的一部分，并且贯穿于整个生命周期。内摄过程是投射过程的反面。它几乎是不加思索自动发生的。例如：孩子接受了他们父母的政治思想。

（4）理想化（Idealization）

个体认为一个人拥有比他们实际拥有的品质更令人向往，把完美或近乎完美的特征归于他人，以避免焦虑或消除消极情绪，如蔑视、嫉妒或愤怒的一种方法。例：恋爱初期容易出现理想化，边缘性人格障碍也容易将他人理想化。

（5）躯体化（Somatization）

躯体化将痛苦情绪或其他情感状态转化为躯体症状，并将注意力集中在对躯体（而不是内心）的担心上。例：患者自觉有很严重的躯体症状，如头痛、乏力、失眠、身体不舒服、工作效率下降等，但在相应的医学检查却没有发现明显的病理改变，又或者，临床检查中发现的病理改变不足以解释患者自觉症状的严重程度。

（6）被动攻击（Passive-Aggression）

被动攻击是一种间接表达愤怒的方式，在这种方式中，一个人不是明显地生气，而是想让别人注意到他很难过。被动攻击通常是通过拖延来实现的。例如，找借口逃避不愉快的任务或对抗。

3. 神经质的防御机制

成年期普遍存在神经质的防御机制。总的来说，它们确实有助于缓解焦虑和减轻负罪感。然而，神经质的防御机制之所以得名，是因为它们具有对人的心理产生负面影响的能力。长期使用会影响到个体的工作、人际关系和生活满意度。

（1）反向形成（Reaction Formation）

反应形成是把一种思想、感觉或行为转化成它的对立面的过程，将一种无法接受的愿望或冲动转化为相反的形式。当真相引起焦虑时，采取相反的立场可以缓解那些不受欢迎的情绪。例如，一个男人将他对已婚女人的爱转化为恨，这就是反向形成。

当你觉得你的冲动是不可接受的，你会做相反的事情，试图说服自己和/或其他人你没有这样的冲动。

（2）解离（Dissociation）

解离指个体在面对无助和失控时保持心理控制假象的一种方法，在情感上把自己从焦虑的情境中抽离出来，中断他在同一性、记忆、意识或感知领域的连续性。作为一种防御机制，解离是暂时与外界隔绝——一种类似于白日梦的状态。

例：一个童年期长期遭受继父性侵犯的女性患者，为了摆脱失控的局面，她的身体在心理层面上被抛弃了，好像是另一个人从天花板往下看那不堪的一幕。当然，她也丧失了身心的统一性，那段记忆被赶到了意识的边缘，遗忘了。

你可能会游离于你的思想、感觉，甚至你的认同感之外。在创伤事件期间和之后，你可能会有一种不真实的感觉，就好像你是在看电视上的事件，而不是生活在其中。对于创伤病人来说，“溜号”成为习惯。轻微的解离可以帮助你度过极其困难的情况。然而，当解离是极端严重时，你可能有分裂障碍，如健忘症或神游。

（3）退行（Regression）

退回到一个早期的发展或功能阶段被称为退行，以回避与本人当前的发展水平有关的冲突和紧张状态。它能让你远离不想要的想法，因为在那个阶段的情绪不像在生活中所经历的压力那么苛刻。在严重的退行情况下，人们会变得与他们目前的发展阶段完全脱节，以至于不能正常工作。退行表现在很多方面：争吵后歇斯底里地哭泣，大一点的孩子在焦虑的时候会重新吮指，或者大学生在他们最喜欢的童年玩具中找到安慰。

露阴癖是一种性心理障碍，患者通常为男性，他们喜好在天桥边、林荫小道旁作案，手淫的同时以兜售的方式吸引女性注意，在她们面前暴露自己的生殖器官，女性愤怒、羞耻的情绪反应给露阴癖患者带来快感。按照古典精神分析的观点，这些性心理变态患者在成人期遇到挫折，退行到性器官期以非常态的方式来宣泄压力。

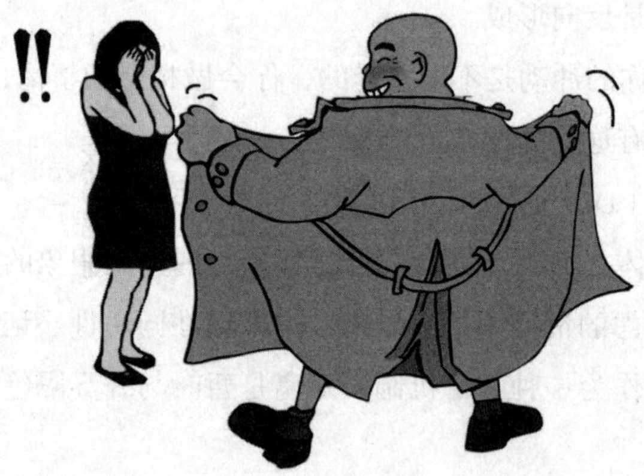

图 3.2　退行

（4）压抑（Repression）

压抑是指在没有意识的情况下，将社会上不能接受的感觉、想法或冲动转移到潜意识中，以阻断它们进入意识遭受痛苦。压抑是重要的，因为被压抑的冲动引入了替代防御机制的使用。

（5）置换（Displacement）

为了避免直接面对威胁，置换压制了社会对一个人或物体的不可接受的感觉，并把他们转移到一个不那么具有威胁性的目标。例如，一位母亲因为一天的辛苦工作而无缘无故地对她的孩子大喊大叫，这是一种置换的表现。

当你改变冲动的目标时，你使用置换作为一种机制。你可能有一种冲动，想要对父母采取暴力行为，但对他们采取暴力行为在情感上或身体上都是不安全的。相反，你成为其他权威人士，比如老师或警察，引导暴力转向。

（6）抵消（Undoing）

抵消是通过说明、澄清或做相反的事情来努力"收回"由以前的评论或行为所带来的性的、攻击性的或羞耻性的意义。道歉是一种抵消的行为。

（7）隔离和理智化（Isolation and Intellectualization）

（情感）隔离是将情感与事件和想法分隔开，以避免情绪困扰，而理智化是一种隔离形式，它关注的是问题的智力方面——即事实和逻辑，使用过度抽象的观念来回避困难的感受。理智化是一种普遍的应对机制，当一个人在情感上依附于某种情况，并将自己从压力事件中解脱出来。例如，个体借助"知识""理念""理论解释"等自欺的方式合理化问题，回避那些自己不想体验和面对的感受。

（8）合理化（Rationalization）

合理化指为了无法接受的态度、信念或行为寻找正当的理由，以使它们更容易承受。通过错误的推理，个体使用合理化来否认一个行为或事件的真正原因。例如，学生考试不及格，却认为考试前没有足够的时间学习是导致成绩不佳的原因，这采用的是合理化防御机制。

几乎每个人都曾或多或少地为自己的行为找过理由。合理化就是找借口。你可能会做一些你觉得不可接受的事情，但又不想被人认为是一个会毫无理由地做那些事情的人。你试图用逻辑来解释你的选择。不幸的是，这种逻辑是有缺陷的。

（9）补偿（Compensation）

补偿是一种策略，当一个人在某一领域有弱点时，他们可能会通过强调或增强另一领域的优势来弥补，有意识或无意识地掩盖挫折、欲望或不足或无能的感觉。因此，当他们面对自己的弱点时，他们可以说“啊，但我擅长……”，因此对目前的情况感觉良好。例如，那些因为矮而自卑的人，可能会努力训练成为强壮的人；那些没有智力天赋的人可能会把注意力转向社交技能。

补偿通常是相对无害的，除非补偿的范围在某种程度上是有害的，例如，一个社会地位有限的人用侵犯来补偿。

4. 成熟的防御机制

在健康的成年人群中使用成熟的防御机制增加了他们的控制感和快乐感。他们已经适应了在社会、人际关系和自我实现中的成功运作。所有成熟的防御机制都融合了导致焦虑的矛盾情绪和想法。

（1）升华（Sublimation）

在升华过程中，将社会反对的或内心不接受的目标转化为社会可接受的目的，消极的情绪和冲动被适应性地转化为积极的行动。升华的好处是它可能会导致原始冲动的长期转换。压力大时打扫房间是升华的最好例子，竞技运动也是如此。

（2）压制（Suppression）

压制与否认的区别在于，它是一种有意识的决定，即压制是有意识地决定不去注意某个特定的感受、状态或冲动，延迟对威胁性刺激的注意。有意识的压制行为会让不需要的信息从意识中消失，直到后来情绪更容易被接受。

（3）幽默（Humor）

个体在窘困处境中用戏剧性的和（或）讽刺性的元素来减少不愉快的情感及个人不适。这种机制也允许个体和事件保持一些距离和客观性，以使个体可以思考到底发生了什么。

“笑是最好的药”，这句谚语包含了幽默作为一种防御机制。幽默是公开呼吁人们关注环境中幽默的方面，以应对不愉快的冲动。例：拿自己“开涮”“自黑”，做出一副无害而又逗趣的样子，它用幽默以取悦他人。

（4）利他（Altruism）

利他是对他人幸福的无私关心，让自己服务于他人的需要，而且超越了自己的需要。比如，白求恩、雷锋。

（5）参与（Anticipation）

参与是一个成熟的防御机制，个体为未来的压力定计划。现实地参与不愉快的情况会降低结果的威胁性。这是通过排练可能的场景来实现的。

（6）接纳（Acceptance）

识别不舒服的刺激而不抵抗或试图改变它是接纳的防御机制。通过接纳威胁，一个人可以像接纳自己不喜欢的环境一样富有成效地生活。

（7）谦逊（Humility）

一个谦虚的人不会把自己看得太高。因此，谦逊作为一种防御机制是保持谦虚的自我评价。通过防止自我重要性的过度膨胀和骄傲自大，使用谦卑可以减少对自我的扭曲。

（8）宽容（Tolerance）

宽容是有意识地允许不赞成的思想、信仰、人或事物。例如，对粗鲁的人礼貌而不生气，是宽容他们的伤害行为。

（9）认同（Identification）

认同是一个无意识地模仿威胁的方方面面的过程。这包括言谈举止、性格特征或语言模式，从他们模仿的人那里获得认可。人格是通过一系列的身份认定而构成和规定的。

第二节　自我功能

经典的弗洛伊德理论认为，在通常情况下，人格结构的三部分本我、自我和超我处于协调平衡状态，从而保证了人格的正常发展，如果三者失调乃至破坏，就会产生神经症，危及人格的发展。正如本节所述，自我为了应付本我和超我的压力，会无意识地激活一系列防御机制，保护自我或消除情绪痛苦和不安。

在自我心理学中，自我（ego）被认为是我（self）的重要组成部分。自我功能对良好的心理健康至关重要。了解自我如何运作可以帮助我们对自己有更现实的期望。

1. 现实检验（Reality Testing）

精神分析学家将现实检验定义为区分感知（perceptions）和想法（ideas）的能力。你的感知中没有任何东西告诉你，你所体验到的是否是真实的。你可能产生了幻觉，或者看到了你以为自己看到的东西。自我执行现实检验功能，以找出它是什么。

2. 冲动控制（Impulse Control）

自我使控制冲动成为可能。这很重要，因为每个人都有不健康甚至危险的冲动。自我会注意到这种冲动，会考虑后果，会选择是否追随这种冲动行事。

3. 情感调节（Affect Regulation）

情感意为感觉或情绪，但也可以理解为环境影响你的方式。无论现实中发生什么，自我能按照你允许的方式调节情绪。当你明白了这一点，你就会明白，生活事件并不只是发生在你身上，你可以塑造自己的情绪反应。

4. 思维过程（Thought Processes）

自我控制着意识的思维过程，以及一些无意识的思维过程。自我通常被称为执行自我（executive self），意味着它分析情况并选择反应。你通过由自我引导有意识和无意识的思维来做完成对事件的反应。

5. 防御功能（Defensive Functioning）

这种自我功能可以帮助你保持长期稳定。当你抑郁时，它还可以帮助你改善你的情况。

6. 客体关系（Object Relations）

一个健康的自我使你有可能与他人建立相互满意的关系。根据精神分析理论，这是通过客体关系发生的。客体关系指的是把你自己和他人看作是一个整体的、具有许多不同品质的三维空间的能力。

边缘型人格障碍人格结构（人格结构诊断指南见表 3.1）运作处于比较低的水平。他们的自我功能低下，不能和其他人保持好的关系。他们必须证明给他人看自己属于好人的一部分，否则，会反过来，成为一个坏人的部分，他们在客体关系上出现问题。

表 3.1　人格结构诊断指南

人格	神经症	边缘型	精神病性
现实检验	+	+/-	-
初级防御	-	-/+	+
认同混乱	-	+	+

学习这部分内容，可以帮助你应对和拥有更好的生活、帮助你拥有更清晰的自我意识、帮助你理解什么能有效地改善你的思维、感觉和行为。你越了解自己是如何决定思考、感受或行动的，你就越能体会到自己在日常决策中的力量。当你使用防御机制时，通过识别它们，你获得了更大的能力辨析问题，并以健康的方式处理它们。

如果你的自我没有很好地管理你的生活，你可能需要花一些时间来学习更好的思维方式以及应对生活中的挑战和机遇的新方法。你需要利用自我的力量来实现目标，过上你想要的生活!

第三节　心理动力学理论的延伸：分离—个体化阶段理论

弗洛伊德经典的精神分析理论（又称为心理动力学理论），按照力比多投放的位置不一样，把性心理发展分为五个阶段，分别是口唇期、肛门期、性蕾期、潜伏期和两性期。

其中，性蕾期是性心理发展阶段理论中最复杂和争议最大的阶段。这个阶段发生在个体生命的第三年至第六年左右，性敏感区在生殖器区域，男孩出现俄狄浦斯情结（Odipus complex，恋母妒父），女孩出现伊利克特拉情结（Electra complex，恋父妒母）。在解决恋父或恋母情结的过程中，儿童以同性别的父母为榜样，模仿他们、认同他们，不仅使得他们获得男性或女性的行为风格，还把父母的道德观念、社会态度等内化为自己的东西，形成儿童的“超我”。

当今最具有影响力的心理动力学理论是自我理论（玛格丽特·马勒）、客体关系理论（克莱因）和自体心理学（温妮科特）。其中，玛格丽特·马勒的“分离—个体化”阶段理论关注 0—3 岁（前俄狄浦斯期）幼儿的心理发展，可以解释边缘性人格问题或精神疾病的发展。

1. 0—1 个月为“自闭期”（一元阶段）

在生命的最初阶段最重要的事情就是睡觉，婴儿主要关注他自己，对外界刺激不感兴趣，几乎不与外界建立联系。他们靠本能、靠天生固有的无条件反射生活，比如觅食反射、吮吸反射。母亲被视为婴儿内在的一部分，没有独立的存在。马勒认为，很多儿童患上自闭症，就因为心理发展固着在了自闭期。

2. 1—5 个月为“共生期”（二元阶段）

在这个阶段，婴儿模糊地承认母亲的存在，不是作为一个独特的实体，而是作为需求满足的主要来源。孩子认为自己和母亲是一体的，母亲就像自己身上的一个器官。这个阶段孩子的微笑是不分人的，他不仅与母亲而且与整个世界共生。他们特别乖，会乖乖地，不哭不闹舒舒服服地躺在母亲的怀抱。

3. 6 个月—2 岁为“分离—个体化”时期

在这个阶段，婴儿发展出对自我边界的理解，因此，母亲越来越被视为一个独立的个体。同时，个体化也标志着自我感的发展。分为几个亚型：

（1）6—10 个月 “孵化期”

婴儿的主要关注点开始从内部转向外部，尽管此时主要的关注点仍然是母亲。这一内部过程以运动发育的里程碑为例，这些里程碑在物理上允许更多的分离，如爬行。婴儿变得越来越有兴趣去发现他的母亲（比如她的长相或气味），而不再是试图与她建立一种共生的关系。

由于婴儿认知能力，尤其是知觉的发展，他能够将熟人和陌生人加以区分（认生），表现出陌生人焦虑。婴儿在离开母亲后，遭遇陌生人和陌生环境的情况下，会产生惊恐、躲避反应。

（2）10—16 个月“实践期”

这个阶段从爬行开始，到迈出第一步结束，身体上的分离显示了婴儿心理的诞生。随着婴儿自主功能的增强，尤其是行走，分离能力继续发展。婴儿虽然可以自由地探索，但他仍然把母亲看作与自己统一，因此在他探索环境时，同时保持与母亲的最佳距离。孩子对他所观察到的世界的体验，受到母亲的反应以及母亲的可获性所影响，当他体验到痛苦或恐惧时，母亲能安抚他。

这个时期有两个很重要的游戏："藏猫猫"和"你来抓我呀"！

心理学家皮亚杰认为，"藏猫猫"游戏能帮助婴儿认识物体的永恒性：即使你看不到东西，它们也会一直存在。孩子把眼睛捂起来，母亲消失了；捂的时间越长，他内心焦虑感越严重；他突然松开手，母亲仍然在眼前，"哇"，他充满惊奇、喜悦地尖叫！游戏中孩子能坚持捂眼多久，代表孩子心理上能独立多久。这个阶段的孩子跟小朋友玩一会儿，看看母亲在不在，再玩一会，再看看母亲。

"你来抓我呀"游戏中，孩子挣脱开母亲，突然跑掉，然后转头朝向母亲吸引她的注意，似乎在说"你来抓我呀！"母亲温柔地抓住他、抱起，再放下；孩子又跑……这时候孩子快乐又兴奋，母亲就像他的提线木偶，他成功地操纵母亲而获得控制感和自尊感。

在孩子玩游戏时，"好"母亲充当"安全基地"，她需要远远地站着，用欣赏的眼光鼓励孩子探索；同时，充当"安全港"，她慈祥而稳定地站在那里，做孩子能量的供给站，等孩子逃离后回来充电。让孩子在更大范围探索时，同时获得掌控感、自尊感、稳定感，这能福泽个体一生。

（3）16—24个月"整合期"又作"心境易感期"

此时，孩子想要获得独立的愿望被对被抛弃的恐惧所破坏。因此，孩子在探索的过程中寻求与看护者保持亲近。这个阶段对于发展稳定的自我感是至关重要的。包括三个阶段：

开始：为了分享体验和兴奋，孩子回到看护者身边。

危机：孩子意识到他的局限性，以及想要变得更强大和更能自给自足。儿童陷入"探索世界"和"依恋母亲"的双趋冲突，在身体上和情感上左右为难。这个阶段，他们爱发脾气，感到无助，因此对母亲情感上的可获得性的需求增加。这时候，母亲也需要处理一对趋避冲突，既"给儿童以探索外界的情感支持"又"保持好自己的坚定性"。

解决方案：由于语言和超我的发展，孩子在两个极端之间达成了一个健康的中间状态。如果危机得不到很好的解决，将会增加极端依恋或极端回避的行为。

马勒发现，这个阶段孩子对母亲的依赖和需要增加了。他似乎变小了，母亲工作时，喜欢黏着母亲，打扰母亲；和小朋友争执时，看起来很脆弱，回去找母亲。当母亲主动抱起他，他会挣脱，挣脱后也不会自己玩，这个时候的孩子体验到“孤独感”，似乎需要更多的亲密，但是又害怕被亲密感所控制。这个阶段，把独立和亲密整合起来，是非常重要的。

这个阶段，母亲的情绪稳定性非常重要，如果母亲情绪不稳定或对孩子不耐烦，会让自我功能没有发育完全的孩子产生一种被抛弃的情绪。母亲需要特别接纳、共情和理解孩子的感受，否则在这个阶段容易产生心境障碍。

4. 24—36 个月“客体永恒性阶段”

这个阶段个体具有维持客体稳定形象的能力。他能形成对母亲稳定的内在表象，对母亲内射的积极面和消极面进行整合，具备把同一个人的愉快与不愉快的感情整合起来。相信那个令人挫折的总是缺席自己重要场合的母亲，就是那个赞赏并爱着自己的母亲，这种能力不能仅依靠在理智上把相反的事物统合起来，而是需要足够多的美好经验的积累。这种整合能力影响了个体健康的自我概念和自信的形成。此外，个体的个性开始发展。

第四节　心理动力学视角下的心理病理学分类

在高校的心理咨询中心工作，需要对接触到的个案进行临床评估，现按照心理动力学视角将心理病理学分为三类：精神病性结构、边缘性结构和神经症性结构。

1. 精神病性病理学：如急性精神分裂症病人的被控制感、思维被洞悉感以及牵连观念、夸大妄想等体验，完全丧失自我和外界、自我和客体之间边界的表现。

典型特点：共生关系性质的病理性表现

✧ 原始防御机制：否认、全能感

✧ 原始冲突的性质：生与死、安全与恐怖、存在与消亡

✧ 身份感的极大困难：不能确认自己的存在，深深地困扰自己是谁（血

统妄想、变兽妄想)，甚至为身体、性别、年龄等概念而困惑。

✧ 这些病人通常有心理发展最早期结构的缺陷，在依恋最早期出现问题。他们的自我（ego）完全没有，本我（id）一览无余展现出来，不能确认自己是谁（处于急性发病期的个体，可能认为自己是大鸟，并从很高的楼层上跳下去)，缺乏现实检验能力。

2. 边缘性病理学：个体发展的缺陷导致。

典型特点：在分离——个体化阶段（二重关系）受到了阻滞。个体寻求刺激、冲动，可能患进食障碍。

✧ 原始和不成熟的防御机制：否认、投射、解离、见诸行动等。

✧ 认同整合的缺乏：对自体（self）的体验充满了不稳定性、不连续性和不完整性，对自己和重要客体的描述都是笼统含糊的。

✧ 在非应激非退行状态下，具有现实检验能力，但对自己的问题觉察能力有限、不成熟，他们的内在心理部分很匮乏，往往将矛盾困难外化，偏执，更多将问题归因于外界和他人，心理外归因。

✧ 情绪体验的核心冲突是关系上的进退两难、绝对化倾向。当和他人关系拉近，他们会体验到威胁感，体现了“分离—个体化”发展上的矛盾。

3. 神经症性病理学：获得了自我和客体的稳定与恒定性。

典型特点：在俄狄浦斯期（三重关系）的病理学表现。

✧ 次级防御机制为主：如压抑、置换、隔离、合理化等，在应激时也使用较为原始的防御机制。

✧ 认同整合感：他们的行为表现出稳定性，内部的自我体验是连续的。在描述自己和生活中的重要人物时，通常都会从多个方面描绘出一个完整的、复杂人格的人。

✧ 具有现实性，不仅仅是指没有幻觉和妄想，而且其病理学症状以冲突（本我、自我和超我三部人格结构的冲突）为主旋律。

✧ 人格结构中以严厉的“超我”为突出特点。他们的“超我”高标准、严要求、理想化，严苛的“超我”压抑“本我”，焦虑会以神经症的方式无意识地表现在个体的行为中。比如，强迫或反强迫、恐惧症、焦虑障碍等等。

第五节 偏执又分裂的边缘型人格障碍

“我随时有可能被抛弃，所以我要努力”。

“我爱你，我又恨你，我却又离不开你”。

“我要死给你们看，只有这样你们才会关注我”。

“我控制不了我的情绪”。

“我应该受到惩罚，因为我不够好”。

“我一直在怀疑‘我是一个什么样的人’”。

“空虚的感觉持续很长时间，无法解决”。

他们对分离和抛弃有强烈的恐惧，以疯狂的努力来避免真正的或想象出来的被抛弃，每次分手都会有痛苦的感受（我被抛弃了）——屈辱（原来你都是骗我的）——愤怒（你凭什么抛弃我）——在意料之中（果然还是没有人能真正地接受和喜欢我）的感觉。

他们有强烈的自责，他们对自己的责备不是“这件事我做错了”，而是“我就是个错误”。

他们会以各种方式挑衅并试图突破你的边界，因为他们习惯和别人黏在一起，并且是操控他人的好手。他们会说：“我现在就必须见到你，不然我就绝食”。反复发生自杀行为、自杀威胁或自伤行为。

……

以上内容真实呈现了边缘型人格障碍的内心独白和人生剧本！

他们的主要人格特征是极端、不稳定和冲动。他们对自己、他人或事情的评价经常是非黑即白的极端，并且情绪大幅度“稳定地不稳定”的变化，冲动是他们无法忍受极端波动情绪的体现。

贬低和理想化的自我防御机制可以帮助边缘型人格障碍管理他们的焦虑，以及应对内外部的压力。理想化是一种把过于积极的品质加到另一个人或事物上的心理或心理过程。这是一种应对焦虑的方式，在这种方式中，一个具有矛盾性的人或物被视为完美的，或被视为具有夸大的积极品质。

边缘型人格障碍患者常常把朋友、家人或爱人理想化。他们会对理想化的他人产生一种强烈的亲近感，当作偶像崇拜。这可能会迅速地、不可预测地转变为对那个人的强烈愤怒，这一过程被称为贬低。贬低是和理想化正好相反的一种防御机制。当个体认为自己、某物或他人有缺陷、毫无价值或有夸大的负面品质时，他采用了贬低的防御机制。

在边缘型人格障碍中，贬低常常与理想化交替出现。例如，他们可能会从对所爱之人的崇拜——理想化他人——转变为对那人的极度愤怒或厌恶——贬低他人。这种经常在对他人极端理想化和极端贬低之间转换，导致边缘型人格障碍的人际关系极不稳定。

无论是贬低还是理想化，按照防御功能等级来看，属于轻微的意象扭曲水平。像大多数的防御机制或应对策略一样，许多人没有意识到他们是在贬低和理想化。这是一种无意识的保护自己免受压力的方式。

在边缘型人格障碍中，这种在理想化和贬低之间的疯狂转变被称为分裂（splitting），这意味着他们思维和情绪调节的紊乱。分裂，或在理想化与贬低之间的快速波动，是边缘型人格障碍的典型表现。科学数据表明，分裂与前额叶皮层和杏仁核的激活有关，大脑的前额叶皮层与人格有关，杏仁核控制着情绪感知和表达。

贬低会出现在其他人格障碍中，尤其是反社会人格障碍或自恋人格障碍。理想化有时也出现在自恋型人格障碍中，特别是患者理想化治疗师。

“边缘”作为心理功能的一种动态变化，常常用于描述神经症和精神病之间的恒定的不稳定状态。边缘型人格障碍属于不安全型依恋，且缺乏“反思能力”，即他们无法识别自己和他人行为的含义，很难达成心智化，无法理解别人主观的独立性。因此，建议边缘型人格障碍去精神科就诊。

第六节　投射性认同

客体关系理论不同于经典的精神分析，它重视关系而不是内驱力（力比多）。基础概念涉及分为自体（Self）、客体（object）和客体关系（object-relations）。内部客体世界最重要的两个部分是自体表征和客体表征，分别包括好的和坏的。客体关系强调早期母婴关系的重要性，正如“分离—个体化”理论所述，如果母亲不能适应婴儿的需要就可能会产生病理性养育结果，导致个体不能把“好”母亲和“坏”母亲整合到客体身上。要么，客体完全好，犹如天使；要么，客体完全坏，犹如魔鬼，个体的内部世界是一种分裂状态。同样，自体也会采用“分裂”的防御机制——“好”我和“坏”我。因此，内部关系的整合是心理健康发展的方向。

当自体表征中存有无法承载的情绪状态，比如无价值、羞耻、罪恶等，个体会无意识地采用“投射性认同”防御机制，把无法处理的情绪外化。个体将自己“坏”的一部分以投射的形式放置在另一个人身上，当被控制的那人对投射者的“诱导”行为采取反应时，就陷入了对方的圈套，投射认同成功。有创伤史的个体屡屡采用投射性认同来处理自我否定的情绪状态，导致成瘾联结。

案例：一位三十多岁的女性寻求心理治疗，因为她觉得需要做点什么，关于如何生活、关于如何处理自己的关系。在她9岁到16岁之间，她一直被继父性虐待，而母亲一直是一个沉默的、被动的目击者。她在一次出国旅行中，也曾被强奸过。她一直过着一种居无定所、游荡的生活，曾经在国外危险的地区，作为救援人员工作了好多年。

阅读完案例，聪明的读者发现了一件奇怪的事。该女性求助者有被性侵的创伤经历，居然在国外旅行也遭遇强奸，这样小概率的事件怎么这么巧合又发生在她身上呢？她似乎不太珍惜自己的生命，无法过安稳的生活，因为她从事的工作让她随时处于危险中。

是的，你发现了其中的问题。我们看一段咨询对话片段。

✧ 来访者：我现在觉得恶心。在过去几天他一直困扰我。在我来这之前我几乎要吐了。

✧ 咨询师（沉默，等待。这之前提到过，但是意义还不是非常清楚）

✧ 来访者：（开始变得更加焦虑）我不得不提防男性。他们一定不能放纵他们的自我。

注意，来访者提到“恶心”，恶心是一种记忆，告诉我们曾经发生了什么故事。来访者觉得很困扰，她不记得发生了什么，但是曾经被性侵的创伤经历由程序性记忆记录下来。为了抵御羞耻感（我不完整了、我被弄脏了、我很糟糕……）——这种羞耻感会导致来自内部的攻击，使自体破碎，同时为了让自己感觉更好一些，创伤个体采用解离的防御机制，她变得分裂、健忘。身体被心理抛弃了！当解离让个体产生令人不安的脱离身体和不真实的感受时，割腕、烧灼或者打自己等不同形式的自我损毁，能够使得他们重新找到感受。

来访者的自体表征是“坏”的，无法忍受的。在和男性交往时，她会无意识地提防男性，“不断打量对方”、“拉扯、整理衣服”或“坐立不安”，所有这些举动在陌生男性看来都是在“诱惑”，暗示“她”对“他”有好感，那么，接下来发生强奸事件就不奇怪了。投射性认同成功——把与创伤相关的自体客体关系外化，“看吧，不是我不好，是男人不好，他们都是坏蛋！”，导致病态的成瘾联结（见图 3.3）。

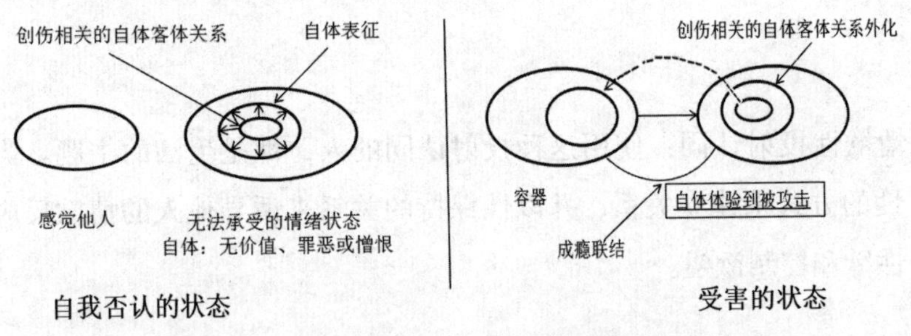

投射认同被用来降低来自内部的无法忍受的痛苦的情绪状态的体验——外化变成了生死之要事，对（施虐）客体的成瘾联结（Addictive bond）与丧失的恐惧开始发展。

图 3.3　创伤派生的自体——客体场景与投射性认同

临床上常见的有四种投射性认同。

1. 权力性投射性认同：通常这类人诱导出他人的软弱、无能感，从而实现自己的控制欲和权力欲望。

我这么厉害，你得听我的，你得崇拜我；否则，你就是不爱我的，你就是无情的。

接受投射：感到软弱、无能、愤怒、被瞧不起。

2. 依赖性投射认同：通常这类人在做决定或需要独立行事的时候，不管在怎样的情况下都会有求于人。但实际上这种人是能够独立解决问题。

我如此无助，你必须陪伴我；否则，你就是不爱我。

接受投射：感受到压力、被控制、疲惫不堪、被压榨。

3. 迎合（或讨好）性投射认同：通常这类人竭力诱导他人身上的内疚和感激之情，从而实现自己的成就和拯救欲望。

我对你百依百顺，你必须接受我；否则，你就是不爱我，你就是玩弄我的烂人。

接受投射：开始会很舒服，感到被接纳和认可，慢慢会感觉压力很大，被控制感。

4. 情欲性投射认同：使用这种投射认同的人，性是生活的主题。当事者是通过性的方式来建立关系，并以性保持的关系来诱导他人的情欲反应，从而满足性欲和控制欲望。

我这么性感、这么有吸引力，你必须满足并对我好；否则，你就是不爱我，你就是性无能，你就是性冷淡者。

接受投射：感到性冲动，被吸引，慢慢会有被控制感，疲惫不堪。

一直以来，生活中几乎我们每个人都在投射。每个人都有自己想要摆脱的方面，每个人都有无意识的动力，都不可避免地要进行某种扭曲现实的努力。同时，我们的人际边界也有弱点，这意味着我们很容易认同某些类型的投射。

比如，能力超强的“女汉子”一样的妻子与看似无能、笨手笨脚的丈夫配对，他们的关系部分建立在投射和投射性认同之上。婚姻中长期受“委屈”的一方往往很难看清自己对一个持续存在的问题的贡献。正如古老的格言描述的，“跳探戈需要两个人”，如果夫妻中双方都能够走出他们的投射或认同的角色，那么，长期存有的有问题的关系就会得到破冰。

再比如，如果小张对自己的身体形象不满意，他可能会看到小李，然后对自己说：“嗯，看起来小李长胖了。”现在，如果小李真的长胖了很多，小张只是在准确地观察现实。如果小李的体重没有增加，我们可以有把握地假设，小张是在把“无吸引力的自己”投射到小李身上。小张把自己投射到小李身上，扭曲了他自己清晰感知现实的能力。

“投射性认同”变成了一个两人的过程。继续使用上面的场景，但是这次让小张和小李交互。假设小张见到小李，向他打招呼，然后对他说：“你看起来胖了！”可以理解的是，小李可能会因为这个评论感到受伤、生气或尴尬。然而，小李应该仔细检查产生不舒服感觉的原因，因为在这一刻，必须决定这两人是否对现实进行了准确的感知，或者他们是否进入了一种共享的妄想状态。如果小李最近确实长胖了，那么不舒服的感觉仅仅反映了他对自身身体状况的不满意。如果小李最近体重没有增加，那么他认同了小张对身体形象的不舒服感觉的投射，他被那些本不属于他的不舒服的感觉困住了。

假设小李体重没有增加，他完全可以对小张的粗鲁言论感到生气。要是小李对自己的体重有些没信心，很容易想象小李回家后会开始照镜子、担心自己的衣服是否合身，或者焦虑地安排下一次健身。认同他人的危险出现：我们开始失去信任自己的感知、观点、想法和感觉的能力；失去对自己思想内容的基本把握。

准确地认识自己，处理并接受自己令人不快的方面，停止投射过程；同时，信任自己，在面对投射时形成有效的边界，这样，我们就能过一种合乎逻辑和理智的生活！

第七节　关于创伤

多年前笔者曾接待过一位来访者，他主述：

2010 年 5 月份参加体育学院单招考试的前一天，早上八点由其母亲送到体育老师那里，老师开车送他来学校。在高速路上，老师犯困打盹，车撞上了防护栏……过了一会就停下来了，当时车上发生了什么具体的事情想不起来了，就知道车撞上防护栏以后，轮胎爆炸，车在路上打转……感觉死亡离自己好近。从 6 月份开始出现了一些让自己觉得不舒服的状态。在家上网，无意间搜索到电影《2012》，越看越害怕，脑子里很乱，整个夏天都很少出门，总感觉有东西压在心里，心里很不安。自从进入大学到体院后，越来越害怕，经常做着同样一个梦。梦见自己拿着护具在训练场馆二楼，转头就看见发大水了，之后就拼命逃跑，最后被淹死了。自从梦见那个场景后，就非常讨厌学校，也不敢去海边。老想回家，性格变得更加暴躁，当同学和老师谈到洪水、2012、地震等几个词马上就会变得不安。回避手机报中的负面信息，但是每次看信息时又刻意多浏览一下。在谈到在上某门课程时，老师说道：你们应该庆幸，你们还这样好好的坐在教室里上课……马上就快控制不住自己的情绪，想冲出教室，而且从此开始讨厌这门课程，讨厌这位老师。开始逃课去上网，但是在网吧里坐着发呆，以前喜欢玩的游戏现在也提不起劲头来……雨天、雾天也会影响自己的情绪，觉得自己越来越神经，怕再这样下去迟早会疯掉……来访者说自己这几个月家里添置了十几个娃娃，晚上抱着睡觉（苦笑），亲戚朋友来家里还以为到了小女孩家……（吞吞吐吐）而且，近来寝室同学关系紧张，也很烦……

求助者完成创伤后应激障碍自评量表（PCL_C），得分为 52 分，评定为创伤后应激障碍（PTSD）。

那么什么是创伤（trauma）？

如果曾经的一段经历对你来说太艰难，威胁到你的安全，让你无法在情感上处理它，或者让你极度害怕，那么这段经历就是一种创伤。创伤可能会使你产生非常强烈的情绪反应。了解创伤事件的典型反应可以帮助你有效地处理你的感觉、想法和行为，以最健康的方式处理它。

人们对创伤经历的极端压力有不同的反应方式。有些人会立即做反应，有些人会延迟反应，而有时会在创伤数月甚至数年后才出现。有些人会因此遭受长期的负面影响，而另一些人则能很快从创伤中恢复。反应也可能随着时间而改变，创伤可能会在一开始激励某人，但在之后他可能会变得气馁或沮丧。

许多因素可能影响创伤的恢复过程。例如，持续时间更长、威胁更大或涉及生命或财产损失的创伤性事件，往往需要更长的时间才能恢复。此外，如果过去你处理过其他困难的有压力的情况，那么你可能会发现处理创伤更容易。那些正面临着挑战的人，比如严重的健康问题患者，他们可能会对新的压力事件有强烈的反应，需要更多的时间恢复。

在经历创伤性事件后，许多人会感到震惊或否认。这些常见反应是正常的和保护性的！震惊是一种突然的、强烈的情绪状态的干扰，可能会让你感到昏迷或眩晕。然而，如果你不承认一些非常有压力的事情已然发生，或者没有充分体验事件的强度，那你就是在“否认”。当你采用否认防御机制时，你可能会暂时感觉麻木或与生活脱节。随着最初的冲击消退，人们的反应可能会有所不同。然而，以下这些都是对创伤性事件的暂时的和正常的反应：

1. 情感变得激烈，有时难以预料。你可能会感到比平时更易怒，情绪波动剧烈。你可能会感到特别焦虑，甚至变得抑郁。

2. 创伤性经历影响你的思维和行为模式。你可能会发现很难集中注意力，很难做决定，或者很容易感到困惑。这种创伤也可能会干扰你平时的睡眠和饮食模式。

3. 反复出现的情绪反应很常见。你会暂时感觉不好，然而，随着时间的推移会逐渐愈合，创伤会自愈。对创伤的想法、感受和想象会来来去去，持续几周甚至几个月。

4. 你的人际关系可能会变得紧张。你可能会经常与家人或同事发生冲突。你也可能变得孤僻，把自己从日常活动中孤立出来。

5. 伴随着极端的压力通常会出现身体症状。例如，压力可能会导致头痛、恶心或其他身体症状。

你可以采取以下几个步骤来帮助自己在创伤后恢复良好的情绪状态和控制感：

1. 给自己时间疗伤。允许自己哀悼你所经历的丧失。要知道这将是你一生中最困难的时刻。

2. 对情绪状态的变化要有耐心。

3. 提醒自己，你的感受既正常又短暂。

4. 向你关心的人寻求支持。然而，请记住，如果你身边的人也经历或目睹了创伤，你的支持系统可能会减弱。

5. 用任何你觉得舒服的方式来交流你的经历。你可能愿意和家人或亲密的朋友聊天或写日记。

6. 采取健康的行为来增强你应对过度压力的能力。饮食均衡，休息充足。如果你无法入睡，可以练习放松技巧。避免酒精和咖啡等刺激性物品。建立或重新建立日常生活习惯，如定时吃饭和遵循锻炼计划。抽出一些时间来从事业余爱好或其他有趣的活动。避免做出可能会给你带来额外压力的重大生活决定。

7. 当然，严重的问题持续存在并干扰日常生活并不罕见。你可能会感到挥之不去的悲伤，它会对你的人际关系产生负面影响。如果你对创伤的反应扰乱了你的日常生活，你应该寻求专业的帮助！学校的心理咨询中心，或者精神卫生中心的心理专业人士，他们会协助你找到处理情绪影响的建设性方法。

知识拓展：边缘型人格障碍（BPD）：易感性、混乱和敬畏之中

摘要：边缘型人格障碍（BPD）是一种以慢性精神疾病，它以普遍的情感不稳定、自我意象失调、冲动、明显的自杀倾向和不稳定的人际关系为特征，是该疾病的精神病理基础。在很多情况下，BPD 都会造成严重的损伤。与其他人群相比，BPD 患者具有相当高的发病率和死亡率。虽然 BPD 的研究比其他任何人格障碍都要广泛，但对它的了解还不够。本文简要回顾了近年来关于边缘型人格障碍的患病率、病因、共病和治疗方法的研究，旨在为理解和管理边缘型人格障碍提供一个更加连贯的框架。

关键词：边缘型人格障碍；病因；共病；治疗

1. 引言

边缘型人格障碍是一种慢性精神疾病，其特征是情感不稳定、自我意象失调、人际关系不稳定、明显的冲动和自杀行为（自杀意念和企图）的普遍模式，对个人生活造成重大损害和痛苦。与其他个体相比，BPD 患者的发病率相当高，这使得医疗护理更加复杂。BPD 在 1978 年被首次定义，随后 1980 年出版的《精神疾病诊断与统计手册》第三版（DSM-III），10 年后出版的《国际疾病分类》（ICD-10）也进行界定。它已成为一种基于临床特征的系统识别诊断，并确诊为情绪不稳定人格障碍。DSM-5 和 ICD-10 均强调情感性不稳定性是 BPD 的重要标准。由于服务于情绪管理和压力反应的神经生物学系统异常，BPD 患者对情感过度警觉状态存在潜在的易感性。由于调节社会认知、依恋和社会奖励的神经生物学系统异常，它们对社会和人际压力源有潜在的易感性。在有压力的情况下，BPD 患者无法调节他们的情绪，并迅速回到他们的基线情绪状态。

由于 BPD 与接受临床关注并导致心理社会障碍相关，因此它比其他人格障碍得到更广泛的研究。在这篇简短的综述中，我们的目的是通过对已发表的研究进行批判性分析，阐明 BPD 的流行病学、发病机制、临床特征、共病和治疗方法。

2. 流行病学

BPD 的终生患病率约为 5.9%，点患病率为 1.6%。虽然在一般人群中 BPD 的患病率并不比其他人格障碍高，但在治疗环境中 BPD 的患病率较高；根据临床研究，BPD 存在于 6.4% 的初诊，9.3% 的精神科门诊病人和 20% 的精神科住院病人。然而，在临床人群中，女性比男性占的比例也更大。在 DSM-5 中引用的临床环境中，这个比例是 3:1。与临床环境比率相比，在对美国一般人群的两项流行病学调查中，发现 BPD 的终生患病率在男性和女性中是相似的。这一结果可以解释为患 BPD 的女性比男性更有可能寻求治疗。据报道，接受 BPD 治疗的患者中约 80% 为女性。

3. 发病机理

BPD 的病因尚不清楚，有人认为 BPD 是影响大脑发育的遗传、神经生物学和心理社会影响等因素相互作用的产物。

虽然研究很少，也有不同的报道，但至少有适度的证据证明 BPD 的遗传传递和遗传力。根据两项研究发现，与异卵双胞胎相比，同卵双胞胎患 BPD 的一致率更高（分别为 36% 和 35%、19% 和 7%）然而，第三项双胞胎研究报告称，与环境影响相比，常见的遗传影响对 BPD 的发展贡献甚微（42% 对 58%）。综上所述，非支持性环境下情绪失调的体质倾向导致了 BPD 的发展。未来的研究需要关注特定的内表型和环境因素之间的相互作用。

根据神经生物学研究资料显示，神经肽（neuropeptide）功能可能会导致 BPD 患者的人际问题。下丘脑—垂体—肾上腺（HPA）轴功能障碍在 BPD 的发展中起重要作用。研究报告，BPD 患者应激激素水平升高，如基础皮质醇水平升高，以及反馈敏感性降低。然而，自我—他人的适应不良性行为以及与他人的关系被认为受催产素系统调节的。HPA 活性的增加以及外周催产素水平的降低都与 BPD 患者的早期虐待史和不安全依恋有关。此外，也很少有研究报道女性和男性 BPD 患者的睾酮水平升高。

采用神经影像学比较 BPD 患者与健康对照组，发现海马、杏仁核和内侧颞叶的双侧减少。BPD 的神经生物学可以被定义为由眶额皮层和前扣带皮层提供的自上而下（top-down）控制的异常，以及由杏仁核、海马体和岛叶皮层等边缘系统产生的自下而上（bottom-u）控制驱动的异常。自上而下的控制提供认知控制区域，自下而上的控制提供显著的觉察。在这个回路中，血清素通过作用于 5-HT2 受体来调节前额叶区域。冲动特征是 BPD 的主要组成部分，它与中枢血清素功能的缺失有关。更具体地说，5-HT2A 受体的增加和 5-HT2C 受体的减少与冲动有关。冲动是 BPD 的核心特征之一，它与前额叶区域的奖赏控制回路和行为抑制缺陷有关。然而，研究发现未服药的急性 BPD 患者左侧杏仁核过度活跃。这一特征与消极的环境刺激是一致的。患者紧张多变的情绪与杏仁核过度活跃有关。杏仁核的作用也反映了在评估负性环境刺激时适应不良的自上而下的过程。然而，在有早期创伤和创伤后应激障碍（PTSD）病史的患者中发现下丘脑增大，HPA 轴失调，杏仁核和海马体积缩小。此外，老年 BPD 患者杏仁核灰质体积减小的发现被解释为可逆的进展性病理。BPD 患者情绪调节困难与前额叶皮层（PFC）活动的认知过程能力不足有关。Koenigsberg 等人研究报道称，和健康个体相比，BPD 患者的眶额叶皮层、腹外侧皮层和背前扣带皮层（ACC）的低活性。这一结果与BPD患者适应不良的情绪调节有关。然而，据报道，在成功的心理治疗后，情感调节回路中较低的前额叶—边缘连接被正常化了。总之，许多研究比较了BPD患者与健康对照组，发现血清素功能障碍以及杏仁核、海马和内侧颞叶体积的减少。然而，由于这些研究纳入了成年BPD患者，尚不清楚这些神经生物学缺陷是否是该疾病的后遗症还是病因。

研究也认为，生活经历与BPD的发展有关。童年创伤是BPD发生的最主要的风险因素。由于儿童创伤并不总是存在于BPD中，且有创伤的个体不一定总是发展为BPD，因此儿童创伤与BPD之间的关系并不明确。由此可见，童年创伤并不是BPD发展的强制性前提条件。在前瞻性研究中，BPD患者的童年期创伤可以表现为多种形式，包括性虐待、身体虐待和忽视、言语虐待、父母早期分离或丧失等。根据一项500人的前瞻性研究，更多的身体虐待和/或被忽视的儿童成年后符合BPD的诊断标准。有趣的是，性虐待史并不是BPD的风险因素。然而，父母中有酒精或物质使用问题，诊断为药物滥用、重度抑郁症和创伤后应激障碍都与BPD的发展有关，但也是非特异性因素。另一项对639名儿童进行的前瞻性纵向研究报告称，儿童虐待/忽视与成年后的BPD显著相关。元分析还发现，BPD的发展与儿童虐待之间的关系仅有很小的效果量。与大多数精神疾病一样，没有单一因素可以解释这种疾病的发展，而多种因素可以帮助解释BPD的发展。虽然有研究报道，童年创伤在BPD的发展中并没有发挥重要作用，但它仍然是BPD的重要的风险因素，而且需要更多的研究来阐明这一关系。

4. 临床表现和共病

BPD是一种精神疾病，最初被认为在青春期出现，并持续到成年。在DSM-5中指出，诊断开始于青少年。根据DSM-5第二章，BPD的诊断标准分为四个维度：（1）人际关系不稳定维度，其特征是对被抛弃的恐惧和强烈而不稳定的人际关系；（2）认知的和/或自我失调，包括偏执意念、解离症状和身份障碍；（3）情感和情绪调节障碍；（4）行为调节异常维度，有冲动和自杀行为。

情感不稳定性已被证明是BPD最特殊的、最敏感的诊断标准。BPD患者情绪不稳定，反应强烈，表现为抑郁、焦虑、易怒等情绪障碍。然而，一项研究表明，年龄与BPD患者情感不稳定之间呈负相关。BPD患者之间存在不稳定和矛盾的关系。他们倾向于认为他人都是好的和坏的，这被贴上了“分裂”的标签。他们很容易变得依赖他人，但他们对他人的感情也会发生戏剧性的转换。一项元分析也显示出BPD患者的认知功能障碍，BPD患者在注意力、认知灵活性、计划、学习和记忆测试中得分较低。

冲动行为是BPD的一个核心特征，可能有多种形式。物质滥用，冲动消费，暴饮暴食，鲁莽驾驶，以及自我伤害行为都是非常常见的，并将患者置于受伤害的风险中。早先的研究表明，冲动、情绪调节障碍和儿童期自残行为是预测BPD的特征。

自杀企图和意念是BPD常见的临床表现，也是DSM-5的诊断标准之一。回顾性研究发现，BPD患者的自杀率为8%—12%。BPD患者的自杀倾向在20岁时最为常见，而30岁后自杀未遂的情况更为常见。患者也可能会有自杀行为，比如割伤自己。这些行为、想法或行动可能被概念化为非自杀式自伤。由于非自杀行为和自杀企图在BPD患者中很常见，因此很难评估患者自杀意图的当前风险。自杀未遂超过一次的患者自杀身亡的风险增加。根据前瞻性研究，BPD患者自杀的预测因子被报道为解离、情感反应、自残、抑郁共病、家庭自杀史和儿童虐待史等共同发生的症状。最近的一项研究调查了BPD患者在攻击性、精神疾病共病和自杀行为等方面的性别差异和相似性，发现BPD男性患者比BPD女性患者更有攻击性、更冲动、更容易受到伤害。与患有BPD的女性相比，患有BPD的男性因自杀企图而死亡的风险更高。

共病性精神障碍在BPD患者中较为常见。根据流行病学调查，85%的BPD患者至少有一种共病性精神障碍。心境障碍，尤其是抑郁障碍、双相情感障碍、焦虑障碍、创伤后应激障碍（PTSD）、物质使用障碍或其他人格障碍和神经发育障碍，如注意缺陷/多动障碍（ADHD），可能存在于BPD患者中。根据几个大样本的患者进行研究发现，BPD患者终身抑郁共病率为71%—83%，焦虑症共病率高达88%。最近Witt等人的一项基因组关联研究发现，BPD与双相情感障碍、重度抑郁症和精神分裂症之间存在基因重叠。他们的发现支持了遗传因素在BPD发展中的作用。

4.1. BPD 和双相情感障碍

BPD 人格障碍和双相情感障碍可以在 10%—20% 的病例中同时发生，由于这些疾病的症状非常相似，许多 BPD 患者被错误地诊断为双相情感障碍。也有人建议将 BPD 概念化为双极谱的一部分。Smith 等人报道，BPD 患者中有很大比例属于双极型，而 Paris 等人报道称没有实证证据支持 BPD 与双极谱的联系。Sripada 和 Silk 通过回顾神经影像学研究，报道了 BPD 和双相情感障碍患者在大脑某些区域既有重叠也有差异。研究报告，双相 II 型患者中 BPD 患病率较高但不显著，而 Vieta 等报道 BPD 在双相 II 型和双相 I 型患者中的诊断频率为 BPD 的两倍。Zimmerman 等报道称，与没有 BPD 的 MDD 患者相比，重度抑郁症（MDD）患者和 BPD 患者的社会心理发病率更高，BPD 是继强迫症和表演型人格障碍之后双相情感障碍患者的第三常见诊断。总之，这些结果可以解释为，每一种疾病都是在没有其他疾病的情况下被诊断出来的，而这些发现挑战了 BPD 可以概念化为双相情感障碍的一部分。

4.2. 边缘型人格障碍和早期创伤史

创伤史是创伤后应激障碍 PTSD 和边缘型人格障碍 BPD 的中心特征。与 BPD 发展相关的神经生物学损伤可被概念化为 BPD 的诱发因素。环境和神经生物学因素共同促进 BPD 的发生发展。遗传易感性在创伤史的环境经历中被激活。有报道称，创伤和忽视可能会加剧生物和行为倾向。然而，充分的孕妇保健可以缓冲这些易感性。这些结果也许可以解释，为什么一些情绪调节异常的个体尽管有遗传倾向，却没有发展成 BPD。也有证据表明，创伤性事件与 BPD 的解离症状之间存在很强的关联。根据回溯性研究，边缘型患者有很高的儿童期虐待和精神分裂率。人格解体 / 现实感丧失是 BPD 的核心症状，解离可能是某些 BPD 患者的突出特征。对解离型创伤后应激障碍和人格解体的研究表明，解离可能是一种情绪过度调节的形式，促进了与创伤相关的压力情绪。解离严重程度由儿童创伤等来预测，比如前后矛盾的照顾、性虐待、成年强奸、情感忽视等。

4.3. 边缘型人格障碍和多动症（Borderline Personality Disorder and ADHD）

多项研究报道了 20% 的 BPD 患者存在 ADHD 共病。由于冲动被认为是 BPD 和 ADHD 的中心特征，因此冲动已被视为 BPD 患者成人 ADHD 症状学的一部分。Philipsen 等人认为，ADHD 应被认为是冲动性 BPD 患者的一个潜在危险因素。在最近的一项研究中，研究了冲动与 BPD 患者的多动症之间的关系，我们报道了 BPD 组中多动症的更高的共病率，而运动冲动已被证明是 BPD 组多动症症状的一个潜在的预测因素。在 BPD、ADHD 与冲动的关系方面，BPD—ADHD 被认为是 BPD 的一种严重的、更冲动的、同质的亚型。

综上所述，由于 BPD 与其他精神疾病的慢性病程相关，临床医生应仔细评估 BPD 患者的共病精神状态，以便制定适当的治疗方案。

5. 心理治疗

由于 BPD 患者的发病率和死亡率相当高，BPD 给临床医生带来了很大的治疗挑战。BPD 的一线治疗是心理治疗。然而，也发现针对症状的药物治疗是有效的。

已经被证明适用于治疗 BPD 患者的心理疗法有：辩证行为治疗（DBT）、以心智化为基础的治疗、移情焦点治疗、认知行为治疗（CBT）和聚焦图示疗法。这些治疗提供了积极的和有针对性的干预，这些干预强调当前的功能和关系。这些治疗模式也提供：(a) 为治疗师提供结构化的手册，并就常见的临床问题提供建议；(b) 它们鼓励病人增加活动、主动性和自我能动性；(c) 注重情绪处理过程，特别是在行为和情感之间建立牢固的联系；(d) 在治疗的早期阶段，与主观经验有关的认知一致性增强，通过包括由治疗师仔细解释给病人，并鼓励一个积极的姿态的病理学模型，也不变地包括一个明确的意图，以验证和演示同理心，并产生强大的依恋关系，用以创建治疗联盟的基础。心理教育也是 BPD 治疗的重要组成部分。它包括告知患者和家属有关障碍、症状和体征，以及可能的原因和治疗方案。依据 2017 年的一项系统的综述，以及针对 2256 名被试的 33 个研究心理疗法对 BPD 的疗效的临床试验的元分析，结果发现 DBT 和心理动力疗法比其他心理疗法更有效。早期，2012 年的一项系统综述和元分析报告显示，DBT、以心智化治疗为基础的治疗、移情焦点治疗和聚焦图示疗法对 BPD 有效。但是 CBT 的结果好坏参半。DBT 是一种经过充分研究的 CBT 形式，强调冲动行为和情感不稳定性，旨在通过小组或个人会话来调节情绪的稳定性。根据一项临床研究，101 名 BPD 和有自残行为的女性接受了为期两年的 DBT 治疗，与接受团体治疗的患者相比，接受 DBT 治疗的患者自杀未遂和需要住院治疗的患者更少（23% 对 46%）。DBT 专注于提高应对技巧，自我毁灭行为和见诸行动。以心智化为基础和移情焦点为基础的治疗主要是心理动力学治疗。心智化治疗也包括认知技术。例如，支持病人观察她的心理，并创造别人从不同角度看待她的心理的可供选择的看法。移情焦点治疗包括对对峙、探索和对 BPD 患者与他人关系的移情性解释。聚焦图示疗法是。CBT 的一种形式，包括技能训练。家庭教育可以辅助其他治疗 BPD 的方法。

根据文献，对 BPD 患者来说药物治疗是有限的。建议持续经历严重的、损害症状（例如，情感调节障碍、冲动行为控制障碍、知觉障碍）的 BPD 患者在接受心理治疗的同时，应接受以症状为中心的辅助药物治疗。根据临床调查和元分析，与抗抑郁药或心境稳定剂相比，低剂量的抗精神病药物对认知和感知症状如解离、偏执意念和幻觉更有效。研究发现心境稳定剂对 BPD 患者的冲动性、攻击性和行为控制更有效。元分析中的心境稳定剂有拉莫三嗪、托吡酯、丙戊酸盐和锂。据一项回溯性研究报道，锂在预防 BPD 患者自杀方面也很有效。但是，由于锂有显著的副作用，其使用受到限制。然而，根据初步的证据，建议把欧米珈 -3 脂肪酸与心境稳定剂一起作为辅助的初级药物治疗，以防止复发的自我伤害。

元分析还发现，与抗抑郁药相比，心境稳定剂和低剂量抗精神病药对 BPD 患者的情感调节障碍更有效。

由于 BPD 有很高的精神病学的共病率，临床医生在治疗 BPD 患者时，应了解共病的心境和焦虑障碍，以及物质使用障碍。对于心境和焦虑障碍，临床医生为了治疗阈下症状，应该谨慎地开出更高剂量的抗抑郁药物。因此，临床医生应重视 BPD 的治疗，对 BPD 患者合并精神状态应组织有效的治疗。然而，当涉及物质使用障碍时，为了安全起见，双相障碍的合并症和物质使用障碍的治疗应优先于 BPD。没有证据支持在人格障碍中过多给药。根据美国食品和药物管理局（FDA），没有药物被批准，也没有一类精神活性药物是显著有效的。然而，国家卫生和保健卓越研究所（NICE）的指导方针报告说，精神药物不应该用于治疗 BPD，并且可能用于短时间内同时发生的疾病症状。总之，BPD 的治疗是多模式的。心理治疗是首要的治疗手段，辅助治疗、以症状为中心的药物治疗是必不可少的。共病性精神障碍应该被评估。与病人及其家人建立积极的治疗联盟，以及对障碍的本质进行心理教育，对于维持治疗是有用的。

6. 结论

边缘型人格障碍（BPD）是一种精神疾病，可导致严重损害，在青春期和成年早期有较高的发病率。与其他人格障碍相比，该障碍获得更多的临床关注，并有更高的自杀风险。该障碍的病因尚不清楚。根据文献报道，遗传因素、神经生物学异常和童年期创伤史的共同作用可引起 BPD 的发生。BPD 可以被理解为一种慢性和持续性的疾病。然而，前瞻性研究报道了较高的缓解率和复发率。关于哪些因素导致了 BPD 的发展，目前还缺乏相关的信息。进一步的研究对于了解 BPD 的病理，以及帮助临床医生做出最佳的治疗选择是必要的。研究发现，大多数治疗精神病的药物治疗情感失调和冲动性攻击的症状是有效的，这是潜在精神病理学的核心维度。对 BPD 患者的管理，过多给药并没有证据支持，也没有必要。

第四章　压力及其应对

第一节　压力概述

美国大学健康协会（American College Health Association）最近进行的一项调查发现，25.9% 和 31.9% 的大学生在过去 12 个月里感到焦虑和压力，约 16.9% 的学生表示感到抑郁，63.2% 的学生感到非常孤独。

对于很多年轻人来说，大学生涯是激动人心的。你有机会独自生活，享受自由；拓展自己的社交网络，结交新朋友，发展新友谊；探索有趣的想法，参加丰富多彩的社团活动，并规划自己未来的职业道路……。然而，这些变化也会带来新的挑战和压力，与家人分开、与室友同住、管理自己的生活和学业以及发展独立的身份等等。因此，大学期间，焦虑常常会激增，这毫不奇怪。

在刚进入大学的时候焦虑增加最剧烈！最近的一项研究表明，大学生的心理压力——即，他们的焦虑、抑郁和压力水平——在大学入学第一学期稳步上升，并在整个第二学期持续升高。这表明，大学生活第一年是焦虑发作或恶化的高风险时期！

小王说，在大一的时候，压力和焦虑让她不堪重负。她在高中阶段是一名出类拔萃的学生，学业和课外活动都做得很好。但是进入大学后，她发现每个人都能做很多事情，而且都非常精通，他们做任何事情都万事俱备的样子，似乎都比自己优秀。所以，她担心自己出洋相，很多事不敢真正去做。小王把这种焦虑和不知所措的感觉藏在心底，“我只是告诉自己，一切都在我的脑海里，我可以克服它”。我带着一副“游戏脸（game face）”（准备好应对某个棘手的事情或者迎接挑战时的表情）参加朋友聚会、上课、参加课外活动……，仿佛告诉周围人“看看，我很好”。我不愿意承认我有问题，不愿意去面对自己的感受，但是我真的感到孤独、孤立，应该没有人会有这样的感觉吧！后来，我的人际关系出现问题，上课没法集中注意力，成绩也开始下降……

压力（stress）是身体对任何需要调整或响应的变化的反应。压力既有生理上的影响，也有情绪上的影响，可以产生积极或消极的感觉。压力的负面影响包括不信任、排斥、愤怒和抑郁，这些情绪会导致健康问题，如头痛、胃部不适、皮疹、失眠、溃疡、高血压、心脏病和中风。然而，并不是所有的压力都是负面的。“压力就是动力”，积极的压力给生活增加了期待和兴奋，压力能迫使你采取行动，产生令人兴奋的新认识和新观点，最后期限、竞争、对抗、挫折和悲伤都会给我们的生活增添深度和丰富性。亲人去世、升学、晋升或开始一段新关系，诸如此类的重大生活事件发生时，你需要重新调整生活进程，会感受到压力。当你适应环境变化时，压力可能会帮助你或阻碍你，取决于你对压力的反应。

虽然对许多大学生来说，暂时的压力和焦虑是很常见的，但当这些症状持续存在，并开始影响你的学习能力，使你上课无法集中注意力，无法进行有效学习按时完成作业时；你不愿走出房间与朋友交往，表现退缩时，你就该寻求额外的支持了。

压力不足可能会导致抑郁，让你感到无聊和沮丧；另一方面，过度的压力可能会让你感到紧张焦虑。而且，每个人的最佳压力水平是有差异的。让你苦恼、让你倍感压力的事件在他人看来或许是一种挑战，而且随着年龄的增长，个体承受压力的能力会发生变化。如果你体验到压力症状，你的压力超过了最佳水平。研究表明，大多数疾病都与无法缓解的压力有关。那么，识别压力症状、学习和实施压力管理技巧，过一种平衡的生活，是幸福人生的秘诀！

而压力有如下体征和症状：

1. 颈部、肩部或背部肌肉紧张。这些区域的紧张可能导致肌肉痉挛、头痛或背痛。

2. 反复头疼。

3. 胸痛或胃灼热，腹泻、腹部绞痛、胀气或便秘。变质的食物或病毒感染会导致消化不良，但持续的问题可能意味着压力。

4. 心悸或心跳。当你有压力时，你的心跳会加快，导致你感到心悸。

5. 抽搐、躁动或发痒。

6. 疲劳（除了体力消耗导致的疲劳）。

7. 长期的愤怒、敌意或沮丧。

8. 噩梦或睡眠障碍，失眠，或难以入睡或难以保持睡眠。肌肉紧张，心率和呼吸频率增加的压力会加剧失眠。

9. 低动机或者缺乏动机，厌倦、抑郁或无精打采。如果你经常处于这些状态中的任何一种，你就会处于压力之下，这会消耗你的能量。

10. 注意力不集中。

11. 饮食习惯改变，吃得太多或太少。强迫性饮食会使心脏、肾脏和动脉紧张，还会引起自我厌恶，这是主要的压力源。吃得太少可能意味着退缩和抑郁。

12. 不断地思考烦恼的想法。

13. 孤立，社会性退缩。

14. 为了逃避问题，增加吸烟或饮酒。

意识到压力源以及你对它们的反应。

1. 不要忽视你的痛苦。

2. 确定让你痛苦的事情。关于这些事件的意义，你是怎么告诉自己的？

3. 确定你的身体如何对压力做出反应。例如，你会变得紧张、身体不安吗？

4. 确定你可以改变什么？

5. 你能回避或消除来改变压力源吗？

6. 你能降低他们的强度吗？

7. 你能通过休息来减少压力吗？

8. 你能投入必要的时间和精力来做出改变吗？目标设置（Goal setting）、时间管理技巧（time management techniques）和延迟满足策略（delayed gratification strategies）或许可能会有所帮助。

由于我们所看到的令人难以置信的技术进步，我们都变得越来越不能容忍模棱两可或未知的事物。“及时性”有时是焦虑的解药，一个考试分数、一个工作机会的获得、参加一次面试——所有这些都会造成预期的焦虑。不幸的是，生活中很多事情都不能立即解决，等待是必须的。焦虑带来的压力会引发身心状况，尤其是在不可预测和不可控制的情况下。

通常情况下，当压力源并不在或不完全在你的掌控下时，控制你对压力的情绪反应要比试图改变压力状况更重要。当压力下你的情绪干扰了你的正常生活或造成巨大的心理痛苦时，是时候采取行动来调整的情绪功能应对压力了！

第二节　情绪技能

在生活中，你可能认识一些人，他们在学术上才华横溢，但是在工作中或人际关系中社交无能，屡屡受挫。要想在生活中获得成功，仅靠智力或智商是不够的。智商帮助你顺利进入理想的大学，但情商能帮助你控制考试焦虑情绪、管理好自己的冲动以及缔结和谐的人际关系，实现个人目标和人生规划。

情商（Emotional Intelligence，EQ），又称作情绪商数，是一种理解、使用和管理自己情绪的能力，它能以积极的方式缓解压力、有效沟通、共情他人、克服挑战以及化解冲突。情商通常包含四个属性：自我管理（Self-management）、自我意识（Self-awareness）、社会意识（Social awareness）和人际关系管理。

对于幸福生活和成功，情商如此重要！研究发现，情商高的人在学校表现更好，他们有更好的人际关系，更少地参与不健康的行为。此外，随着越来越多的工作变得机械化，所谓的软技能（soft skills）——包括毅力、压力管理和沟通——被视为一种机器无法取代人类的方式。

未被看到的、被承认的以及被解决的情绪，会导致我们焦虑、争吵甚至更糟，那些难以用语言表达的内在真实通过情绪再现出来，从而影响到我们的生活！因此，情绪不是坏的或者令人恐慌的，而是我们的心智在尽力自我治疗。一些教育学家认为，有必要给学生提供一些情感指导方面的基础知识，教会大家一些情绪处理的技巧。

在你的生命中，有谁教你去识别和管理你的情绪，当它们出现时识别它们，并借助它们为你的行为导航吗？对于许多成年人来说，答案是：没有！你经常独自一人在那些令人困惑的情绪灌木丛中行走，靠自觉自悟开辟出一条荆棘之路。因此，许多研究人员认为，情绪技能在教育中的重要性应该与语文、数学、历史和科学等同等重要，学校教育有必要教会学生驾驭内心风景的能力，教会他们如何驾驭那些每时每刻的情绪起伏，而不是被抛来抛去。

小时候，我们经常被教导忽视或掩盖自己的情绪。加州大学圣巴巴拉分校（University of California-Santa Barbara）社会学家、情感教育的支持者托马斯·希里夫（Thomas Scheff）说，许多西方社会认为情绪是一种放纵或分散注意力的行为。我们的情绪可以给我们提供关于世界的有价值的信息，帮助你与你的感觉联系起来，将意图转化为行动，指导你在最重要的事情上做出明智的决定。

但是，我们经常被社会化或被教导不去倾听它们。谢里夫说，将一种情绪隐藏在另一种情绪背后的做法非常危险。他发现，尤其是男性，倾向于把羞耻感隐藏在愤怒、攻击，更甚是暴力之下。

在我的生活中，经常听到一位朋友说，我很“淡定”了！其实，她是不去关注情绪，把所有唤起的情绪忽视掉，装出无所谓的样子。摆脱真实的不受人欢迎的情绪状态，无中生有地编造或假装一种更好的情绪状态，把情绪当“礼帽”一样随意穿戴。这种转化一开始看上去非常不错，但是最终会使人陷入困惑，导致情绪行为紊乱！

情绪是本我（id）的代言人，它们是绝对真实但常常是不受欢迎的重要信息的承载者。不能接近情绪本体或压抑情绪，可能会变异成其他现象，比如强迫性冲动、上瘾症、恐惧症等等。

依恋理论表明，你当前的情感体验很可能反映了你早期的生活经历。当你还是婴孩时，如果你的主要看护者能共情并重视你的情绪，那么很可能你的情感已经成为你生活中的宝贵财富。但是，如果你在婴儿期的情感经历是混乱的、痛苦的并且具有威胁性，那么很可能你会试图和你的情感保持距离。

你能与不断变化的情绪体验保持时时刻刻的联系吗？这是理解情绪如何影响思想和行为的关键！

你是否体验过那种流动的感觉，当你的体验每时每刻都在发生变化，你不断地与一种又一种情绪相遇？

伴随着不同的情绪状态，你是否体验到身体症状，比如感到一阵胃疼、脖子酸疼、肌肉紧张或笨拙、强烈的饮食欲望，或其他任何身体感觉？

你是否体验过不同的感觉和情绪，比如愤怒、悲伤、恐惧和快乐，每一种情绪都表现在细微的面部表情中？

你能感受到强烈的情绪变化吗，强烈到足以吸引你自己和他人的注意？

你会注意自己的情绪吗，它们是你做决定的因素吗？

如果你不熟悉这些体验，那么，你可能已经"拒绝"或"关闭"了你的情绪。为了情绪健康，你必须重新连接你的核心情绪，接纳它们，并对它们感到舒适。

当一种情绪困扰你、抓住你时，不要仅停留在定义情绪的过程中，需要理解情绪的潜在主题，确定主题可以帮助情绪被看到、被理解和被满足（be seen and understood and met）——因此，"命名它，驯服它（name it to tame it）"。

比如，愤怒的潜在主题——遭受不公平或不公正；沮丧的潜在主题——通往目标的道路受阻或受挫；恐惧的潜在主题——对威胁的情绪反应。理解了情绪背后的潜在主题，我们就能以健康的方式表达情绪和调节情绪。

根据情绪智力的创始人之一约翰·梅尔 (john mayer) 的理论，心理学家肯德拉·切里（Kendra Cherry）对情绪技能做出如下解释（见图 4.1）。

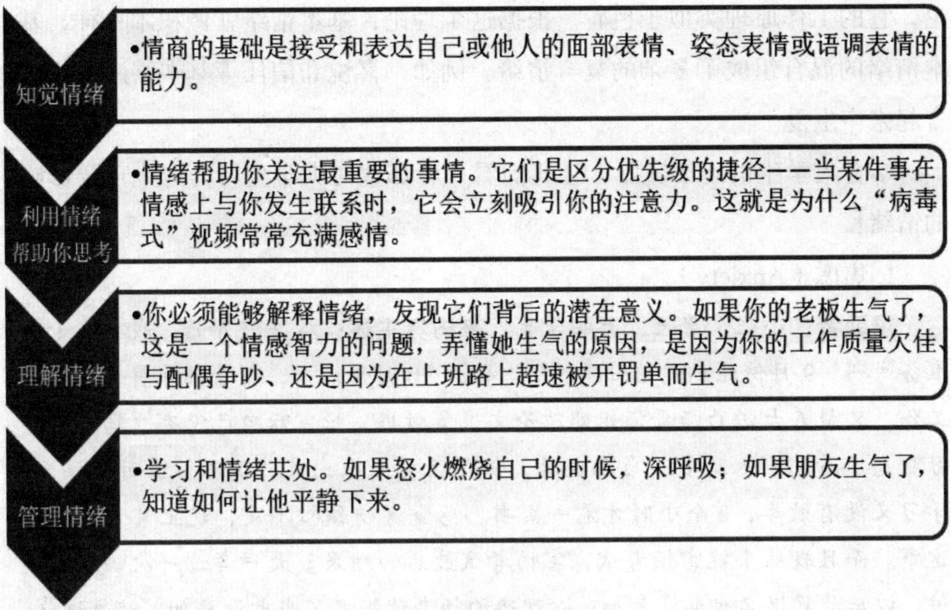

知觉情绪	•情商的基础是接受和表达自己或他人的面部表情、姿态表情或语调表情的能力。
利用情绪帮助你思考	•情绪帮助你关注最重要的事情。它们是区分优先级的捷径——当某件事在情感上与你发生联系时，它会立刻吸引你的注意力。这就是为什么“病毒式”视频常常充满感情。
理解情绪	•你必须能够解释情绪，发现它们背后的潜在意义。如果你的老板生气了，这是一个情感智力的问题，弄懂她生气的原因，是因为你的工作质量欠佳、与配偶争吵、还是因为在上班路上超速被开罚单而生气。
管理情绪	•学习和情绪共处。如果怒火燃烧自己的时候，深呼吸；如果朋友生气了，知道如何让他平静下来。

图 4.1　情绪技能流程图

然而，要记住，简单地学习情商或情绪技能，和把它应用到实际生活中去是有区别的。因为仅仅知道你应该怎么做，并不意味着你一定会去做——尤其是当你筋疲力尽，似乎被压力压垮的时候，压力会压倒你最好的打算！

第三节　读懂情绪的语言

情绪会影响我们如何生活，以及如何与他人互动。我们所做的选择、所采取的行动，以及所拥有的感知觉都受到特定时刻我们所体验到的情绪的影响，那时，我们似乎成了情绪的囚徒。

按照情绪技能所述，为了管理情绪，我们需要识别所体验到的情绪类型。

情绪分为基本情绪和复合情绪。20 世纪 70 年代，心理学家保罗·埃克曼（Paul Ekman）确定了快乐、悲伤、厌恶、恐惧、惊讶和愤怒六种基本情绪，他认为这些情绪在所有人类文化中都普遍存在。后来，艾克曼扩展了基本情绪列表，加入诸如骄傲、羞耻、尴尬和兴奋等情绪。情绪可以被结合起来形成不同的感觉，就像颜色可以被混合来创造其他颜色一样。心理学家罗伯特·普拉切克（Robert Plutchik）提出了“情绪轮盘”（wheel of emotions）理论，它的工作原理类似于色轮。根据这个理论，基本情绪就像积木一样，基本情绪的混合组成了复杂的复合情绪。例如，喜悦和信任等基本情感可以结合起来产生爱。

结合大学生的生活实际，让我们看一看那些对大学生行为产生重要影响的情绪！

1. 焦虑（Anxiety）

求助者：小张、男性、大四学生。**来访者主述：**从暑假开始，我就在专心准备考研。9 月份还感觉信心满满的。但是 10 月份以来，帮着辅导员忙了很多工作，又帮着大四的师哥师姐处理论文采集数据，忙完后自己没有立马进入学习状态。看到别人玩耍，自己也玩，但是玩耍后很内疚；但不留出时间娱乐，学习又没有效率，2 个小时才看一页书。感觉考研信心不足，晚上常常会考虑这事。而且我从小就害怕考试，害怕考试最后的结果。大一考过一次四级没通过，以后就算报名我也没参加；心理咨询师考试报名了我也没参加。就算这样，当别的同学都考试去了，我自己在寝室待着也相当不安。（考试考砸了会怎么样？）那是一种很不好的体验，可能自己挺在乎别人的评价，但是更多来源于自身，知道自己尽力了，但是还是没有考好，会觉得我自己不行（自卑）。我和母亲聊过，母亲也支持我二次考研，想着这次考不上，打算和母亲说放弃考试，但是又说不出口……

心理咨询反思：在记录咨询案例的时候，我才猛然发现他是一个自卑的、觉得自己处处不行的学生［其实在心理咨询之前，我是知道他自卑的。但是我一度忘掉了，因为他总是积极参与班级活动，积极努力为别人排忧解难，让我或者周围人都认为他是 OK 的、他是有能量应付的、啥事找他解决都是可以的！事实真的是这样吗？不，他是在和别人建立联接，在借助帮助别人（老师或者同学）的方式获取“我很重要”这种价值感］。所以，因为有意或无意，被迫或自愿的，他过度卷入别人的生活，生活节奏被打破，他又开始失控和焦虑。失控和焦虑的状态会让事情变得不顺利，再次证明他所持有的“我很孬、我很差”这样一种负性自我概念；或者他担心未来的事实会印证“我不好”的自我概念，他逃避一切可以评价他的成就情境。

咨询建议：坚定考研目标、学习科学方法、自我监督和激励、接受结果的不确定性，不到考试最后一刻绝不放弃！

焦虑是一种以内心混乱的不愉快状态为特征的情绪，常伴有紧张行为，比如，来回踱步、躯体主诉和反刍。焦虑是对未来威胁的预期而形成的一种由忧虑，紧张、焦急、不安、恐惧等主观感受交织而形成的一种复杂情绪。焦虑是压力带来的结果，是压力的衍生物。

每个个体都体验过焦虑情绪，只是焦虑的程度和对象不一样。考试、演讲、面试、房贷等重要事件都可能会让我们体验到焦虑，事件一旦处理完，焦虑情绪就会随之消失。但是，如果你没事的时候惶惶不安、手忙脚乱，缺乏明确的焦虑对象，出现泛化反应，而且焦虑定期发作，那有可能你患上了焦虑症！

一般来说，焦虑是当你意识到自己身处危险时所产生的任何生理、心理或行为上的反应。

焦虑的生理症状可能包括颤抖或战栗、出汗、心率加快、恶心、肌肉紧张和腹泻。当你面临危险时身体会分泌肾上腺素，身体症状就会出现。研究表明，焦虑的身体症状不会显著影响取得好成绩的能力。

焦虑的心理症状体现在情绪和认知方面。忧虑、恐惧、易怒、难以集中注意力、感觉紧张不安、预期将要发生最糟糕的事……你担心胸部疼痛是致命的心脏病发作，或者担心头疼是肿瘤或动脉瘤造成的；当你想到死亡时，你感到一种强烈的恐惧，或者你会更频繁地想到它，或者你无法将它从脑海中抹去。

焦虑的行为反应包括睡眠模式的改变，习惯的改变，食物摄入量的增加或减少，以及运动张力增加（比如，脚轻敲）等等。

在学生群体中，“考试焦虑”（test anxiety）是他们常常需要面对的问题。考试焦虑是指学生害怕考试失败而感到的不安、忧虑或紧张。考试过程中，他们的大脑一片空白或思绪万千。大脑一片空白时，大脑拒绝识别和回忆考前很容易提取的材料；大脑经历狂乱的思绪，你会感到大脑以“每小时一百公里行走”，试图回忆所学的一切，这些焦虑反应都会妨碍你在考试中取得好成绩。

为什么个体会出现考试焦虑呢？或许，他们夸大了考试的结果和重要性；或许，他们把考试分数和个人价值联系起来，就像案例中的小张一样，考试失败说明“我很孬、我很差、我不好”；又或许，他们害怕被老师羞辱或被家人或朋友疏远……对失败的恐惧和对失败的负面评价对考试结果产生了负面影响，影响了学生们的发挥。

焦虑是压力的副产品，压力确实会对健康造成威胁，如果我们想活得更快乐、工作更富有成效、更长寿，我们经常被鼓励避免压力。但研究表明，承受一些压力实际上对工作表现有益。

耶克斯—多德森定律（Yerkes-Dodson law）（倒 U 理论）（见图 4.2）表明，为了更好完成一项任务，比如考试、表演或竞赛活动，最佳的唤醒水平是必要的。个人表现会随着生理或精神上的唤醒（压力）增加而提高，然而，当焦虑或唤醒程度超过最佳水平时，压力过大会导致表现水平下降。

研究发现，不同的任务需要不同程度的唤醒水平才能获得最佳表现，曲线的形状会根据任务的复杂性和熟悉程度发生变化。例如，困难或不熟悉的任务需要较低的唤醒水平来集中注意力；相比之下，在那些需要耐力或毅力的任务中，需要激发和增加动机，更高的唤醒水平有助于任务完成得更好。

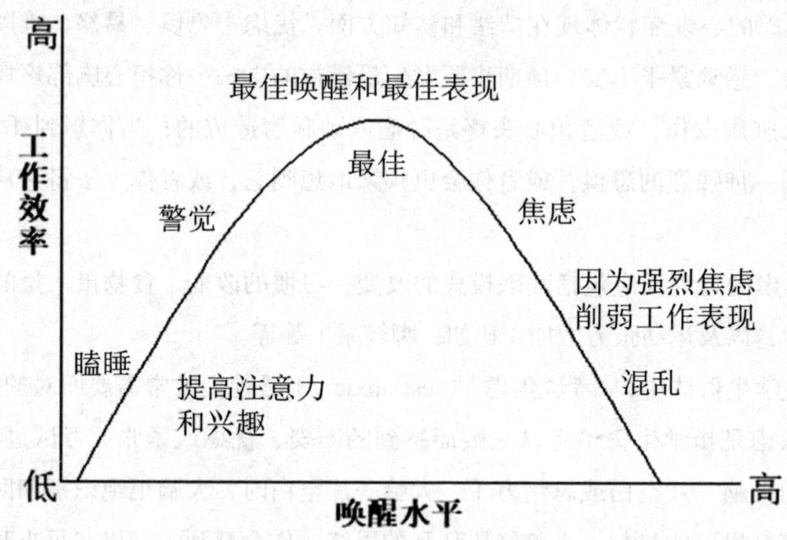

图 4.2　耶克斯—多德森定律

以下一些应对考试焦虑的技巧，希望对你有所帮助！

（1）准备、熟悉材料。

（2）不用用功过度。一旦你熟悉了材料，就不要为了焦虑而焦虑。

（3）考试前避免摄入咖啡因。

（4）慢下来。当你的大脑在飞速运转时，使用呼吸技巧来帮助你。

（5）不要期望你会知道所有的答案。

（6）先回答最容易的问题。

（7）仔细阅读问题。

（8）要有耐心。当答案不会立即出现在脑海中时，放松。

（9）避免分心。

（10）使用有帮助的自我谈话和想象。

（11）不要看表。

（12）以稳定、高效的速度工作。

（13）在你完成你的工作之前，不要让你的大脑开始处理下一个问题。

（14）忽略你身边的同学。他们工作无论多快都和你不相干。

（15）忽略那些比你先完成的同学。

（16）保持专注。不要让你的思想游荡或担忧。

（17）忽视焦虑的身体症状。他们不会干扰你的表现。

（18）创造考试结果的不同脚本——“若是……又怎么样呢”，并在状况到来之前作最好的自我准备。

2. 恐惧（fear）

恐惧是一种强大而原始的人类情绪。我们通常称恐惧为本能天性、普通常识、信鸽或守护天使；恐惧感提醒我们危险的存在，是生物体为了及时躲避危险而进化出的能力，对我们的生存至关重要。

当你面对某种危险和经历恐惧时，你会经历所谓的“战斗或逃跑反应（fight or flight response）”。你的瞳孔扩张，以便尽可能多地吸收光线；肌肉紧张、起鸡皮疙瘩、毛发竖立；不寒而栗；你的心率、呼吸和血糖水平增加；消化、免疫系统关闭；你的思维会变得更加警觉，大脑专注于确定威胁的来源……所有这些生理反应，让你要么逃离危险，要么战斗（即，“战或逃”）。这种反应有助于确保你准备好有效应对环境中的威胁，在危险的环境中生存下来。

英国生物学家查尔斯·达尔文（Charles Darwin）曾去参观英国动物园的爬虫馆。他站在饲养毒蛇的玻璃门外，当毒蛇猛冲过来的时候，他试图保持冷静，但是，每一次他都惊恐地往后跳。所以，他在日记中写道："在对从未经历过的危险的想象面前，我的意志和理性都虚弱无力。"达尔文从未有过被毒蛇咬伤的经历，但他对此的反应却好像他曾处于这样的危险中！

边缘系统中的杏仁核在个体出生时就发育成熟，它和脑干的迷走神经一起，将我们五脏六腑（心脏、胃、肺以及肠道）的感觉带入知觉中，负责我们对体验的本能反应。所以，杏仁核被称为"生存中枢"，在不到一秒的时间内，它完成对感觉输入的评估——特别是那些关乎安全或威胁的感觉输入，比如愤怒的表情、咆哮的狗、深夜里身后一直尾随的脚步声，引发个体产生"战斗或逃跑反应"！

当然，并不是每个人都以同样的方式经历恐惧。有些人可能对恐惧更敏感，某些情境或事物可能更容易触发这种情绪！

另一方面，有些人实际上会寻找令人害怕的情境。极限冲浪、极限滑雪、瀑布皮划艇、定点跳伞等极限运动可谓是违背人类避险本能的极端例子，但极限运动的爱好者仍然前赴后继。研究表明，他们可能是高感觉寻求者，具有探索奇异的、具有刺激性的情境的倾向，包括了对新异变化和复杂感觉经验的需求。

心理学家埃里克·布莱莫（Erik Brymer）认为，把极限运动者称为"疯子"是有失偏颇的，人们常常误认为他们比普通人的恐惧反应弱，事实上，恐惧时人类经验的重要组成部分，极限运动者并不是没有或者忽略这种感觉，而是学习如何利用这种感觉。恐惧把他们推向了更高境界的意识，更清醒、更平静，极限运动者必须控制、抵抗恐惧的本能。但必须承认，沉迷于极限运动的人，大多享受命悬一线的快感，在命悬一线的挑战中寻找成就感！

在大学生群体中，常见的一种恐惧为社交恐惧障碍。根据社会焦虑协会(Social Anxiety Association)的数据显示，"对涉及与他人互动的社交场合的恐惧"是当今世界第三大心理健康问题。

求助者，小朱，女，大一学生。求助者主诉：在读初一时，有一次上英语课，因为读课文读得不好，被同学嘲笑，从此我就害怕被老师叫起来回答问题。上大学后，我积极加入了社会实践部，想主动改善我的状况。但凡是有要讲话的环节，我的生理唤醒水平都非常高。现在上英语课，老师让读课文或提问自己不拿手的问题，我就开始脸红、心跳、声音发颤，全身出汗，手心都全湿了。在上专业课时，我和另外一名同学合作讲我们的研究内容，同学主讲，我负责补充。刚开始我还能和下面的同学互动，做手势、吐舌头、眨眼睛，但当有人拿相机拍照时，我就不自在了。事后，同学说我站在讲台上总共就说了三句话。（我看你一直把头发垂下来）是的，我怕同学看到我脸红……

就像小朱一样，患有社交恐惧障碍的学生对社交或表演的情境，如学校、聚会、演讲、体育活动等有过度和持续的恐惧。他们非常担心自己可能会做一些令人尴尬的事情，或者别人会认为他们不好。这些学生经常会感到自己"在舞台上"表演，这会导致大量的自我意识（小朱发现有人在拿相机拍照时，唤起了她"被观察、被评价"的自我意识）、痛苦和逃避。此外，一些学生只是害怕在公共场合演讲或表演，而另一些人则害怕并回避各种各样的社交场合。

个体置身于令人恐惧的社会环境时，几乎总会引发焦虑反应。在这些情况下，他要么忍受着强烈的不适，要么完全回避，导致严重的功能障碍和情绪痛苦。那么，他们是如何在人际互动情境中强化了适应不良的循环呢（见图 4.3）？

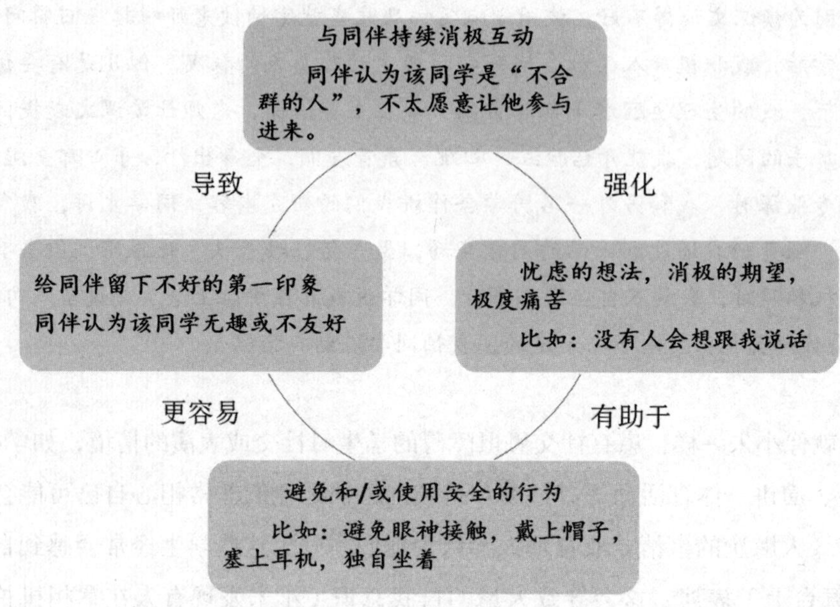

图 4.3　人际互动情境的不良循环

以下是一些有专家支持的建议，教你如何处理社交焦虑：

（1）带着策略进入社交场合

尽管"太深入你的大脑"可能会造成伤害，但一些准备和意图可能非常有益。

找到让你感觉最舒服的地方和人！参加生日 party 时，你可以找一个安静的地方，这样你就不会被一大群人狂轰滥炸了；如果你感到不知所措，你可以回到熟悉的面孔身边，在那里你会感到更放松，可以平静下来。

（2）重复让你平静的词或短语

当你感到焦虑时，重复一个让你平静下来的词或短语或一种想法，比如"放松""镇静""没人在乎""没啥大不了的"，任何能帮助你把注意力从不想要的焦虑想法转移到平静的自我对话上的词或短语都可以，它们可以友好地提醒你，焦虑只是由思想产生的一种感觉。

（3）一定要有应急"逃生"路线

你的计划中建立一条"逃生"路线可以减少社交焦虑，如果你感觉被困在活动中而无法逃离，那么社交焦虑可能会加剧。

（4）提前消耗肾上腺素

如果在参加社交活动前，你消耗掉体内多余的肾上腺素，那么你的神经系统保持更好的调节，有助于保持冷静。比如，来个寝室大扫除或者参加出汗的锻炼。

（5）成为好的听众

人们喜欢好的倾听者！注意倾听别人的谈话有助于减少你必须进行谈话的感觉。从别人谈话里搜索听到的关键词，然后重复它们。例如，有人说她最近很忙，因为她要准备大学英语等级考试。你可以简单说，是的，大学英语等级考试确实很重要，会有压力，需要认真准备。另外，你还可以关心她，你最近复习的怎样了？

（6）准备一些可以聊的话题

许多人渴望谈论自己，所以问一些关于他们的问题，这把大部分的谈话留给了他们。比如，问“你喜欢如何度过周末时光？”或者“你最近读的一本好书是什么？”而且，人们都喜好他人的赞美，“告诉别人你喜欢他们穿的衣服或戴的头饰，问问他们是在哪儿买的”。

（7）呼出任何突然出现的焦虑

有时我们忘了呼吸，这听起来是不是很傻？但当我们紧张或焦虑时，我们的呼吸的确是第一反应！因此，缓慢的呼吸有助于产生一种宁静的感觉。你可以通过吸入8次，呼出8次来做到这一点，保持放慢你的呼吸让你接地，活在当下！

（8）学会在社交场合中“学步”

为了克服社交焦虑，建议可以冒点小险。尽管这很困难，但有时候最好的解决办法就是结束它。在你的舒适区之外多接触一些事情，一步一步来，一个小的初步接触……就像把自己放在一个有时间限制或只是稍微不舒服的环境中，然后从那里开始，按照设置的渐进目标推进，一切都会变得不同。例如，试着承诺参加一个小时的聚会，而不是强迫自己独自呆一整夜。当我们设定目标并最终实现时，即使是很小的目标，我们都会感到很有成就感，这有助于建立自尊。

（9）停下来看看你的周围

这是一种正念的形式，或者转移注意力的形式，让你远离不安情绪。

当你感到社交焦虑爆发时，运用你的五官，在那一刻你听到、看到、闻到、尝到和感觉到了什么？这是一个完全便携的过程，可以帮助你在当下接地，获得全身的镇静效果。如果你在餐厅，你可以花点时间注意桌上的花的气味，食物的味道，点心的形状……，这些策略可以帮助你回到身体的中心。从本质上说，我们的大脑不可能同时处于两个相反的地方，所以真正关注当下的感受，可以让不安全感、灾难性的想法和社交焦虑保持在一定距离之外。

（10）挑战你歪曲的思维

社会焦虑的个体头脑中都存有一些歪曲的想法，“每个人都会评价我”、“他们会觉得我很蠢”、“我很无趣”或者“没有人会跟我说话”……，写下这些问题并列出答案：“这是百分之百正确的吗”、“如果是真的，最坏的结果是什么”、“这种可能性有多大”、“我能处理吗”……。提前在心里练习解决这些问题可能是一种缓解焦虑的做法。

（11）抵制逃避社交场合的冲动

战胜社交焦虑需要每天坚持，不要在工作或日常活动中避免不舒服的社交场合。反复暴露在一个令人恐惧的情境下，可以导致熟悉和适应，减少恐惧和焦虑的感觉，这是暴露疗法的理念。因此，任何时候，当你觉得自己退缩或很安静的时候，你应该挑战自己，去和别人交谈，全身心地投入其中。或者每天温和地强迫自己做一些令人尴尬的小事，比如，和陌生人搭讪，哪怕别人不怎么回应。这让你有机会认识到，“即使你真的感到尴尬，那也没什么大不了，不是世界末日！”

（12）赞赏你的努力

那些患有社交焦虑症的人往往对自己非常苛刻，这种批评可能具有破坏性。与其批评自己，不如尝试给自己一些自我怜悯。对待自己就像对待最好的朋友或家人一样。记住，所有人都有挣扎的时候，你并不孤单！关注积极的一面，时刻提醒自己在社交场合取得了成功，相信自己有能力再做一次！

3. 愤怒（angry）

在大学生活中，寝室同学总说我“很二”，老拿我开玩笑。有些玩笑已经伤及我的自尊，但是为了不和室友起冲突，顾及我是“友善”的这样一种人际印象，我都不反驳或指出来……

如果你处在上面的情境中，你的感受是什么？对，是愤怒！当你的边界被冒犯、你的防线被打破时，愤怒的情绪会修复你的力量感和独立感。

最近的发展心理和临床个案记录都强调了愤怒在人格正常和异常方面的重要性。当愤怒表现的适当限制系统未能发展时，个体就面临着人格异常发展和反社会行为的风险。

愤怒是一种特别强烈的情绪，其特征是对他人怀有敌意、烦乱、挫败和对抗。这时候，个体出汗、脸红、皱眉、怒视，说话粗暴或大喊大叫，打、踢或扔东西，采取强硬的立场或离开某人。

和恐惧一样，愤怒也会影响你身体的“战或逃”反应。当威胁产生愤怒情绪时，你可能会倾向于避开危险，保护自己。

虽然愤怒通常被认为是一种负面情绪，但有时它也可能是一件好事。它可以是建设性的，诉诸愤怒被视为一个基本步骤（当然，尽管不是唯一的），它有助于坚持自己的自主权和一种对自我的掌控感，并平衡羞耻感和脆弱感——心理分析学家将其定义为“健康的自恋”；它也可以激励你采取行动，找到困扰你的问题的解决方案。

愤怒可能是朋友，也可能是敌人，这取决于你如何表达它。

知道如何正确地认识和表达它可以帮助你处理紧急情况，解决问题，甚至保护你的健康。然而，不能认识和理解愤怒可能会导致各种各样的问题。一些专家认为，压抑愤怒可能会导致焦虑和抑郁；未表达的愤怒会破坏人际关系，影响思维和行为模式，并导致身体问题，如高血压、心脏病、头痛、皮肤疾病和消化问题。愤怒与冠心病和糖尿病有关，还与一些会对健康造成威胁的行为有关，比如攻击性驾驶、饮酒和吸烟。

正常的愤怒应该与傲慢、特殊的权利意识、施虐控制、人际剥削、情感操纵和暴力区分开来。当愤怒过度或以不健康、危险或对他人有害的方式表达时，它就会成为一个问题。无法控制的愤怒会迅速转化为攻击、虐待或暴力。

你可以采用以下方式帮助自己控制愤怒，健康的愤怒创建你的边界：

1. 意识到你的感受，知道什么时候你会生气。注意愤怒正在积聚的迹象。例如，你可能会感到紧张，对别人不耐烦，或头痛。

2. 问自己“到底是什么在困扰着我？”是与他人的互动还是你内心的某些东西引起了你的愤怒？避免把你的愤怒转移到那些不是你愤怒的原因的人身上。

3. 用“暂停”来缓解紧张关系。当你意识到愤怒的迹象时，让身边的人知道你可能需要走开冷静一下。深呼吸，去一个安静的地方，继续深呼吸，让自己平静下来。

4. 检查你在生气时的行为选择。想象一下你会如何回应，为你的愤怒负责。情境可能会导致你的愤怒，但你的行为是你的责任。你可能有正当的理由感到沮丧，但你不必表现出不适当的敌意或伤害。努力培养更多积极的行为来代替消极的行为。

5. 学习如何维护自己的权利，和那个让你生气的人说话。利用愤怒产生的身体和精神能量来引导你对情境的反应。机智而不带威胁地帮助对方了解他或她的行为对你的影响。用“我……”来描述你自己的感受，而不是指责对方。

6. 开展有助于你应对愤怒的活动。运动能减少焦虑和沮丧的感觉或者每天练习放松技巧帮助你应对愤怒。

当你尊重愤怒时，你将不再是盲目的流氓，粗暴的回应只会增加彼此的冲突，深化了人际危机；也不再是一再忍让的懦夫，一再忽略攻击或为攻击你的人找借口！它将恢复应有的捍卫你的边界的光荣地位！

4. 悲伤与抑郁（sadness and depression）

（1）悲伤

悲伤通常被定义为一种短暂的情绪状态，其特征是失望、忧虑、绝望、无兴趣和沮丧。

悲伤是所有人都会时不时经历的情绪，它有很多表达方式，比如安静、无精打采、不合群或者哭泣。如果你精神绷紧或过度刺激，哭泣会帮助你在艰难工作、紧张忙乱或失落之后会给你松绑，帮助你冷静和放松自我！所以，哭泣是万能的灵魂治疗方式！但是，在我们的现实社会中，大声哭泣或展示致命弱点被认为是不可取的。当我们悲伤的时候，我们习惯性地选择分心和逃避行为，我们迷路了，“人造的快乐”阻止了悲伤带来的活动。

悲伤让你慢下来，感觉你的丧失（可能是一个重要物件、一个重要的人或者一段重要的关系），释放需要被释放的东西，使生命的流动变缓，而不是以僵硬的状态一味向前！你真诚地体验悲伤，就会与内在真实自我建立联系，退回到无伪装的生活，恢复生活的活力！

愤怒是悲伤的盟友！在稳健的心灵中，愤怒应该出现在悲伤之前，愤怒会保护你的边界和自我形象，而悲伤以更加内化的方式让我们接地，恢复情绪的流动性和我们的整体性。

然而，这种关系在很多人身上被扭曲，悲伤成其为主导情绪，愤怒则匿身其后。那些对他人彬彬有礼、顺从、回避冲突、人际敏感、缺乏自我保护或建立边界能力的软弱的个体，人们常常称他们为“被动攻击者”。在他们身上，悲伤不是一种情绪状态，而是一种选择。

悲伤主导型的个体往往具有创伤的成长史，他们是不断遭受暴力伤害（他们的父母可能吸毒、酗酒或者情绪冲动）的幸存者，直接经历的恐怖或暴力让他们彻底回避愤怒，因为愤怒无法保护他们，放弃愤怒是唯一正确的途径，这是非常勇敢的肯定生命的选择。因为在狂暴独裁的家庭结构里，没有太多空间容纳另一种声音、另一个愤怒的人！

创伤个体理所当然地使用它们，保持了一种过度亢奋的生存模式——不断地准备和期待危险出现！再三遭受创伤的他们把生存技能发展成一种“被动攻击”型人格，这意味着他们往往受情境或关系吸引，在生活和工作中，总会涉及愤怒的上司、伴侣、同事或朋友。

悲伤主导型的人常常会出现身体和情绪上不安宁、周期性焦虑和抑郁、不满意的关系或者难以忍受的孤独感。或许，重新认识愤怒情绪的作用能够帮助他们走出困局！

在很多情况下，不稳健的愤怒和悲伤会陷入争论。比如，你越愤怒，你就哭地越凶或感到越沮丧，愤怒无法帮你恢复边界；你非常悲伤时，你发现自己被莫名的怒火充斥。这种内在混乱极其不稳定。你陷入人际关系的绝望中，你对愤怒和悲伤管理不善伤害了他人和自己，陷入人际尴尬中！

当个体不允许悲伤顺其自然流动时，悲伤就会变成很糟糕的绝望（也称“沮丧”），它是受虐者的生存工具。受虐者为了诱发施虐者的仁慈，学会了以一个低贱的姿态，以绝望和极度沮丧的姿态，而不是以愤怒的方式做出回应。

待在绝望中，拒绝释放悲伤，会使个体陷入荒谬的局势——弱者的暴政。

记住，你的生活不仅仅取决于在你身上发生了什么，更取决于你如何处理应对它们!

（2）抑郁

在某些情况下，人们可能会经历长时间的、严重的悲伤，然后转变成抑郁。

还记得前面章节介绍的“阵发性抑郁发作”案例吗？她和母亲之间的依恋关系发育不良！以下内容是案例的后续咨询片段。

刚来咨询时，来访者话语不多，时不时发生不知道讲到哪里的情况？不知道该怎么讲？大脑总是会断片（创伤个体在涉及无法处理的情绪问题时，会采用“解离”的防御机制）。在讲述时，伴随着哽咽，眼眶内似乎总含着眼泪。整个人气色一般。

来访者以前因为身体症状原因，头痛、背痛、消化不良等去医院，医生查不出任何问题（心理问题躯体化）；高中阶段，她曾接受过半年的心理咨询，心理老师建议她通过运动舒缓情绪，但是都没有什么效果。抑郁总是出现在在校期间，她的体重波动很大，往往在入学2周左右就胖10多斤，然后又通过不健康的过度运动来减肥。

咨询师：抑郁情绪不发作的时候，你的情绪是怎样的？

来访者：是一条直线。

咨询师：是一条直线，还是一条微小波动的曲线呢？

来访者：不是，就是直线。

（咨询师分析：生活中每天有太多的好事或坏事发生，会对我们的情绪有影响。如果个体心理调适能力良好，会产生微小的情绪波动。但是“情绪像一条直线”一点起伏都没有，只能说明来访者屏蔽掉外界信息，“装”出自己很好的样子。）

咨询师：你说会掐、打、虐待自己，是为了什么？

来访者：是为了找感觉。

（咨询师分析：疼痛引起大脑释放应激激素，激活了天然的阿片系统，掐打自己的行为充当了一种内源性抗抑郁剂，帮助来访者安抚自我和转换心情。平时生活中，来访者“装”出很好的样子，掩盖了情绪熔炉中的真实世界，但情绪熔炉的压力实在太大，来访者定期会爆发一次。咨询师和来访者一起探索情绪熔炉的世界！）

咨询师：把装情绪的盖子旋开，里面会是什么呢？

来访者：堵得慌，想吐的感觉！

咨询师：你是打算把什么吐出来呢？如果插入一根细细的管子进去，一点一点把它引出来，那是什么呢？或者我们放点化学剂进去，能够让堵的东西消耗掉。

来访者：（在描述情感体验时，来访者闭眼、吃力而痛苦）那个堵着的东西是灰色的，拧在一起的，（凶狠的）我想用刀把它挖出来。

（这是一场非常艰难的咨询，整个过程没有太多的语言，咨询师似乎没有办法进入来访者的状态，或者换句话说，咨询师和来访者一起嵌入在痛苦的情绪中。）

来访者：这周我感觉非常不好！

咨询师：是因为情绪周期到了，还是因为需要完成咨询作业（布置了咨询作业，要求来访者去观看自己想丢掉的那个部分）。

来访者：两者都有。

咨询师：看到了什么？

来访者：是无能、愤怒、恐惧，四种，最后一种记得不清楚了（后面的咨询经历显示出是羞耻）。

来访者大姨家有一个哥哥，比她大三岁。她在上小学二年级的时候，去大姨家做客，哥哥要摸自己，她呼救，哥哥堵住了她的嘴，那时她很害怕。以后，在外婆家碰到哥哥，哥哥就会在厕所堵住她。她记得当时呼喊了，总是没有人听到！来访者没有办法用语言表达当时发生的一切，她画了一幅画。"一个男孩在用两只手摸女孩的阴部，女孩的嘴巴黑乎乎的，似乎想叫但是叫不出来"。……整个描述过程，来访者非常痛苦，语言断断续续，她含着腰，双肘顶在大腿上，握紧像石头一样坚硬的拳头放在脸的两侧，拼命地控制住情绪。

咨询师也含着腰，贴近来访者。

咨询师：我就是曾经的你，小时候遭侵犯的你，想和现在的你互动，想和你建立联接。

（等待）

咨询师：我知道你认为我不好，我是不是很脏？我不完整了！

（等待）

来访者：无能！

咨询师：我知道我不好，但我就是曾经的你啊，当时的我没有办法，我需要你的保护。我知道你也很不容易，你那么痛苦还拼命学习，还考上了大学，真的很棒！

来访者：（很排斥）想把你挖出去，一干二净的，一点都不留！

（咨询师分析：按照客体关系理论，自体“我”包含着好我和坏我，坏我虽然被赶到意识的边缘，但是还是会时不时地入侵自体，让个体情绪痛苦。把分裂的自体整合成一个统一的“我”是心理咨询和治疗的关键！）

咨询师：我知道我不好，但是我真的很想和你在一起。从前没有人能帮助我，我现在需要你的帮助，我想和你在一起……

（等待）

来访者一点点的松弛，不由自主大把掉眼泪。哭着说，现在的生活中，碰到一个跟哥哥长相相似的人，就会唤起自己强烈的情绪反应（委屈和无奈）。哭……

轻拍来访者，告诉她，今天的咨询时间结束了！让来访者慢慢从痛苦的回忆中苏醒过来！为了化解尴尬，让来访者去水房洗了脸，回来的时候她已经相对平静，把痛苦留在了咨询室。

（咨询师总结：心理咨询“时间结构化”起作用！真正的时间是一个心理和文化的概念！“时间到了”让来访者从难以忍受的挫折、焦虑、愤怒或冷漠的痛苦感受中得到解放。）

来访者：这周我感觉好一些，但是还是不敢去碰触，试图去碰的时候会感觉很“慌”！

咨询师：“慌”是一种什么感受呢？

来访者：想逃跑，但是呢，又不知道路在哪里？

咨询师：有没有试图求助过？

来访者：有一次看到暴露的电视节目，我说，哥哥就爱看这样的节目。妈妈和爸爸相互对视了一眼。我希望爸爸妈妈发表一下观点，好引出我的问题，但是他们都保持沉默。

来访者：我是在最后一次才意识到，这是一种性侵犯！之前哥哥都只是摸一摸，最后一次时，要求直接进行成人之间的性交。

咨询师：哥哥在成长过程中，因为生理发育，对性好奇好玩，加上缺乏这方面的指导，侵犯了你。哥哥是性愚昧无知的受害者，你更是受害者！我们是不是可以把过去发生的事情定义为“游戏”——一种不太合理，不太被接受的游戏！你进入青春期以后，性意识觉醒，才突然发现这种游戏是荒谬和不合适的。

……

来访者：我觉得自己好轻松！好像能够从第三者的角度看待以前的自己（从嵌入的姿态跳出来，反思自己。）好像敢看以前那个“堵”的东西了，以前是黑乎乎的，没有一点光线；现在像老师办公室里的灯，虽然有灯罩护着，但是有一些光透出来。

（咨询师总结：每个人的过去都不是完美无缺的，当我们能坦然谈论过去时，我们就成长了！本次咨询过程中，咨询师的语速加快，主动启发多，这和来访者的症状好转有关系。）

来访者：这几天感觉挺好的。上周刚刚离开咨询室时，感觉特别轻松。但晚上当我想和我的内在小孩在一起时，感觉不舒服。

咨询师：不舒服，那是一种什么感觉？

来访者：是一种失去亲人的感觉，是难过？我不确定如何描述（的确，失去纯真的童年是一种丧失）。第二天白天还好，晚上想去碰触就感觉控制不了。

咨询师：其他时间呢？

来访者：早上起床后去碰触，感觉还可以。

来访者：我平时遇到问题有情绪时，我不愿意去注意它。现在，我想试着去表达！想和自己的内在小孩相处，喜欢看到内在小孩到处乱跑（自由的感觉），也喜欢这种相互依赖的感觉。

（咨询师总结：咨询之初，来访者的情绪反应像一条直线。遇到不开心，她会麻痹自己，让自己没有情绪反应。童年创伤情境导致来访者不敢去触摸情绪，讨论情绪是件恐怖的事情。随着咨询深入，创伤被看到，求助开始敢于去触摸和试着表达情绪。）

来访者满面笑容，犹如一阵清风进入咨询室。之前因为压抑而略显暗沉的皮肤，因为高兴而发亮！

来访者：我不敢碰触的那部分，以前是恨别人也恨自己，现在能采用一些建设性的方法和她和谐相处，人不能抹去过去；现在晚上睡觉的时候，我能和自己的身体在一起，这是以前没有过的体验；觉得自己突然间长大了，（长大是什么感觉？）说不上来，就是和以前不一样了；而且，我还有一个感觉就是觉得自己“通”了。

（咨询师总结：来访者能把自己的过去、现在和未来视为一致的连续体，接纳自己；能和自己的身体在一起，活在身体里，而不是防御性地解离；感到整个人都“通”了，这是生命整合的表现！）

预约回访面谈，来访者换了眼镜、画了淡淡的妆、围了一条漂亮的围巾，带着浅浅的微笑，整个人给人温馨的感觉。

来访者：有一次在家里晚上睡觉时，那种情绪又浮现，我又要去折磨自己，但是被控制住了，而且很快恢复平静（现在来访者在家不再“装”好，允许自己以真实面貌呈现，抑郁情绪能越过意识的边界表现出来，这是情绪好转的表现）。假期和哥哥见了两次面，我没有过于逃避和恐惧，只是礼节性地问候了他！（来访者停顿，不知道说点什么？曾经的创伤还需要时间愈合）。其他一切都挺好的……

（咨询师总结：为期四个多月，每周一次的咨询终于顺利结束！一个自我评价低下，抑郁、自责、自我虐待的生命在慢慢变好，创伤在慢慢愈合，并试着去爱自己，这是心理咨询带来的福泽！）

我们都体验过抑郁情绪，这是和伤害、挫折相伴的一种正常的情绪。严格来说，抑郁不是一种单一的情绪，而是一组情绪，包括悲伤、苦恼、沮丧，是一种由情绪、态度、决定和健康问题组成的混合体。

抑郁情绪是与境遇相称的，和平时考试相比，如果你遭受高考失利，那么你就会感到极度悲伤和沮丧；抑郁会随着时间流逝逐渐消退；而且对个体的社会功能影响较轻。如果你的抑郁情绪持续数天或数周，或者干扰你参加活动的能力或与他人互动的能力，那么你可能会患抑郁症。

美国精神病学协会报告称，1/6 的人在人生的某个阶段会经历抑郁。根据世界卫生组织的数据，全世界有超过 3 亿人患有抑郁症。美国心理学会将抑郁症定义为长期的、中度到重度的悲伤和 / 或对曾经喜欢的活动失去兴趣。

抑郁可能是由遗传及外部因素造成：

1. 大脑中的生物化学物质会影响一个人经历抑郁的可能性。一种叫作“血清素”的神经递质是导致抑郁症的罪魁祸首，国际科学组织把血清素认定为让人感到良好的化学物质。

2. 遗传，因为抑郁是可以遗传的。同卵双胞胎研究表明，当同卵双胞胎中的一个抑郁时，双胞胎中的另一个抑郁的可能性为 70%。

3. 具有低自尊、悲观的人生观，和较低的压力处理能力等人格特征的个体，以及那些遭受过暴力、虐待或重大丧失的个体更可能经历抑郁。

抑郁是对令人沮丧的或不稳定的刺激所产生的一种自然的保护性反应，它出现在我们感到沮丧和悲伤时。当我们在某种程度上知道自身无能，或面对日常生活中那些社会的、家庭的、经济的或政治的衰败或不公时，抑郁是对这些问题的一种正当的和合乎逻辑的反应！所以，将抑郁看作完全受遗传或化学因素影响的独立的疾病实体，而不去处理它指向的具体现实，这不是一种全面管理情绪的方式。

抑郁不应该被妖魔化，当抑郁情绪出现时，我们要聆听它的智慧。抑郁类似于保护性的电路开关，它中断电路让你的能量干涸或逐渐消失，警示你需要关注生命中的严重干扰和不平衡！生活中有些人爆发循环往复的狂怒，他们对很多事物看不顺眼，总有正义的愤慨感，请注意，愤怒往往掩盖了他们潜在的抑郁状态！需要去看心理医生。

大学生应该关注抑郁症的常见症状：

1. 情绪低落
2. 缺乏兴趣
3. 社会性退缩
4. 食欲不振、暴饮暴食或消化不良
5. 过多的睡眠，失眠或清晨早醒
6. 性欲丧失
7. 头痛、背痛或其他原因不明的疼痛或不适
8. 身体上的烦乱或不安
9. 慢性疲劳或乏力
10. 缺乏动机
11. 感到绝望、无价值或内疚
12. 注意力难以集中、记忆力受损、优柔寡断或思维混乱
13. 忽视外表或卫生
14. 易怒或情绪变化快
15. 死亡或自杀的想法

你可以求助学校心理咨询中心的老师，老师可能建议你去看精神科医生，如果抑郁症是由生物化学或基因引起或加重的，那么，精神科医生会给你开一些药物。

除了寻求专业人士的帮助外，自我照顾对于减轻抑郁症的影响也很重要。大学生的自我照顾包括：

1. 每晚保证 7—9 个小时的足够睡眠。睡眠障碍和睡眠匮乏极大地促使抑郁的发生，造成荷尔蒙及化学物质的不平衡，没有什么能替代香甜的睡眠。

2. 照顾好你的身体，吃有营养的食物。当你感到情绪不安时，请不要进食。“我真的没饿，但是我有点心情不好，牛奶、巧克力看起来令人安慰！”我们需要尊重和引导情绪，而不是喂养她！

3. 每周至少进行 2.5 小时中等强度的锻炼。

4. 避免酒精等刺激性物品。酒精是一种会加重抑郁症状的镇静剂。

5. 管理压力。花时间和支持你的朋友和家人在一起，参与一些有趣的爱好。

在和抑郁有关的心理疾病中，我们要区分抑郁性神经症和抑郁症。抑郁性神经症，又称为恶劣心境，这是怎样的一种精神疾病呢？简单而言，就是持续的心情不好。如果将抑郁症比喻成狂风暴雨，那么恶劣心境则像是黄梅天的阴沉细雨——淅淅沥沥，连绵不绝。

抑郁性神经症和抑郁症之间有如下区别：

1. 严重程度不同：轻 VS 重

2. 生物节律不同：节奏变化不明显 VS 晨重暮轻

3. 病程不同：2 年以上（间歇期不超过 2 个月）VS2 周

4. 诱发原因不同：社会心理因素 VS 生理因素

5. 人格基础不同：人格缺陷 VS 人格健全

6. 药物的效果不同：不明显 VS 明显

抑郁反应降低了个体情绪的敏感度和恰当感受任何一种情绪的能力。“各种美食”“和朋友去旅行”“看一场精彩的球赛”……所有这些快乐都无法去感受和体验！

（3）自杀

当你一次又一次经历险境，被恐惧淹没；当你的边界一再被践踏、被粉碎；当羞耻感像洪水一样包围你，你无法动弹……，这时候，你内在的和谐、自由存在和呼吸的能力都被破坏了！

是的，那些噩梦般的记忆、不曾结束的恐惧、无止境的抑郁、无价值的感觉……来来回回抛向你，困扰你，筋疲力尽的你几乎无法记起生命正常的感受了！

你不会感觉明天会更好！生命如此痛苦，除了死亡，看不到任何寻求解脱的方法！

为了逃避这个残酷的世界、结束人生悲剧、进入永恒而安宁的睡眠，自杀的冲动和念头可能会安慰到你。自杀是一种绝望的尝试，以逃避已经变得无法忍受的痛苦。就像 20 世纪 80 年代著名的媒体人菲尔・唐纳休（Phil Donahue）所说：自杀是暂时问题的永久性解决办法！但是，自杀的实现是一次彻底的灾难！

世界卫生组织估计，全世界每年大约有 100 万人死于自杀。那么多人自杀的原因何在？

在流行的论述中，自杀仍然与心理缺陷有着密不可分的联系。这种论述把自杀的感觉作为精神错乱的试金石！很多自杀身亡的人确实患有潜在的精神疾病，尤其是重性抑郁障碍、双相情感障碍等。那些有严重自杀倾向的个体认为"自己现在就应该死去"，这是一种真正的意识状态的改变。他们持有认知偏见，正如一位自杀未遂的女性描述"时钟在慢慢嘀嗒"，这是一种对时间流逝的扭曲的、被拉长的感知；他们的自我中心思想增加，其实自杀者不是故意"自私"，而是他们的换位思考能力受损，很难理解他们的死亡带给别人的灾难。就算被所爱的人拥抱，他们仍感觉如隔海相望，最后，"利己主义"的想法最终让他们走向毁灭。

然而，这并不意味着所有的自杀都是非理性的，并不是所有试图自杀的人都明显患有精神疾病。他们心烦意乱、极度悲伤、沮丧或绝望，但并不一定是精神疾病的征兆。所以，将自杀概念化为只有精神病患者才会考虑的行为，很多理性的生命体被边缘化了，无法帮助到他们。

自杀冲动是强烈而孤独的！尽管有自杀倾向的个体渴望停止痛苦，但是他们对结束生命还是深感矛盾。一个结束生命的女孩，在她的日记中写下这段话：我会是那个生病的女孩，脑袋有病；我想我不是。一个“脑袋有病”的女孩想结束生命，但理性的一面又出面阻止，这体现了他们对于自杀矛盾而纠结！

在自杀预防领域，最令人沮丧的发现之一是，自杀倾向与治疗抗拒之间存在顽固的正相关关系：一个人自杀倾向越高，就越不可能寻求帮助。很多时候，有自杀冲动的个体不能与别人分享那种感觉，他们担心周围人会害怕或反感，但是，他们的确希望有自杀以外的结束痛苦的选择！

大多数有自杀倾向的人都有言语或行为的征兆，这不仅仅是警告信号，也是求救信号。

1. 严重的情绪波动

2. 不顾个人仪表

3. 谈论或开玩笑自杀（例如，与死去的亲人团聚）

4. 绝望、无助或无价值的陈述（“我一无是处”“没有我，每个人都会更好”、“没关系，反正我也活不了多久了”“我希望我能消失”）

5. 突然高兴或平静的状态

6. 对曾经享受的活动失去兴趣

7. 学术表现不佳

8. 不寻常的拜访或打电话给别人（说再见）

9. 自我毁灭的行为（酒精 / 药物滥用、自残或损毁、滥交）

10. 冒险行为（鲁莽驾驶、在桥梁、悬崖、或阳台上粗心大意，或走在车流前面）

基于对生命的基本意义的领悟、对混乱而有趣的有形物质的欣赏，以及对短暂而有缺陷的生命的接纳，为我们提供了反对自杀的最大希望。我们需要一种生活哲学：我们必须接纳生命中的荒谬，我们仍在努力，甚至在感到绝望时仍在努力，这样才能活的更理智！

第四节　非理性的信念

你相信占星术吗？你邀请算命师看过手相或用塔罗牌来预测过未来吗？你在考试中坚持使用一支特殊的“幸运笔”来帮助你取得好成绩吗？你在罚球前特定次数地弹跳球以求投中吗？……

在不同的文化中，都存在这样的迷信信念。比如，在中国文化中，数字6寓意“顺”，数字8寓意“发”，所以，带数字6和8的车牌号码、电话号码或楼房都能卖个好价钱；相反，数字4听起来像“死亡”这个词，被认为不吉利。在西方文化中，数字13与坏运气有关，所以，在一些酒店里没有这个数字的楼层。

迷信信念是那些与公认的理性思维背道而驰或与自然法则不一致的信念。人类大脑的思维能力是一个戏剧性的进化飞跃，超过了所有其他种类的生物体。但是，产生错误的信念是否具有适用性的进化价值？当遭遇灾难，比如恐怖袭击、飓风、洪水或瘟疫时，人们会感到无助，接受迷信信念的可能性会增加。当人类面对黑暗的时刻或面对死亡的必然性时，“奇迹”的神奇信念会给人以希望！为了应对不可控的磨难，进化设计而来的“心理软件”会变成日常生活中毫无根据的迷信或超自然信念吗？

在现实生活中，有严重精神疾病的患者被贴上了“妄想”的标签，他们持有一种非理性的、与现实不符且不可能实现的错误信念，但他们对此坚信不疑。比如，患焦虑症的人坚信，如果他们登上飞机，飞机就会坠毁，如果驾车过桥，桥便会倒塌；有躯体变形障碍的漂亮女性会认为自己很丑；有强迫症的人每次上完厕所必须冲厕8次，不然一定会发生可怕的事情……

但是，精神分裂症患者那难以置信的关系妄想、躁狂患者的夸大妄想或抑郁症的虚无妄想只是非理性信念连续体的极端变体，我们这些“理性”的个体也站在连续体的某个位置！不然，为什么你出门碰到黑猫横过马路会感觉办事不顺？为什么你要坚决避开13楼的酒店房间？

非理性信念是一种普遍存在的人类特征。我们的大脑似乎天生就会产生和隐藏错误的信念！

美国著名的心理咨询学者阿尔伯特·埃利斯（Albert Ellis）提出了理性情

绪行为疗法（Rational Emotive Behaviour Therapy，REBT），认为非理性信念是人类痛苦和心理机能障碍的主要原因。理性信念是指有益的、合乎逻辑的，符合社会现实的信念，而非理性信念是指无用的、不合逻辑的，与社会现实不符的信念。

REBT 的核心理论是 ABC 理论，即对诱发事件（activating events，A）所持有的不合理的信念（beliefs，B）是导致情绪和行为问题等结果（consequences，C）的主要原因。这些不合理信念的模式持续时间越长，就越有可能发展成根深蒂固的终身习惯，这些思维习惯导致了难以治疗的人格障碍的。但一旦你可以给一个不合理的信念贴上标签并加以剖析，你就剥夺了它的一些力量。所以，REBT 治疗的主要方法，通过挑战、质疑、争论和反对非理性信念，改变我们对事件的情绪和行为反应，从不健康向健康转变，并达到无条件自我接纳，有助于我们更好地实现生活目标。ABCDE 模型见下图 4.4。

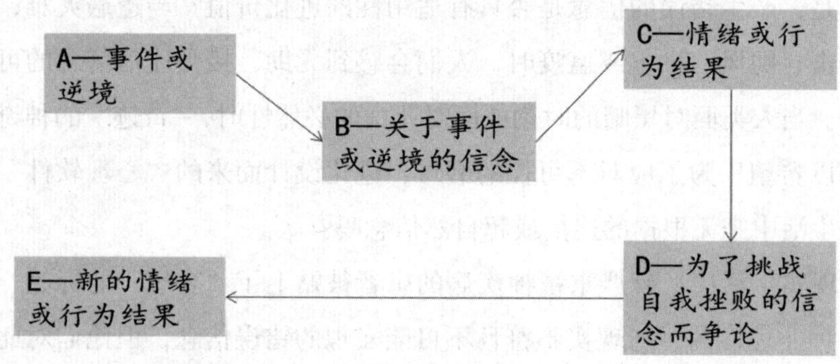

图 4.4　ABCDE 模型

不合理思维具有如下特征：

1. 绝对化要求。绝对化要求是以绝地的形式对需求之物的僵硬表达。他们经常使用这样的短语，如“必须”“绝对应该”“我必须”“我想成功，所以我必须成功！”或“我不能失败！”

2. 过分概括化。这就好像仅仅从一本书的封面就判断整本书的好坏。如“我没有谈恋爱，我没有价值”“因为我不完美，我不配”“因为我犯了一个错误，我真没用！”

3. 糟糕至极。糟糕至极是任何被评估为比100%糟糕更糟糕的事情。这是一种灾难化的思维。如“如果我的演示不成功，那就糟透了”“如果我这次考试不及格，所有人都会知道我笨，我会辍学，拿不到学位了！”

阿尔伯特·埃利斯曾说：自尊（self-esteem）是男人或女人所知道的最大的疾病，因为它是有条件的。低自尊的信念被触发时，个体往往容易表现出焦虑、抑郁、愤怒、嫉妒、羞耻和受伤害等情绪，和他人的人际关系也容易出现问题。低自尊个体会采用一些无效的行为和应对策略，要么无助而被动地屈服于非理性信念，被它们囚禁，不去质疑和挑战，要么回避触发非理性信念的人、环境、情绪、想法等，要么采用与非理性信念“背道而驰”的过度补偿应对策略。

当低自尊在个体的情绪和行为中占据主导地位时，在很大程度上，不健康的或非理性的信念会以僵硬的需求和自我贬低的形式出现。

僵硬的需求本质上是一种“不接纳”的信念。埃利斯发现了一个奇怪的悖论：当我接受自己本来的样子时，我就能改变。请注意，接纳并不意味着赞同，只意味着承认和接受过去、现在和将来发生的事件。这可能是真实的也可以是想象中的，比如，一段记忆、一张图像、一种观点、某种情绪或生理症状。

当自我被评价为“完全坏”“彻底失败”或“一文不值”时，这是在对自我进行整体的自我贬低的评价。

所以，僵硬的需求和自我贬低和谴责的信念相结合，导致了低自尊的问题。

如何解决低自尊问题呢？无条件的自我接纳是自我贬低或低自尊的健康选择。戴维斯（2006）研究证据表明，非理性的或不健康的信念这两个关键概念和无条件的自我接纳相关。在无条件自我接纳上得分高的人在非理性信念上得分低。无条件的自我接纳被发现与神经质显著负相关。

当人们对实际或感知到的负面事件产生健康的负面情绪时，是因为他们对这些事件持有健康的信念——主要表现为完全偏好（preferences）和自我接纳的信念。

当人们拥有完全偏好信念时，就会无条件地自我接纳。“我愿意成功，不愿意失败，但我接受 / 承认它存在的可能性！”而且，完全偏好信念没有僵硬的要求，“我宁愿不要失败，但这并不意味着我一定不能失败！”。这些偏好的欲望是个体“希望”自己、他人或世界成为什么样子，但是这些欲望没有转化为僵化的需求。当个体拥有完全偏好信念时，即便他经历了消极的激活事件，会经历健康的消极情绪，忧虑而不是焦虑、悲伤而不是沮丧、烦恼而不是非理性的愤怒，以及采用建设性的应对策略解决问题。

为什么我们要无条件的自我接纳呢?

为了评价“自我”,我们首先要弄清楚什么组成了“自我”。霍克（Hauck）将自我定义为“你能想到的每一件事”。人类太复杂、太独特，有数十亿的观念、无数种类的情感、习惯、特征、特质、成就、生物和心理的碎片，所有积极和消极间的一切。因此，我们的“自我”太复杂，用一个单一的准确的评分来衡量，在科学上是无法实现的。

个体在某件事情上失败了就认为自己是一个彻底的失败者，这种判断是没有意义的，是一种对特定的问题或失败过度概括，是对自我的偏见和歧视，经不起现实的检验！

我们是不完美的个体，会犯错误、会失败、会被拒绝、会遭受负面评价……，这样的例子不胜枚举，无条件的自我接纳建立在对自我的客观现实评估基础之上，会带来健康的心理状态，帮助我们以开明的方式学习，增加实现目标的机会。

“即使失败了，我也不是彻底的失败者，我的价值并不取决于我是否失败！”自尊是自我价值感的体现，那些低自尊的个体为何缺乏积极的自我价值感呢?

求助者，小朱，女，大二学生。求助者主诉：我就像一株“空心竹”一样，里面空虚，外表坚硬。我母亲大大咧咧，不会和我沟通情绪；父亲是一个非常严厉的人，家里大小事都喜欢唠叨，什么事都必须按照父亲的要求行事。牙膏必须放在牙膏盒；限制我的交友对象，必须交往成绩好的同学；每次家长会后都逐条指出我的缺点……邻居家一个哥哥，学习好能力又强，我爸爸就一直拿我和他比较……爸爸要求我从小必须坚强，必须成绩优异，在我的生命中感受不到他的爱、尊重、认可……我觉得不太看重自己的生命，有两次过马路走神，没有看到路边来车，被同学拽了回来……

人本主义心理学家卡尔·罗杰斯（Carl Rogers）认为帮助个体发展自我价值感的重要技巧之一：无条件积极关注！罗杰斯认为，那些在很小的时候就得不到父母如此关怀的人，更有可能导致自我价值感低，在个人发展方面更不可能充分发挥自己的潜力。

无条件积极关注是接受个体是一个自主的人，有自由的意志，有独特的欲望和需要，允许他有自己的感觉和经验。

无条件的积极关注并不意味着接受和赞同孩子所做的一切。彻丽(Cherry，2018）认为，这不是让孩子随心所欲地做出危险或不健康的行为的态度，相反，它是一种让孩子感到被爱和被接纳的态度，促进了自我价值感和自信的发展。无条件的积极关注要在比表面行为更深的层面上接纳对方，无论他们做什么，你都不会停止把他们视为天生的人类。

请回忆一下，当你还是孩子时，父母是怎么对待你的？是像案例中的小朱一样，只有事事按照家长的要求完成，做了"正确"的事，才会被爱和接受吗？是不是一直活在"别人家的孩子"的阴影中，始终无法达到家长的期望？如果这样，这是一种有条件的积极关注，长大后你可能做出所有"正确"的选择，但是可能永远不会发挥出自我价值感和自尊的最大潜力。

罗杰斯的自我理论有三个核心概念：

1. 经验。求助者的主观感受。比如，记起在上幼儿园时欺负小朋友很快乐。

2. 自我概念。人的自我概念决定了他接受或处理经验的方式与态度。例如，我自己认为我太胖，尽管别人说我不胖。

3. 价值条件化：关怀和尊重是有条件的，这些条件体现着父母和社会的价值观，价值条件化建立在他人评价的基础上。例如，我离婚了，摆脱了痛苦，可别人都说离婚不好。

一位毕业几年的学生小梅打电话向我求助，她说：毕业几年了，我一直很努力也小有积蓄，但是每次我犒劳自己吃点美食或买件新衣服后，就会有深深的内疚感！小时候，我家里很穷，爸爸妈妈都在外地打工赚钱，奶奶养我长大。奶奶带我出去玩，路过路边的糖果摊，奶奶指着问：想要吗？我摇摇头说：不想要。奶奶满意地说：小妮子最乖，真是懂事的孩子，知道心疼爸妈不容易，从来不乱买东西！小小的我，其实多么馋那色彩缤纷、酸甜可口的糖果啊！只是，“乖”和“懂事”是对小小年纪的我的最高赞誉。我很早就模模糊糊地知道，“乖”是让奶奶高兴的！生活中，敏感的我也会压抑自己的真实感受，努力做出“乖”的模样让自己讨人喜欢，一直活在别人的期望里，真的很累……

在上面的案例中，小梅为了争取奶奶的积极关注——“让奶奶高兴”，从小就学会了压抑自己的真实感受——“馋糖果（机体评价过程），但说自己不想要”，把奶奶的价值观内化为自我概念——“我是一个不乱买东西的懂事的乖孩子”——的一部分（价值条件化过程）！在今后的生活中，她的行为就不再受机体评价过程而是受内化了的他人的价值规范指导。当她吃美食或购物犒劳自己时，花钱行为和她的自我概念冲突，导致她产生内疚感！罗杰斯认为，自我概念和经验之间的不协调是产生心理失调的原因。

我们需要来自他人的肯定、看重、认可和喜欢，而非冷漠、排斥、指责等。但很多时候，只有当我们的行为符合他人的标准时才能得到积极关注，这是一种有条件的积极关注！导致我们过度寻求外界的认同、远离真实的自己、否定自我的价值感。

当我们在孩童时期犯了错，或者做了父母不赞成的事，他们仍然一如既往地爱我们，不会撤回或限制他们的爱和接纳。他们可能会说，“虽然我对你的行为感到失望，但是我永远爱你！”。当我们被无条件接纳时，我们被允许尝试新事物、允许犯错误，并能诚实地从错误中学习，这样才能发展出健康的自我价值感，并达到自我实现！

让这个世界按照自己的方向流动，真正的爱是接纳他“如其所是”，而不是“如我所愿”，爱是深深的理解和无条件的接纳。同样，我们需要学会无条件接纳自己，做自己的好父母！

完全偏好信念和无条件的自我接纳并不能完全解释健康的负面情绪的存

在，因为高挫折容忍度和对“坏”的现实评估的信念也与此有关。高挫折容忍度是一个合理评估处理困难或挫折的能力，例如，失败对我来说很困难，但我能忍受并处理它；对“坏”进行健康的和现实的评定，如：如果我的演讲不成功，那可能很严重，但绝不是真正的糟糕至极！

生活中如果出现下列状况，那么我们可能持有非理性信念：

1. 解决问题时，发现自己陷入恶性循环的怪圈；
2. 解决一个问题导致更多或更大的问题，出现自相矛盾的情况；
3. 长期以来一直忍受着某个问题，没有寻求帮助或采取措施解决它；
4. 想到了一个创造性的问题解决方案，却发现自己无法实现；
5. 选择了解决问题的行动路线，却发现不喜欢这样的路线；然而，又避免寻找替代方案；
6. 害怕采取某种行动，因为这样做会感到内疚；
7. 总是被同一个问题困扰，却没有采取任何措施去解决它；
8. 发现在面对问题时，思维固化；
9. 发现处理问题的唯一方法就是回避、否认、拖延、忽视、逃避或背弃它；
10. 发现权衡问题的正方两面后，犹豫不决无法做决定。

埃利斯曾说：我们告诉人们，是他们自己让自己难过。我们无法改变过去，所以今天我们改变人们如何思考、感受和行动的方式！

第五节　冲动控制

你会为了好身材坚持运动和节食吗？你会为了准备下周的考试而放弃周末的疯狂吗？你会为了梦想中的家而存钱吗？

个体在面临种种诱惑时，能够为了更有价值的长远结果而延迟获得即时奖励的冲动，以及在等待期间展现出自我控制能力，这是一种延迟满足。

20 世纪 60 年代，美国斯坦福大学心理学教授沃尔特·米歇尔（Walter Mischel）进行了一系列研究，深入地揭示了自我控制和延迟满足对未来成功的影响。研究表明，成功人士具有延迟奖励的能力。

来自斯坦福大学社区的一组学龄前儿童被选为第一组接受测试的对象。这些孩子被放在一个房间里，面前放着棉花糖。然后，研究人员告知他们将要离开房间，孩子们有两个选择：如果能等到实验者回来，他们会得到更多的棉花糖；如果不能等待，他们可以按铃让研究人员返回，但不会得到额外的棉花糖。有的小孩等实验者一离开就吃掉棉花糖；有的则尝试转移自己的注意力，用手盖住眼睛、踢桌子玩或者用手指戳一戳棉花糖；还有的小孩凑上去闻一闻，舔一下，或者在棉花糖边缘咬一小口。研究人员记录孩子在吃棉花糖时可以延迟的秒数，以此作为自我控制的指标。

使用这些测量方法的大量纵向研究表明，在童年时期推迟满足的能力与生活中更少的沮丧和攻击倾向，更好的考试成绩，以及青春期更大的社会责任和社会能力相关（Mischel，1972，1989）。

在现实生活中，我们既渴望“现在好”的即时回报，又渴求学业、人际和健康方面“以后更好”，这两者之间很难达到平衡，所以，控制我们满足即时回报的冲动通常是困难的！

冲动是指个体对自己行为的后果没有明显的预见而做出的反应。虽然冲动并不总是坏事，但是，冲动经常会导致不希望或意想不到的后果。冲动是一系列疾病不可分割的一部分，比如毒瘾、肥胖、注意力缺陷多动障碍等。

不同的大脑系统对刺激产生不同的反应。考虑到大脑的复杂性，我们采用保罗·麦克莱恩（Paul MacLean）提出的三重脑（triune brain）理论来解释，这样的分类虽然简单，但是有助于我们说明问题。

1990 年麦克莱恩在其著作中正式提出“三重脑”理论，认为大脑结构大致分为三层：爬行脑、古哺乳类脑和新哺乳类脑。

最下层：爬行脑。这是从爬行动物进化而来的遗留物，它已经发育了 2 亿年，是基本生存的控制中心，主要负责呼吸、心跳、吞咽等躯体调节功能。同时，为了物种延续和生存，爬行脑还保留其他一些自动化和仪式化的行为，比如原始的攻击性、求爱或交配以及保护领地等。我们保持着动物的本能，当遇到威胁时，爬行脑让我们或战、或逃、或装死。例如，当你走在大街上，发现马路对面一辆大卡车像脱缰的野马冲向你，你的反应是什么？可能你会站在那里愣住了，这就是爬行脑的第一本能反应：僵住（或装死）。

中间层：古哺乳类脑（即边缘系统，也称情绪脑）。由爬行动物向哺乳动物进化发展而来，发育了1亿年左右。因为哺乳动物要照料和抚养幼崽，沟通需要发展更复杂的情绪系统。边缘系统处理与依恋相关的情绪，并提供简单而精妙的价值编码机制，为有利于生存的行为提供奖赏，使个体倾向它；为威胁生存的事物发出恐惧预警，使个体回避它。边缘系统与爬行脑和新皮层相连，使中脑、间脑和新皮层结构之间发生信息交换。

最上层：新哺乳类脑（即大脑皮层）。是人类独有的，发育150—200万年。这部分脑区是大脑最大的一部分，是产生意识的区域，负责人类的高级功能，比如语言、判断、推理、预测、决策、抽象思维等。爬行脑和情绪脑从个体一出生就已经具备完整功能，而新皮层需要训练，在出生头三年呈指数级发展，并持续终身。

边缘系统中有两个重要的部分：杏仁核和海马。杏仁核在出生时就发育成熟，它负责我们对体验的“本能反应”，瞬间完成对感觉输入的评估（特别是关乎生命安全或威胁时），转换为躯体反应，启动战斗或逃跑。海马在出生后的第二年到第三年才开始发挥功能，它能够根据情境和后果，对杏仁核那些不加区别的、一触即发的反应进行调整。遇到紧急情况，杏仁核启动交感神经系统，海马甄别后判断为虚假警报，启动刹车，通过副交感神经系统让我们慢下来！海马担当了杏仁核的调节者！但是，如果应激持续时间太长，海马的树突会萎缩，调节功能开始衰退。

感知觉系统包括高路（high road）和低路（low road）（见图4.5）。高路是刺激经丘脑到大脑皮层，是缓慢感知系统；低路是刺激经丘脑到杏仁核的一条“快捷但不完善”的道路。杏仁核对危险做出笼统粗糙的反应，通过自主神经系统激活应激反应，向身体发出信号；同时，新皮层会对我们的体验赋予意义，根据以往的经历和自身的能力进行判断，对行动产生影响。

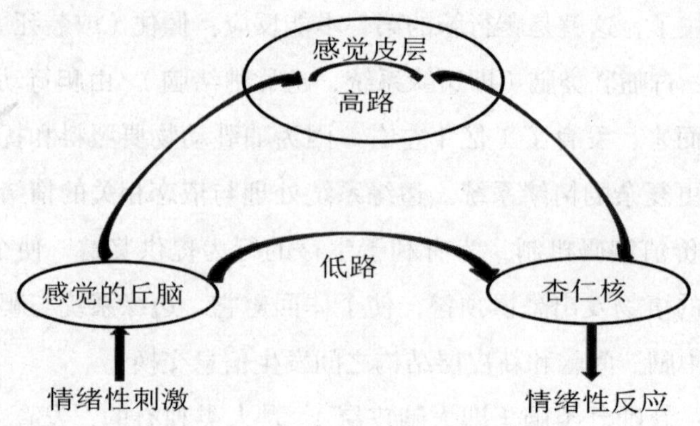

图 4.5 高路和低路系统

新皮层调控杏仁核，帮助个体更好地调节和管理情绪，但当人类感到焦虑、惊恐时，皮层下系统变得活跃，未经大脑皮层有意识调节的情绪重现成为可能！

在神经科学看来，情绪特指那些皮层下的、意识无法觉知的、通常是基于身体体验的那些感受。情绪在进入意识之前通常先被身体体验，并且对判断和决策有着显著的影响。所以，在情绪进入大脑皮层被觉察到之前，身体已经有了无数的倾向性！

比如，一个经常挨打的小男孩，看到父亲把手举起，哪怕父亲仅仅是取一件无关紧要的东西，他都可能后退、举起胳膊阻挡、心跳加快、手心发凉发潮……“父亲手臂的姿势”触发了可能挨打的边缘系统评价体系，皮层下的恐惧系统变得活跃，身体准备好来应对“攻击”。

棉花糖实验中，边缘系统会对外界刺激立刻产生情绪化的反应，棉花糖在视觉、嗅觉或味觉上诱惑孩子们，诱发 hot 冲动；而大脑皮层能够控制和分散注意力、理性思考和选择，有效让冲动 cool，延迟满足。

常言道，冲动是魔鬼！情绪冲动保持着原始的信息和强度，如果压抑情绪可能变成其他表象，比如饮食失调、体像障碍、强迫性冲动、上瘾症等等。

“我是一个酒鬼、烟鬼、易怒者……”这些羞耻的信息和标签，伴随着身份认同，常常让我们更加迷惑。“我是一个上瘾的人”！这种羞耻感无法让成瘾者摆脱情绪的漩涡，试着换一种想法，换成“我不能停止喝酒，我爱喝酒”，喝酒就是一种选择，一件该死的"好"事，那么你就能从一个更强大的地方审视它，你的行为或许就有改变的可能。

在情绪逐渐转变为"对感受的体验"时，在理性和非理性之间搭建起桥梁，理解冲动行为蕴含的情绪意义，就能对情绪进行反思，控制冲动！

和大学生有关的冲动行为可能包括，但不仅限于：非理性信念、重复的想法、进食障碍、锻炼成瘾、网络成瘾等。

1. 重复的想法

大家听说过"喜马拉雅山上的猴子"这个故事吗？传说一位道长教会了村民点石成金的法术。但是，他告诉村民在念咒语的时候，脑子里千万不要想起喜马拉雅山上的猴子，否则咒语就会失灵。村民们认为黄金和猴子没有任何关系，绝对不会想起猴子的！但是，事实证明，村民们越是告诉自己不去想猴子，猴子越是跳入他们的脑海里，他们始终没有"念"出黄金来！

社会心理学家丹尼尔·韦格纳（Daniel Wegner）用实验证明了这个道理：人们越是压抑某个想法，某个想法就越来越顽固地纠缠不休。他在《白熊实验》一书中，认为每个人的头脑中都住着一头"白熊"。我们时常疯狂地追逐着貌似能使我们解脱的那道光芒。越是盲目地逃避，我们就越深陷在痛苦的想法中！为何越不想想起某个人，他就会越盘踞在我们的脑海呢？为何节食时对自己说不能乱吃，结果更容易感到饥饿，想要吃东西呢？我们如何才能驱赶头脑中的那头白熊呢？

你可能有这样的经历，在重大考试或比赛前一段时间，大脑中可能出现重复的想法，"我知道我能打败小李，但是他似乎总是在关键时刻出现并打败我。"类似重复的想法经常出现在焦虑的情况下，如果这些想法干扰了你的能力或表现，阻碍了你的最佳状态，你可能会变得更加焦虑，导致恶性循环！

我们可以采用"思维中断"的方法来控制重复的想法。思维中断的原理是把放松和引发焦虑的想法结合起来，那么这些想法引起的焦虑就会减少。

思维中断的程序：

（1）如果反复出现让你焦虑的想法，首先对自己说："停下来"。这是必要的第一步，因为它会让你意识到，你应该停止这些想法。你可以大声说出来，也可以在心里对自己说；

（2）用“我不会……”或“我不能……”来否定重复的想法；

（3）用“我会……”或“我能……”这样的短语来开始你的陈述，深呼吸来放松自己，并把重复的想法和放松联系起来。积极的陈述会增强你的信心；

（4）最大限度地利用思维中断，每次有重复出现的想法时就练习。

通过练习，可以减少重复想法的频率，而且也有助于降低焦虑！

2. 进食障碍

山东体院报2015年第17期，心灵视窗栏目刊登了一则案例。

心灵倾诉者：小C，女，20岁，在校大二学生。小C在给我们的来信中说，刚入大学时，她体重60公斤（身高165cm），身材圆润。上一学期偶然间听到室友说她胖，便暗下决心一定让自己瘦下来。从此她开始控制饮食，减少荤菜和主食的摄入量，食量也明显减少，并经常用手指刺激咽喉部自我催吐。半年下来，她的体重降至45公斤，还依然觉得自己偏胖，仍旧需要继续控制体重。但目前她感到一些身心不适：头晕、乏力、月经紊乱、精神萎靡、情绪低落等。她想通过“我爱我”心理信箱获得一些有用的建议，引导自己走出心理困境。

心理联络员柔柔、小E的回复：感谢小C给我们的来信，我们分析她出现问题的原因：因为偶然听到别人的评论，小C开始节食减肥。她对自己的身材和体重过分重视，但又缺乏正确合理的认知，出现“自觉过胖”的体象障碍——“身体意向失调”，即对身体的消极认知、消极情感体验和相应的行为调控。过多注意饮食和对肥胖恐惧的心理，她主动拒食或过分节食，造成营养不良、身形消瘦。建议小C改变认知，变“以瘦为美”为“健康至上”的审美观，树立健康的体态。

心理咨询师杨健梅老师的建议：越来越多的研究证据表明，进食障碍及其相关的不良认知和态度在亚洲地区有增加的趋势。近年来，铺天盖地的大众传媒导向出一种“骨感美”“纸片人”“越瘦越美丽”的病态审美观，导致一些体重正常甚至偏瘦的女性会因对自己的体型不满而减肥。这种“身体意向失调”会使个体花大量的精力节食、运动，引发神经性厌食障碍，威胁身心健康。帮助个体树立起正确的审美观，保持健康的生活习惯，势在必行！

生活中很多人就像案例中的小 C，痴迷于改变他们的体型。他们相信控制了身体，就能控制生活。身体意象和自尊紧密相连，身体意象失调会扭曲自我感，干扰人际关系。

有进食障碍的个体可能采用节食、暴饮暴食或催吐的方式，用食物和对食物的控制来控制他们的生活，应对那些势不可挡的痛苦情绪和感觉，但最终，这些病态的行为损害了他们的身心健康、自尊和自我控制感。目前，科学家正在研究引起进食障碍的生物学原因，可能是大脑中控制饥饿、食欲和消化的化学物质不平衡引起，然而这种失衡的根本原因仍不清楚。

进食障碍分为：厌食症、贪食症和暴食症。

厌食症

（1）不正常的饮食习惯或拒绝进食

（2）减重过多（重量低于预期的 85%）

（3）极端的身体活动

（4）头发、指甲或皮肤问题

（5）抑郁和低自尊

（6）否认问题

贪食症

（1）购买大量的食物

（2）滥用泻药或利尿剂

（3）关于饮食习惯的秘密行为

（4）体重波动

（5）抑郁

（6）否认问题

强迫性暴食（暴食症）

（1）强迫进食而不排便

（2）超重

（3）整天暴饮暴食，或在暴饮暴食时消耗大量食物

3. 运动成瘾

运动锻炼会对身心产生积极的影响，这是大家众所周知的。但是，你有没有锻炼过头呢？

如果一两天错过了规律性的锻炼，你可能感到提心吊胆、极度内疚或暴躁。那么，运动锻炼变成了一种不健康的强迫，锻炼已经从健康的活动变成了上瘾。

这种成瘾是真实存在的，就像其他成瘾一样，它既有化学基础，也有行为基础。在第五版《精神疾病诊断与统计手册》（DSM-5）中，运动成瘾并没有被列为一种疾病。但是，当评估运动成瘾的动机时，它通常与其他心理健康状况一起出现，比如，39%—48% 的厌食症和暴食症患者会强迫运动；肌肉变形障碍患者及具有完美主义、自恋和神经质等人格特征的个体容易运动成瘾。

是什么导致运动成瘾？

那些难以处理负面情绪或压力的个体，可能通过物质使用或其他活动寻求快感，增加了运动成瘾的风险；来自社会要求的压力，个体渴望拥有完美身材，迫使他 / 她为了达到不现实的标准而强迫锻炼。

研究表明，如果个体在锻炼中使用科技辅助，比如各种健身 app、追踪器、社交媒体平台等，运动成瘾率更高。追踪器及其他应用程序可以帮助人们记录锻炼、追踪成绩，并连接到在线健身社区。这类型的技术将个体的目标和他人比较时，容易增加压力，减少运动乐趣，鼓励不安全的锻炼习惯，运动过度导致疲劳和受伤。

运动成瘾会导致一个人对错过锻炼而变得过度焦虑，这种恐惧会导致过度运动，把自己推向疾病和受伤的边缘。

运动成瘾的迹象：

（1）耐受性增加。人们需要更频繁、更长时间或更加努力地锻炼，才能获

得同样的兴奋感或成就感；

（2）错过锻炼时，会出现焦虑、躁动或易怒等症状；

（3）缺乏控制，个人无法减少锻炼；

（4）花在锻炼上的时间比计划的要多。例如，跑步一小时，而不是他或她本来打算的半小时；

（5）其他活动减少。运动成瘾者把更多的时间花在运动上，而把较少的时间花在工作、家庭、社交或其他娱乐活动上；

（6）即使锻炼会导致身体、心理或社会问题，他们也会坚持锻炼。

识别运动成瘾，调节运动的强度和频率，以健康的应对策略处理压力，维持身心健康！

4、网络成瘾

求助者：小李，男性，在校大二学生。来访者主述：我刚上大学那会感到很无聊，所以有时会打游戏消遣时间。刚开始觉得只是玩玩而已，现在发展到不可收拾的地步。我毫无节制地把几乎所有的空闲时间都耗费在玩游戏上，为玩游戏开始拒绝参加同学聚会和活动；甚至发现我的思维跟不上同学的节奏，脑子里想的全是游戏里的情境，遇到事情会首先用游戏规则来考虑。我的学习兴趣下降，人际关系紧张，开始感到不适应现实生活，有种深深的恐惧和不安……

我们正在成为被网络“接管”的一代吗？

是的，和其他技术媒介相比，互联网和电脑的广泛使用在当代已经根深蒂固了，深刻地改变了我们的生活方式。社会似乎已经接受了科技上瘾的风险，我们玩的数字游戏或浏览的网站，它们被设计来挖掘我们的喜好，让我们点击获取更多、更多、更多的信息，这的确会令人上瘾的！

网络成瘾和其他类型的成瘾一样有许多共同的症状，当网络刺激进入大脑时，大脑的快乐中枢被激活，上瘾者会对其他爱好失去兴趣，有时甚至无法发展出任何爱好。当不允许上网时，他们会出现诸如易怒、抑郁甚至身体颤动等阻断症状。大学生上网成瘾，会造成了严重的危害，比如，学业成绩下降、同伴关系困难和心理健康受损等。他们会躲到互联网的角落里，并在那儿找到现实世界里没有的成就感，比如在游戏中占统治地位的排名，在贴吧上发布一个受欢迎的帖子。

网络成瘾（网瘾），也称为强迫性电脑使用、病态网络使用和网络依赖，是一个涵盖面很广的术语，涉及互联网、个人电脑和移动技术的一系列行为和冲动控制问题，是各种冲动行为的总称。

目前，尽管最新版的《精神疾病诊断与统计手册》（DSM-5）中没有列出网瘾，但研究人员已经确定了至少有五个特定类型的网络成瘾：

（1）网络性爱成瘾（Cybersexual addiction）是一种不言自明的网络成瘾，指对成人聊天室、成人网站或网上色情内容上瘾。沉迷于这些服务中的任何一种都会对现实生活中形成性关系、恋爱关系或亲密关系的能力造成伤害。

（2）网络关系成瘾（Cyber-relationship addiction）是指在聊天室或网络社区中形成的对网络友谊的依赖，这种依赖取代了现实生活中的朋友和家人。在互联网上，没人知道你是一条狗！通常情况下，追求网络恋情的人会隐藏真实身份和外表——这一现象导致了“鲶鱼”一词的诞生。当一个人沉迷于网络社交和人格面具后，他对面对面互动的期望会变得不切实际，社交技能会受限，导致他们无法与真实的世界建立联系，反过来又更加依赖网络关系。

（3）网络强迫行为（Net compulsions ）包括强迫性的在线赌博，对在线拍卖的上瘾，以及强迫性的在线交易。

（4）强迫信息寻求（Compulsive Information Seeking）是强迫上网或数据库搜索。在某些情况下，信息寻求是一种既存的强迫性倾向的表现。通常，强迫性的信息搜索也会降低工作效率，并可能导致工作终止。

（5）电脑成瘾（Computer addiction）包括沉迷于电脑游戏或编程，包括可以用电脑进行的线上和线下活动，主要影响男性、儿童和青少年。电脑成瘾是最古老的一种网络 / 电脑成瘾，至今仍很普遍，危害也很大。

科技可以给人类带来极大的益处和乐趣，不会因为技术本身而患上疾病。比如，对网上色情内容的沉迷究竟是网络成瘾还是性障碍？还是二者兼有？找到成瘾的影响因素，是治疗的关键！

第五章　人格障碍

第一节　人格障碍概述

在大学生活中，你是否遇到过这样的同学，他们过分装腔作势，或者总以一种自以为是、盛气凌人或咄咄逼人的方式不断地垄断小组讨论？或者，有些同学太古怪或太焦虑而不能参加讨论或按时完成作业。

装腔作势、自以为是、古怪、焦虑……这些词汇描述了一个人的人格特质。

在生活中，很多时候我们听到人们在使用“人格”一词。“你这是对我人格的侮辱！”“我这样做，对不起我的人格！”“嘘，那个人人格不健全，离他远点！”……这些“人格”的含义一样吗？是心理学的人格概念吗？

在我国古代汉语中，没有“人格”这个词语，但是有“人性”“个性”“人品”等词。

其中，最早讲到“人性”的是孔子，他在《论语·阳货》中有著名的文句“性相近也，习相远也”。孔子认为人的本性最初都是善良的，而随着各自生存环境的不同变化和影响，习性会产生差异。但是荀子倡导“人性本恶”，在《荀子·性恶》有“人之性恶，其善者伪也”。对于人性问题的探讨，人性究竟是善的、恶的，还是中性的？中国古代和西方的思想家们都持有自己的观点。

个性是一个人区别于他人的稳定的、独特的整体特性，强调人的个别差异；个性是相对于共性而言的，世间万物都有自己的个性，人类自然也有个性。人格则是对一个人总的或本质的描述，除了独特性还兼具整体性的特点；

而且，人格只对人而言的，对其他事物或动物不能用人格来描述。

人品指人的品性道德，即一个人是否遵守社会道德规范的品行和性质，往往直接称品德。不能把人格和道德或社会判断混为一谈。

英文人格“personality”这一单词来源于拉丁文“persona”，本意是指面具、脸谱。面具是指演戏时应剧情需要所画的脸谱，它表现剧中人物的角色和身份。比如，京剧里分生旦净末丑五大基本角色，大致涵盖了男女老少幼。正如威廉·莎士比亚所说：世界是个大舞台，世间的男男女女无非是演员而已。他们要么粉墨登场或悄然而去，每个人终其一生竟可以扮演多种不同的角色。

那么，根据英文“人格”一词来源于面具，人格包含两个方面：在生活舞台上表演出的各种行为，表现于外给人留下印象的特点，即“公开我”；也包含未展露的、蕴含于内被遮蔽起来的部分，即“真实自我”。

什么是人格?

要确定“人格”这个词的确切含义并不容易。这似乎是显而易见的，但却很难用语言来表达。这可能是因为我们用来形容人格的词往往有广泛的含义——这些含义经常是重叠的，而且还可以涵盖一种以上的经验。例如，“害羞”描述了与他人相处时尴尬的感觉，也描述了个体当着众人的面，表现得相当安静的行为。

个体的行为方式——以及在别人面前的表现——在不同的情况下会非常不同。你认为自己很了解一个人，但是你可能会发现他们在私人生活中表现得很不一样。

什么时候用“人格”一词更恰当?

人格用来评价一个人的行为，而且是经常的、习惯性的而不是偶然的行为；并且用人格谈论个人对世界的态度和行为方式。

比如，你的一个朋友兴趣和爱好十分广泛，很健谈，常常主动讲笑话给他人听；朋友聚会时总是纵情享受、手舞足蹈；爱搭讪，主动结交陌生人；十分喜欢社交活动，那么我们可以认为他具有偏外向的人格特征。

人格是个体在先天生物遗传素质的基础上，通过与后天社会环境的相互作用而形成起来的相对稳定的和独特的心理行为模式。

当我们成长到十八九岁时，大多数人已经形成了自己的人格，拥有自己的思维方式、感受方式和行为方式，并且一生基本保持不变。

话说“金无足赤、人无完人”，人不可能没有缺点；但是人格如果有缺陷，则是一种病态，是正常人不应该有的病态。

病态人格又称为人格障碍。DSM-5 诊断体系指出，人格障碍是“明显偏离了个体文化背景预期的内心体验和行为的持久模式，是泛化的和缺乏弹性的，起病于青少年或成年早期，随着时间的推移逐渐变得稳定，并导致个体的痛苦或损害”。

要注意区别人格障碍和人格改变。尽管两者在临床特征上相似，但是它们在发生、发展上存在明显的区别。人格障碍是发育过程中的情况，儿童期或青少年期出现，延续到成年，而如果在 18 岁以后人格已经发育成熟的基础上，因大脑器质性疾病或其他精神疾病导致人格发生显著变化，则属于人格改变。

如何用通俗易懂的标准来判断一个人是不是人格障碍者呢？

总结为简单的几句话：与别人不一样、与谁都合不来、从小就这样、自己痛苦更让别人痛苦。

如果你很难建立和保持亲密关系，很难与他人和睦相处，很难控制自己的情绪或行为，很难从发生在自己身上的事情中学习、不断地招惹麻烦……，无法改变导致人际问题的那部分人格特征，这些经常让你不高兴或痛苦，和/或经常使他人不安或伤害他人，那么你可能患有人格障碍。研究表明，高达五分之一的人可能患有人格障碍。2006 年英国一项更大更严格的研究表明，在任何给定的时间里，大约每 20 个人中就有一个人会患有人格障碍。

美国临床心理学家阿尔伯特·伯恩斯坦博士在他的《情感吸血鬼：与榨干你的人打交道》一书中，将人格障碍者称为“情感吸血鬼”，通常是指那些极端挑剔、控制欲强、自恋或者通常非常消极的人。

“情感吸血鬼”通常持有以下的态度：

“我的需要比你的更重要。”

“我现在就想满足我的需求。”

"这永远不是我的错。"

"这些规则适用于别人，不适用于我。"

"如果没有达到我的目的，我将发脾气。"

……

如果你周围的人让你感到痛苦不堪、筋疲力尽、备受折磨，甚至每天都经历情感的狂风巨浪，那么你可能遇到了情感吸血鬼。"他们吸的不是你的血，而是你的情感力量"。很多人格障碍者在人际关系，特别是亲密关系中扮演掠夺者，

他们无情地剥夺你、控制你、贬低你，看不到你的情感与需求。

伯恩斯坦说："在念研究生期间，我就理解了这一本质区别：使自己发狂的人患的是神经症或是精神失常，使别人发狂的人患的却是人格障碍。"

"情感吸血鬼"缺乏共情能力、倾向于利用他人、人格普遍不成熟；他们也很少有自知力，倾向于把问题归咎于周围的人，很少发现自身的错误；他们被一种贪得无厌的需求所驱使，并且不惜一切代价来满足需求。

第二节　人格障碍分类

根据情绪表现，DSM-5 将人格障碍分为三组：古怪组、戏剧化组和焦虑组。

当你阅读以下每种人格障碍类型的描述时，你可能会觉得和自己人格的某些方面很像，但这并不意味着你有人格障碍。反而，这是一个非常好的迹象！尽管我们都有一些人格障碍的倾向，但只要你认可自己的洞察力，就会在生活的某些方面帮助到你，避免麻烦！

1. A 组（古怪组）：古怪的或反常的

（1）偏执型人格障碍（Paranoid personality disorder）

主要人格特征是猜疑、偏执。

他们不相信他人，把他人的动机解释为恶意的，即便有证据证明不是真的，往往认为人们会伤害或欺骗他们；不向他人吐露心事或与他人亲近；有

记仇的倾向；有着病态的多疑，老是怀疑配偶对自己不忠，并控制配偶的正常人际交往；他们可能由于自己的错误而责备他人，且试图控制周围的人。

图 5.1　偏执型人格障碍

（2）分裂型人格障碍（Schizotypal personality disorder）

主要人格特征是古怪、离奇。

他们拥有一个丰富的幻想世界，有扭曲的信念和魔幻思维，比如相信千里眼、心灵感应等；有着古怪、反常的或特别的行为模式或外表；情感上的"冷"，不喜欢和别人接触，喜欢独处，对亲密关系感到强烈的不舒服。

图 5.2　分裂型人格障碍

分裂型人格障碍的症状还没有达到精神分裂症的病理水平。

（3）分裂样人格障碍（Schizoid personality disorder）

主要人格特征是社交隔离。

他们被称为"快乐的孤独者"，他们几乎完全脱离社交关系，很少表达情感，缺少对亲密关系的欲望，甚至对性都不感兴趣；似乎不关心他人的赞扬与批评，显得无所谓。

图 5.3　分裂样人格障碍

2. B 组（戏剧化组）：戏剧性的、情绪化的或不稳定的

（1）反社会型人格障碍（Antisocial personality disorder）

主要人格特征是冷酷无情。

他们无视或侵犯他人权利，可能不遵守社会规范，经常有反社会的行为，比如打架、说谎、欺骗和偷窥，一些聪明的人成了骗子，另一些没那么有天赋的人就成了恶霸，不为自己所做的事情感到内疚，且缺乏懊悔之心；可能倾向于一贯地、极端不负责任，不加思考地做事情，冲动行事，不能从不愉快的经历中吸取教训；不太在意别人的感受，很难建立亲密的关系；倾向于具有攻击性，可能虐待配偶，忽略孩子。

18 岁以下儿童青少年出现反社会行为、攻击性行为和对立违抗行为，持续六个月以上，指品行障碍（Conduct Disorder）。有品行障碍的儿童少年可能出现虐待动物、偷窃、反复说谎、极端攻击性等症状。青少年儿童处于人格的雏形期，人格还具有一定的可塑性，经过后天的环境教育和个人努力，有可能把品性障碍塑造成健康的人格。所以，18 岁成年之后才可以诊断反社会人格障碍，这是一个大原则。

图 5.4 反社会型人格障碍

（2）边缘型人格障碍（Borderline personality disorder）

主要人格特征是极端、不稳定和冲动。

他们人际关系不稳定，快速建立关系，但又很容易失去；表现出不恰当的强烈愤怒，很难控制自己的情绪；糟糕的自我意象和冲动的模式，对自己感觉“不好”，可能会竭尽全力避免被抛弃，有自残行为，如割伤自己或企图自杀，感觉“无意义”，有持续的空虚感。

图 5.5 边缘型人格障碍

（3）表演型人格障碍（Histrionic personality disorder）

表演型人格又称为“癔症型人格”或“寻求注意型人格”。主要人格特征是“过分感情用事”和“以夸张的言行吸引他人”。

他们是完美的演员，过度追求他人的注意，当不是注意力的中心时，可能会感到不舒服，可能会利用外表来吸引他人的注意，往往带有不恰当的性诱惑或挑逗行为；情绪变化迅速或夸张，情绪表达戏剧化、舞台化或夸张。

分析治疗家布朗伯格（Bromberg）说："他们一辈子都在假装，但扮演的却是他们真实的自己。"

图 5.6　表演型人格障碍

（4）自恋型人格障碍（Narcissistic personality disorder）

主要人格特征是自大。

他们具有自我重要性的夸大感，要求他人过度的赞美来维护其自信心；渴望得到别人的关注，但不表现出热情的回应；强烈的权力欲望，认为自己应该受到特殊的待遇；梦想无限的成功，梦想成为世界上最聪明、最富有、最强大、最受人爱戴的人；严重缺乏共情，看不到他人的感受和需求；利用别人，请求帮助而不回报，在人际关系中剥削他人。

兰迪·拉森（Randy Larsen）在《人格心理学》一书中写道：研究已经证实，自恋的人专注于自我、对批评非常敏感、夸大他们的自我价值、应对挑战时变得生气和具有攻击性。自恋者表现出高自尊，但其内部自我的表征很脆弱，很容易受伤。

我就是这么优秀！

图 5.7　自恋型人格障碍

3. C 组（焦虑组）：焦虑和恐惧

（1）强迫型人格障碍（Obsessive-compulsive personality disorder）

主要人格特征是极力追求完美。

他们可能过分谨慎，经常担心和怀疑，总是检查，专注于细节，力求完美，对自己所做的事情很严格，甚至为此而妨碍任务完成；不会放松，没有时间休闲或交朋友，坚持日常的例行常规，可能工作过度；审判的，通常有很高的道德标准，可能在道德和价值观上固执己见，并强迫他人遵守；担心做错事，对批评敏感；喜欢囤积，或者十分吝啬；可能有强迫性的想法和表象（尽管这些没有强迫性精神障碍那么糟糕）。

在我们的文化中，“完美主义”通常被视为一种优良的品质。那些精雕细琢、鬼斧神工的传世艺术品，那些别具匠心、别出心裁的创意设计，通常都用“完美”来形容。或许正是人生有太多的缺陷和无序，“完美”就格外令人执着。但是，“月有阴晴圆缺”才是生活的真相。“如果不完美，就意味着失败”，这种“非黑即白”的思维模式缺乏弹性，不善变通，往往导致个体不能接受生活中黑与白之间“不够好”的灰色地带。所以，追求完美主义过度了，可能就是一种疾病！

图 5.8　强迫型人格障碍

（2）依赖型人格障碍（Dependent personality disorder）

主要人格特征是过度需要他人照顾。

他们过度顺从和依附他人，在没有他人的安慰下可能难以做出日常决定，认为没有他人的帮助自己无法独立生活，难以应付日常杂务，就连该穿什么衣服，与谁交往，如何打发时间等等，都不能靠自己决定；或者因为害怕不能照顾自己而感到不舒服或无助；感到被别人抛弃，体验到绝望和无能。

图 5.9　依赖型人格障碍

（3）回避型人格障碍（Avoidant personality disorder）

回避型人格又称为焦虑型人格。主要人格特征是过度回避。

他们对负性评价极其敏感，不愿意与人交往，除非确定自己被喜欢和接纳，可能对批评极为敏感，为避免拒绝、否定而回避人际关系；感到自己能力不足、自己不够好或社交无能，不愿发展新的人际关系。

图 5.10 回避型人格障碍

第三节 关于人格障碍的其他问题

要清楚描述一个人的人格是相当困难的，对人格障碍做出明确的诊断就更困难了！诊断人格障碍需要由心理健康专业人员对个体的人格功能和症状的长期模式进行细致的观察，而且，诊断通常发生在 18 岁以上的成年人身上。

什么原因导致了人格障碍?

答案尚不清楚，但似乎和其他精神障碍一样，可能由基因和环境影响相互作用而形成。

我们人格中的某些特征可能由父母遗传而来的，这些特征有时候被称为“气质”。例如，当我们还是小婴儿时，在活跃程度、注意力持续时间以及如何适应变化等方面都存在个体差异。如果你有人格障碍或其他精神疾病的家族史，那么，会增加患人格障碍的风险。

成长环境、遭遇负性事件以及与家庭其他人员的关系等可能会对患人格障碍起作用，包括：童年时期遭受身体虐待或性虐待、家庭生活不稳定或混乱、家庭暴力行为、酗酒的父母、在学校经历欺凌或排挤、贫穷和被歧视等等。被诊断出患人格障碍的个体，比大多数人更有可能在成长过程中经历困难或创伤，他们可能经常感到害怕、沮丧、没有支持或不被认同。

早期的人生经历确实会影响人格的发展。如果个体有一个艰难的童年，他可能对人们的思维或行动方式以及人际关系如何运作形成了某种信念。这可以导致他发展出特定的应对策略，这些策略当他还是孩子时使用可能是必要的，但对成年后的生活并不总是有用，相反增加了人际困难。

基因会让个体对患上人格障碍易感，而环境可能起到扳机作用，触发人格障碍实际的发生。

然而，并不是个体经历过创伤就会出现这样的心理问题。你从照顾者那里获得的支持和关心的质量及一致性，都会产生影响。同样，并非每个人格障碍患者都有创伤性经历。

另外，研究发现，和正常人相比，某些人格障碍患者大脑结构有轻微的差异，比如反社会型人格。

人格障碍可以治疗吗？他们还有救吗？

在过去，心理健康服务更关注精神分裂症、双相情感障碍和神经症等精神疾病。能否为人格障碍患者提供任何有用的心理健康服务，一直存在争议！但最近的研究表明，心理健康服务可以而且应该帮助到有人格障碍的人，大多数人都能从心理咨询或治疗中获益。

而且，研究证明，没有药物被证实对人格障碍有效，但药物可用来治疗患者的一些症状，比如焦虑、抑郁、冲动行事等。经过治疗，许多人格障碍者随着时间的推移变得更好。

人格障碍会随时间而改变吗？

有证据表明，有些人格障碍患者随着年龄增长会有所改善，比如，似乎在三四十岁时，反社会型人格障碍的反社会行为和冲动减少了。然而，也有可能朝相反的方向发生变化，比如，分裂型人格障碍可能发展成精神分裂症。

如何和人格障碍的人打交道？

学习了上面的知识，你对人格障碍患者有了更多的了解。伯恩斯坦说："你对吸血鬼越了解，他们就越难控制你。"

在生活中，学会保护自己不受"情感吸血鬼"的伤害，我们需要有意识地持续的努力。如果和情绪化的人格障碍患者过招，你必须有绝地武士的冷静和犹太母亲的胆量。

"冷静"——先别急，停下来，思考一下。不屈从于自己的第一反应，而是问问自己，"我希望发生什么？最佳应对方式是什么？"

“胆量”——为了有效应对，承认每一个艰难的互动都遵循一个模式。恶霸就是一个很好的例子！恶霸不尊重你的边界，把你推来推去，摆布你、挑衅你，让你心烦意乱。那么，给他们设置行为边界的限制——他们可以怎么对你，不可以怎么对你。设置边界是为了保护自己，有助于维护而不是挑战双方的关系。当然，有时候你最好彻底离开他们，因为无论你怎样做，他们都会伤害你！

印度著名诗人泰戈尔曾说："如果你因为错过太阳而流泪，那么你也将错过群星。”失去了，就不要太在意！

有时候，当我们承受巨大压力时，我们可能不知不觉变得非常情绪化，成为“情感吸血鬼”中的一员，榨干我们周围的人。伯恩斯坦解释道，大多数情感吸血鬼并没有完全的人格障碍。在某种程度上，我们都是“软弱的”，往往很难不屈服于消极情绪之下。

如何保护我们的情感和心理健康，试试以下的一些建议：

1. 控制我们情绪

“人非草木，孰能无情”，情绪是人类与生俱来的一部分，控制情绪并不意味着要把我们变成一架冰冷的无人机。然而，我们如何控制自己的情绪决定了我们如何对待自己和他人。

接纳和感恩很重要！

禅宗大师铃木俊隆（Shunryu Suzuki）说："你的思想和身体有强大的力量去接受事物的本来面目，不管是愉快的还是不愉快的。”

虽然，我们遇到的人、事物或者情境可能会引起痛苦和不安，但是为了有效地处理，我们不能像坐在无人驾驶的汽车里任由消极情绪反应起作用，沉湎其中，我们需要有意识地选择反应。试着接纳一切！当不好的事情发生，感受由它引起的情绪、接纳它们，主动尝试释放它们，同时积极处理问题。在此过程中，保持冷静很重要！

同时，试着心存感恩，每天花时间去做自己热爱的事情。一位癌症缓解期的患者说："我能活在这个星球上真是太幸运了！我只是很荣幸我能来到了这个世界上！”挖掘我们的潜能，把我们的生命用于一项有价值的事业！

2. 用积极的想法取代消极的想法

生活并不总是公平的。话说，有时生活的确就是这样！我们的需要、期盼的东西以及优先考虑的事情并不能立马如愿以偿。如果我们把精力浪费在我们不能马上拥有的东西上，你可能会说，“我不能拥有我想要的奖学金/工作/晋升机会……我的生活糟糕透了……”那么，就会在你的内心和周围制造出一种消极的能量。

试着在任何情况下都看到光明的一面。“即使我得不到我想要的东西，但我获得了宝贵的经历，经历往往比物质成果更有价值！”物质成果会慢慢衰变，而经历，不管是积极还是消极的，都会一直陪伴我们，为我们的未来打下基础！

千人一面，人生怎会有壮阔的波澜，生命又怎会精彩呢？

练习用积极的想法取代消极的想法，时间足够长，就会成为一种习惯，会对提高我们的正能量产生巨大的影响。

3. 多花时间和积极向上的人在一起

生活是我们自己的，与谁分享、如何分享由我们自己决定。与其和消极的人呆一起，不如关注积极的人！避开那些让我们沮丧、浪费我们时间、让我们倒退、对我们的痛苦漠不关心的人！减少和他们的联系，或者直接把他们从你的生活中删除。

避开身边的“情感吸血鬼”，杀死我们内心的吸血鬼，作为我们快乐生活的指南吧！

第四节　认识自我，做一个人格健全的人

在古代，人们从欧洲各地前往希腊德尔斐神庙，拜求关于爱、战争和商业等问题的神谕。“Know Thyself”（认识你自己）是刻在阿波罗神殿的三句箴言之一，也是其中最有名的一句。尽管这条禁令很简单，但它被证明极其难以遵守。认识自我的道路充满了障碍，这使得本杰明·富兰克林（Benjamin Franklin）嘲弄道：“世界上有三种坚硬的东西：钢铁、钻石和自知。”

自我认识是心理学中的一个术语，是个体在回答“我是什么样的人”这

个问题时所利用的信息。

大多数人对自己的看法各不相同。例如，有些人认为自己努力、认真、独立、有抱负，而另一些人认为自己有创造力、敏感、情绪化。人们是如何得出这些结论呢？他们做判断的依据在哪里？

一、获取自我认识的信息源

1. 物理世界

物理世界提供了一些有用的信息。

如果你想知道你有多高，你可以测量你的身高；如果你想知道你有多强壮，你可以去健身俱乐部，记下你能举起多少公斤。在这些情况下，你正在利用物理世界来获得对自己的认识。

虽然物理世界是自我认识的有效来源，但它在两个重要方面存在局限性。首先，人类的许多属性没有锚定在物理现实中。假设你想知道你有多好，你不能简单地拿出一个标准来衡量你的善心。在这些领域（以及许多其他领域）获取认识的物理基础是缺乏的。更进一步，即使可以参照物理世界评估人格属性，我们从物理世界获得的知识也不一定是我们所追求的知识。知道自己的身高并不能真正告诉你自己高不高。你需要知道其他人有多高，判断你比他们高还是矮。当你想知道自己有多强壮的时候，情况也一样。知道你能举起多少公斤，只是提供了关于你自身力量的初始信息，你还需要知道其他人能举起的重量。

2. 社会比较

自我观念的比较性质意味着人们必须参照社会获得自我认识。

1954 年美国社会心理学家费斯廷格（Festinger）提出了社会比较理论，该理论指出：每个个体在缺乏客观的情况下，利用他人作为比较的尺度，来进行自我评价。

根据这一理论，人们通过与他人比较来了解自己。假设我给自己计时，发现我能在一小时跑完 10 公里。我想知道我的配速如何？那么，我需要知道其他人一公里能跑多快。但是这些人应该是谁呢？费斯廷格认为，人们将自己与那些与自己相似的人进行比较，努力去认识真实的自己。相似意味着与被评估的属性相关维度上相似，尤其在性别、年龄、阅历、职业等方面相似。例如，我通过和其他同龄女性比较来判断自己的速度。如果将我的速度与男性或儿童进行比较，则不能提供更多的信息，因为在这种能力方面，他们和我差别太大了。

人们确实会与自己相似的人进行比较，但情况并不总是这样。

人们有时试图激发和提高自己，会跟比自己好的人进行“上行比较”，例如，他们会说：如果别人能做好，我也一定能行！有时为了奉承和慰藉自己，人们会和比自己差的人进行“下行比较”，例如，当看到比自己富有的人，他们会说：我可能很穷，但不像有些人，至少我还有个栖身之所。

所以，根据社会比较的动机不一样，人们比较的对象会有差异！

3. 反射性评价

朋友、亲人和家庭成员不仅仅是我们社会比较的对象，同时，他们的评价也会影响到我们。

美国社会心理学家查尔斯·库利（Charles Cooley）（1902）在《人的本性和社会控制》一书中提出了“镜像自我”（the looking-glass self）的概念。库利特别关注“人们对自己的情感”如何发展。他认为这些情感是由社会决定的。我们想象别人是如何看待我们的，这种情感决定了我们对自己的情感。“镜像自我”这个术语是用来提醒人们注意其他人充当镜子的事实；也就是说，我们从别人的眼中看到了自己，以他人看待我们的方式看待自己——了解别人对自己的看法，从而形成自己的自我。

在一大批有趣的案例中，社会参照采取一种相当明确的想象形式，即一个人的自我是……如何在一个特定的心智中出现，而那个心智的态度决定了一个人自我感觉的类型。这种社会性自我可以被称为“反射性自我”或“镜像自我”。

4. 内省

内省是另一条常见的自我认识之路。

伴随着内省，通过直接考虑自己的思想、情感、动机和欲望，人们试图了解自己。假设我想知道自己是不是一个多愁善感的人，问问自己，在婚礼、大学毕业典礼和其他与多愁善感有关的场合，我通常会有什么感受。如果在这些场合我感到柔软和温暖，我推断自己是一个多愁善感的人。内省似乎是一种非常可靠的了解我们的方式。毕竟，还有什么方法比检查我们的想法和感受可靠呢?

这种看法似乎得到了广泛的认同。安德森（Anderson）和罗斯（Ross）在 1984 对大学生进行了一项调查研究，了解你一天的私人想法和感受，或者经过几个月的时间观察你的行为，哪一种情况下人们会更了解你。在很大程度上，学生们认为，如果人们能够了解自己内心世界的想法和感受，他们会更了解自己。有趣的是，当涉及了解他人时，情况就并非那样，人们认为观察他人的行为是了解他人最好的方式。

5. 自我知觉

思维和情感不是认识自我的唯一来源。

根据贝姆（Bem，1972）的自我知觉理论，人们也通过检查自己的行为来了解自己。假设你问我是否喜欢流行音乐。如果我是这类音乐的狂热爱好者，我会立马回答“是的”。但是假设我的情感不是那么热烈或明确，为了回答这个问题，我唤醒记忆，记得在散步时我经常戴着耳机听流行音乐。所以我回答:“是的，我喜欢流行音乐。”毕竟，还有什么别的原因吗？没有人强迫我必须听流行音乐，所以一定是因为喜欢它我才听。请注意，外部观察者也会得出类似的结论。如果你知道我经常选择听流行音乐，你就会推断出我喜欢它。这种等价性是贝姆自我知觉理论的一个特征。该理论假设，人们通过被动观察自己的行为，并对自己的行为做出合乎逻辑的结论来获得自我认识，就像旁观者所做的那样。

在某种程度上，内部线索是微弱的、模棱两可的或不可解释的，个体在功能上与外部观察者处于相同的位置，观察者必须依赖同样的外部线索来推断个体的内在状态。

这个假设将内省与自我知觉过程区别开来。内省是直接检查我们的情感、态度、动机和欲望等；而自我知觉是间接了解我们自己。

二、自我的四个组成部分

古话说：人贵有自知之明！正确认识自我是难能可贵的。

你对自己了解多少？是否还有很多关于你自己的事情，你不知道？他人对你又了解多少？

美国心理学家约瑟夫·勒夫特（Joseph Luft）和哈里·英厄姆（Harry Ingham）在1955年发展了一个被称为“乔韩窗口”的模型。该模型通过“告诉”他人有关自己的信息和从他人那里寻求“反馈”，实现自我认识和个人发展。

按照自知、自不知、他知和他不知，每个人的“自我”都通过四个象限或窗格来表示。乔韩窗口如图5.11：

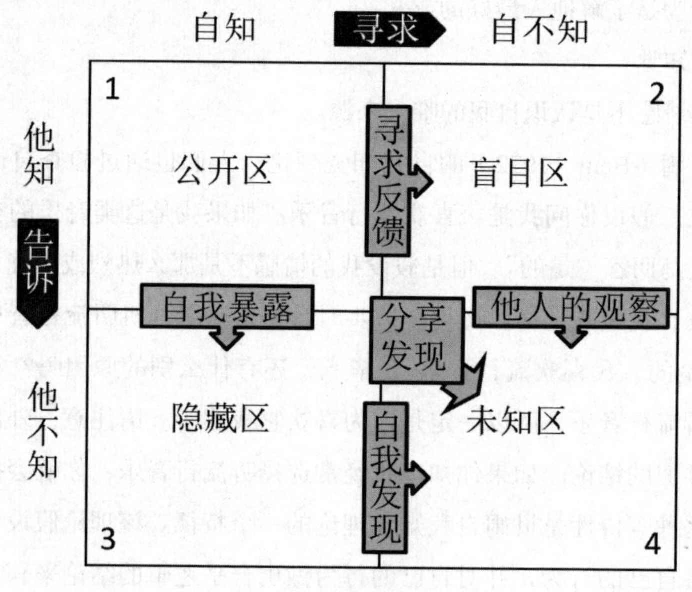

图5.11　乔韩窗口

1. 公开区（象限1）

每一个人知道我是……

公开区代表有关自我的信息被自己以及其他人知道，包括你的态度、行为、知识、情绪、技能和其他一些“公开”史。

这是所有交流发生的主要领域，该区域越大，你的人际关系就会越有效，越有活力。“寻求反馈”是一个倾听和理解他人的过程。通过这种方法，个体可以在水平方向上增大公开区，减少自我盲点。在不透露太私人、太情绪化的信息情况下，可以通过向他人“自我暴露”向下扩展公开区，减少隐蔽区。

2. 盲目区（象限 2）

我不知道我被看成是……

盲目区代表有关自我的信息其他人知道，但是你不会意识到它。

这些信息可能包括你不知道的简单信息，也可能涉及一些深层次的问题（比如，感觉自己能力不足、无能、无价值或被拒绝），这些问题通常很难直接面对，但却能被别人看到。

3. 隐藏区（象限 3）

我觉得自己……但我不想分享。

隐藏区代表你知道的信息，但不想让别人知道。

这可以是任何你不愿意透露的个人信息，包括情绪感受、过去的经历、恐惧、秘密等。我们保留一些情感和信息作为隐私，因为它们会影响人际关系。

4. 未知区（象限 4）

我不是……

未知区代表你自己和其他人都不知道的信息。

包括一些情感、个人能力、才能等。或者由于过去创伤性的经历或事件，可能一生都保持未知。可以通过他人的观察、自我发现或分享发现等方式，减少未知区域。

乔韩窗口告诉我们，最终目标是实现：扩大公开区，生活变得更加真实，不论是与人交往还是独处，我们都会感到轻松愉快而有效率；减少盲目区，在生活中扬长避短，发挥自己的潜能。

为了更清楚地认识自己，我们应该有勇气去寻找自我，接纳寻找出来的很多自我不够完美的地方，接受独一无二的自己！

三、健全人格的标准

爱因斯坦曾说：“优秀的性格和钢铁般的意志比智慧和博学更重要……智力上的成就在很大程度上依赖于人格的伟大。”

爱因斯坦把人格放置于比知识更重要的位置，可见塑造健全人格的重要性！

具有健全人格的人能够适应和应对环境、人际关系和谐、发掘潜能并达到自我实现。从这个意义上看，健全人格跟心理健康差不多是同义词。

什么是健全人格？

加拿大心理学家杰拉德（Jourard）曾试探性地这样定义“健全人格”：健全人格是引导一个人行动的方式，人在其智慧以及对生活的尊重的指引下行动，从而使其需要得到满足，使人在觉悟、胜任力以及热爱自我、他人和自然的能力方面得到发展（1980）。

其他一些心理学家也定义过健全人格。因为人格涉及的问题很广泛，所以，健全人格的标准难以统一。在这里，笔者综合理论家们共同认可的人格特征，结合江光荣老师撰写的《心理咨询理论与实务》（第 2 版）该章节内容，叙述对于衡量健全人格具有突出意义的几个方面的特征：

1. 客观的自我认识和积极的自我态度

具有健全人格的人应该对自己的性格、能力、情绪以及优缺点等各方面都尽量做到符合实际的、恰当的评价，具有客观的自我认识。

当然，人对自我形象的认识很难像拍照一样准确，也不是越精确越健康。但是，如果大幅度地偏离客观自我形象，拥有严重扭曲的自我观，可以肯定人格是不健全的。

在压力及其应对那一章，我们谈到了进食障碍！这类障碍的一个共同特征是身体意象严重扭曲，患者对自己的身材在认知方式上存在差异，过分强调体重和体形对人的价值的重要性。即使她们瘦骨嶙峋，从镜子里看到的自己仍然是肥胖的！（见图 5.12）

图 5.12 体像障碍

爱美的女生们，你们是不是觉得自己还不够苗条，向往更纤细、更修长的身材呢?

生活中，我们注意饮食和进行有规律的锻炼，在追求健康的同时消耗掉多余的热量，期望保持好身材。很多人在 QQ、微信或陌陌等社交软件上上传个人图像时，习惯用美图秀秀或 Photoshop 图像处理软件修饰照片，让身材显得更瘦，更有吸引力!

一项针对“什么样的体型吸引人”展开调查，结果表明，女性对“男性眼中最具吸引力的体型”的评价比男性实际的评价偏瘦，反映了女性对自己的体型或多或少不满意。

不只在体型上我们难以做到客观，在其他方面也很难做到自知之明。

心理学研究发现，大部分人对自己的工作能力、聪明才智、品行等方面的认知往往高于实际水平。研究发现，90% 的司机相信自己的车技高于平均水平，68% 的律师认为自己会胜诉，即使监狱里的罪犯，在评价自己的时候，往往也认为自己比别人的道德感高……

这种高估自己过度自信的现象，反映了个体维持和增强自尊的“自我服务偏差”，即人们倾向于以一种过于有利的方式看待自己。这是一种积极的自我态度!

积极的自我态度与自我认识密切相关，但不完全由后者决定。它指的是一种“尽管认识到自己有优缺点，但对自己总的评价是满意的，认可自己，接纳自己，对自己抱有希望，愿意做自己”的态度。

健全人格需要我们持有一种对自我感觉良好的积极的自我态度。

你经常独来独往吗？你或许会觉得自己不善表达，没有朋友而身陷孤独，对自己感到失望；又或许，你认为自己是主动拒绝陷入无意义的交谈上，你有一颗庞大的内心，享受在自己的精神世界里独处。

你是一个好争辩的人吗？你或许觉得自己太强势，一定会招致周围人讨厌，连你自己也不喜欢自己；又或许，你觉得自己很执着，坚定不移地坚持自己的观点和信念，你很欣赏自己。

尽管是同样的人格特质，换一种认知方式，自我评价就发生改变，获得不同的自我感觉。因此，合理认知带来正性评价，会产生积极的自我态度。

江光荣老师在心理咨询临床实践中发现，在塑造健全人格的过程中，积极的自我态度涉及“自尊”和“自信”两种核心自我评价。自尊是对自我价值的态度，自信是对自我能力的态度。兼具自尊和自信的个体内在体验幸福、充实而安详，外在表现坚定、有效而成功。

这里重点谈谈与自信有关的心理学现象和原理。

社会学家罗伯特•默顿（Robert Merton）在20世纪40年代提出了一个术语——自我实现预言，他这样定义“自我实现预言是，在一开始，对形势的错误定义引发了一种新的行为，这种行为使最初的错误概念变成了现实。”自我实现预言似是而非的有效性使这种错误的统治得以延续。这些预言就像“先知”一样，“因为先知会引用事件的实际过程来证明他从一开始就是正确的”。这与古老的苏菲派著名诗人鲁米（Rumi）的一些话非常相似，“你正在寻找的东西也在寻找你”！

预言真的会实现吗？

“书本知识太复杂，我弄不懂它！”“我不是学习的料！”“考试结果肯定很糟糕！”这种尴尬的内心自白充满了负面的信念和期望，成为考试失败潜伏着的预言！你自认为不是读书的料，学不好，那么，你上课不记笔记，遇到问题不主动请教老师或同学，考试前也不复习，结果考试成绩一塌糊涂，然后你对自己说：“看吧，我果真不是一块读书的料！”

“她坐不住”“她注意力不集中”或者“她就不是学习的料”。当我们还是孩子时，大脑就像海绵一样，吸收每一个微小的互动，对从我们认可和信赖的人那里获取的信息深信不疑，最后，我们真的变成他们所说的样子，一语成谶！

自证预言也适用于人际情境！当你听到朋友评价某人“很冷漠、难以接近”时，那么你可能会不喜欢他，不期望你们之间能发展出友谊，交往时你表现得很冷淡，对方感受不到你的热情，当然反应也不积极，他的表现印证了你的推断——他果然是一个不好相处的人！

和自我实现预言有同样类似原理的是著名的罗森塔尔效应。

美国心理学学家罗森塔尔（Rosenthal）等人在1968年做了一个著名的实验。他们到一所小学，从一至六年级各选了3个班，对这18个班的学生进行一项据说可以识别出“未来发展趋势”的测试。之后，校长和老师们得到了一份“最有发展前途”的学生名单，罗森塔尔叮嘱他们务必要保密，以免影响实验的正确性。8个月后显示，凡是名单上的学生都比他们的同学表现出更大的学业成绩进步，并且，他们在其他方面表现更好，比如，求知欲旺盛、自信心强、性格活泼开朗、更乐于和他人交往。

其实，罗森塔尔撒了谎，名单上所谓的“最有发展前途”的学生实际上是随机选择的。罗森塔尔写道，他们与其他同学表现差异的唯一区别在于“老师的想法”，老师的期望产生了巨大的不同！

老师的期望是如何影响学生的表现呢？对于“最有发展前途”这类特殊的学生，老师对他们寄予厚望，用亲切友好的行为为他们创造良好的学习氛围，倾向于把更多的精力投向他们、经常提问他们、给予更有益的反馈，比如，“你真棒！”“你能做得更好！”“老师相信你！”等。“最有发展前途”的学生们感知到来自老师的热爱和期望，更加努力和自信，各方面取得巨大的进步，进而印证了老师的期望。

罗森塔尔效应遵循着这样一个循环链：信念—期望—行动—知觉与反应（表现出与期望一致的行为）—期望实现（强化了起初的期望）。

信念、期望和行为之间的正反馈被认为是自我实现预言和罗森塔尔效应得以实现的主要原因。前者的信念和期望是针对自己，后者则是针对他人！

给自我或他人贴负面“标签”的方式常常使我们陷入学业失败和人际困

境中，那么，撕掉它们，带着积极的想法和期望，寻找证据来支持你的信念，慢慢地，你对自己和他人的信念就会变成现实！

记住，卓越是可以培养和培育的，做自信的自己！

2. 客观的社会知觉和建立适宜的人际关系的能力

社会知觉又称为社会认知，指人们选择、理解、识记和运用社会信息做出判断和决定的过程。

我国学者曾从汉语谚语出发论述过中国人知解人心的五种途径或方法：观语言、观行为、观相貌、类化和省察己心。

人的大脑在认识人和事物时功能很强大，但也有其局限性，我们在对他人的判断上很容易犯错误。阿莫斯·特沃斯基（Amos Tversky）和丹尼尔·卡尼曼（Daniel Kahneman）两位研究者最早在1972年提出认知偏差的概念。即使是最聪明、最具同情心的人也会被所谓“认知偏差”的心理陷阱所困扰，无法充分理解他人。

认知偏差又称认知偏见，是指人们在处理和解读周围世界的信息时出现的系统性思维错误，它会影响人们做出的决定和判断。

为什么会产生认知偏差呢？

认知偏差通常是大脑试图简化信息处理的结果，通常与认知启发有关。由于周围世界复杂多变、信息量大，人的信息加工能力有限，有时有必要依靠一些心理捷径来快速行动，认知启发本质上是一种心理捷径——人们并不是对所有信息进行感知，而是在没有广泛考虑和/或反思的情况下做出推断。

注意力是一种有限的资源，人们不得不选择性地关注周围的世界。正因为如此，微妙的偏见可能会潜移默化地影响你看待和思考世界的方式。

此外，个人动机、社会压力、情绪等因素也可能导致认知偏差。

当你对周围世界做出判断和决定时，你认为自己是客观的、逻辑的、有能力接受和评估所有可用的信息。不幸的是，认知偏见有时会绊倒我们，导致错误的决定和判断！

例如，如果你相信乘坐飞机是危险的，那么一些关于飞机坠毁的故事往往比数百万计安全、成功飞行的故事更令你难以忘记。这就是“证实偏差”——人们总是有选择地去解释并记忆加强或证实自己既存信念的信息。

对于倾向于用这种方式思考的人来说，坐飞机旅行等同于可能带来厄运的风险事件。

认知偏差是一个涵盖性术语，有很多种类，对个体的影响各不相同，但是它们的共同特点是会导致偏离理性客观的判断和决策。

在一项研究中，研究人员提供反馈和信息，帮助参与者理解认知偏差以及它们如何影响决策。结果表明，这种类型的训练可以有效地将认知偏差的影响降低29%。那么，了解和学习一些最常见的导致思维扭曲的认知偏差，有助于我们保持客观的社会知觉！

（1）基本归因错误

基本归因错误指的是当我们试图解释别人的不良行为时，我们倾向于过分强调他们的个性，而对他们所处的环境重视不足。这会让他人感到不被欣赏，破坏人际关系。

例如，如果一个团队成员在工作中犯了错误，我们更可能将原因归咎于他们的人格或技能水平。然而，当我们犯了同样的错误时，我们更有可能把原因归咎于当时的情境，比如，我们匆忙赶路，感觉疲劳，或者是别人的错。

例如，当他人没有给你回电话时，你通常会认为他们不够体谅你，忽视你的需要，或者他是粗鲁无礼的。很少有人会认为他们没有回电话是有原因的，比如他们错过了通知，或者发生了其他紧急情况。

意识到我们容易犯基本归因错误，那么，类似的情况发生时，我们不要马上做出判断，可以假定别人是无辜的，并试图对他们的行为提出更积极的解释。这将平衡我们判断的自然倾向，让我们更容易就真正发生了什么进行富有成效的对话。

（2）晕轮效应

晕轮效应可以被定义为一种倾向，即倾向于用整体评估来对特定的特质做出判断。这种认知偏见之所有用“晕轮”来比喻，是因为一种整体特征（比如吸引力或可爱）像太阳光圈一样，掩盖了其他具体特征，并影响我们考虑具体特征时的感知。换句话说，我们倾向于认为漂亮的人是外向而友好的，而不漂亮的人是害羞而保守的。

当我们还是孩子的时候，我们就知道好的是美丽的，坏的是丑陋的（至少，没有那么美丽)。灰姑娘、白马王子和其他主角比继母、继姐妹及其他反派角色好看多了。

尽管我们被告诫：不要以貌取人！但是，在我们的社会中，吸引力是多么重要，人们倾向于给有吸引力的面孔赋予积极的特征，即使它本不应该如此。

假设要求你看几个不同人的头像，然后预测每个人的人格特征。研究表明，你最有可能给那些你认为最有魅力的人赋予积极的品质——聪明、友好、值得信赖等等。然而，你也可能会给那些你认为没有吸引力的人加上坏脾气、刻薄等负面人格特征，这被称为“负晕轮效应”。

图 5.13 晕轮效应

(3)刻板印象

刻板印象是对特定群体广泛持有的、简化的、本质主义的信念。

刻板印象可以反映在性别、种族、国籍、年龄、社会经济地位、语言等方面。它们深深根植于社会制度和更广泛的文化之中。甚至在儿童早期阶段，它们就表现得很明显，影响和塑造了人们之间的互动方式。例如，罗梅斯(2006)研究表明，电子游戏设计师为女孩设计了一个粉色的游戏平台，这是他们对女孩的刻板印象，而女孩们自己更喜欢深色的金属色。

“美国人开放、德国人严谨、法国人浪漫、中国人含蓄”，“亚洲人擅长数学，非洲人擅长运动”，“男主外，女主内”等等，这些都是知觉者的刻板印象。

部分国外的嘻哈音乐视频看起来就像是直接从刻板印象工厂里制造出来的。它们展示了对男性和女性的刻板印象：男性在炫耀他们的肌肉，挥舞着枪支，沉迷于汽车和毒品；女性虚荣肤浅，迷恋自己的外表。

刻板印象是以偏概全的认知偏差，过度简化或过度夸大群体特性，容易产生偏见和歧视。

图 5.14　刻板印象

（4）首因效应

首因效应是这样一种倾向，即我们对第一个信息的记忆，会比后来所呈现的信息更好。

新官上任三把火、先发制人、下马威等都是利用首因效应占得先机。当我们面试或约会时，会特别注意形象，"第一印象很重要"，会对以后的认知产生影响作用。

公司经常会通过电视、广播、互联网和印刷广告等方式向你展示它们的产品和服务，甚至在这些产品或服务可用之前，形成第一印象，而且通常会确保你听到的关于产品或服务的第一个消息是积极的。

斯蒂恩（Steen）等 2004 年的一项研究发现，在纽约市的选举中，排在第一位的候选人当选率超过 70%；米勒（Miller）1998 年在实验室研究中也发现了对候选人偏好的类似影响。

在卢钦斯（Luchins）的实验中，他编撰的文字材料主要是描绘一个叫吉姆的男孩的生活片段，这两段文字描写了两种截然相反的人格特征。卢钦斯以不同顺序将这两段材料加以组合：一种是将描写吉姆性格冷淡而内向的材料放在前面、描写他性格热情而外向的材料放在后面；另一种颠倒顺序。接着，卢钦斯让两组水平相当的中学生被试阅读材料，并让他们对吉姆的性格进行评价。实验结果表明，先提供的信息占优势，首先阅读的材料对被试评价吉姆的性格起着决定作用。

首因效应一般基于知觉对象的一些肤浅的、非本质的特征而形成，这种评价需要在随后的沟通互动中不断修正和改进！

（5）投射

投射是一种基本的、自我保护的防御机制，也是一个影响人们如何相互理解的过程。当我们投射时，我们把自己的一部分“放到”别人身上，通常是为了“摆脱”自身那些令人反感的东西——不良行为、错误和失败等。

当你有一大堆不舒服、尴尬和讨厌的情绪，而你又不能有意识地处理这些它们时，会发生什么呢？根据著名心理学家西格蒙德·弗洛伊德（Sigmund Freud）的说法，这些情绪会投射到其他人身上，让其他人成为我们察觉缺点的载体。对我们来说幸运（或不幸）的是，这种情感上的错位让我们更容易接受自己，因为其他人要为我们的痛苦负责，而不是我们自己！由于将自己的情绪外化并感知到是别人的情绪，我们经常创造出虚假的自我形象，把自己描绘成“受害者”或“好人或正义的人”，而事实并非如此。

比如，一名男性在整个晚餐期间都在喋喋不休，但当他被打断时，他会责怪对方想要得到关注，不善倾听。又比如，当一个母亲没有实现自己的人生目标时，她会给孩子施加压力，要求他们成功。

还记得电影《天下无贼》吗？心地纯洁的傻根说的那句经典的台词：“山上的狼都没害我，我就不信人会害我？人怎不能比狼还坏吧？”善良的傻根总也不相信有人会加害他。这是典型的“以己推人”的投射心理！

投射会让我们对他人的知觉失真，最重要的是意识到什么时候在投射，当我们开始注意到我们在批评或责备别人的时候，投射防御机制会自动开始减弱！

是否有一些因素影响着你的选择？你是否过于看重某些因素？你漏掉了哪些因素？你是否因为不支持你的观点而忽略了有关信息？……思考这些事情，挑战你的认知偏差，你可以成为一个更具批判性的理性认知者！

综上所述，我们需要挑战认知偏差，在事实根据之上而不是主观臆测上形成对他人的客观的社会认知，建立适宜的人际关系！

亚里士多德早就指出：人在本质上是社会性的动物。良好的人际关系能延长人的寿命、减少生理疾病和提升主观幸福感！

现实生活中，似乎人与人之间隔着无数面“心墙”，人际关系的深浅决定了自我展露的层次，大家都小心翼翼地避免越过无形的边界。

当我们和他人初次见面，总是存在着话题禁忌。随着人际关系的发展，个体会向彼此展露更多的个人信息，谈话逐渐转移到更广阔、更开放的空间。

与自我展露程度相对应的是自我层次理论。鲁宾（Z.Rubin）及其同事把自我分为四个层次。第一层是自我的最表层水平，涉及兴趣、爱好等方面，例如个人的饮食偏好、日常兴趣等；第二层是对事物的态度和看法，例如，对某一政治事件的态度、对某个老师的看法等；第三层是有关自我的人际关系或者自我概念状况，例如，与父母的关系、师生关系、同学关系，自己有些情绪化、有些自卑等；第四层是自我的最深层次，属于一个人的隐私部分，轻易不会向他人展露。例如，自己某些不为社会和他人接受的经验、想法或行为等（如曾经有过的偷窃经历、嫉妒心理、报复他人的想法等）。

自我展露是人际关系的“探测器”，了解自己和他人在何种层次上相互展露，可以了解人际关系双方相互的信任和接纳程度。

你读过威廉·斯泰隆（William Styron）的长篇小说《苏菲的抉择》（Sophie's Choice）吗？故事主人翁苏菲被迫做选择，纳粹告诉她，她可以选择救出两个孩子中的哪一个，否则两个孩子都会被送进毒气室。如果你有一个兄弟姐妹，你可能会想知道你的妈妈在这种情况下会怎么做，但你可能不会问。如果你的母亲也读过这本书，她可能会猜到你在想什么，但也不会说出来。那么，从某种意义上说，这个话题已经成为横亘在你和母亲之间的一面墙。

当我们还是孩子时，我们感觉不到和其他小伙伴间有无形的“墙”存在，有什么禁忌。那时候，我们表现得无拘无束，我们热衷于积极地和伙伴聊天，而且我们还会经常打架。因此，幼儿有时会拥有比成年人所希望的更为亲密的友谊。

随着不断社会化，我们变得更理性。史蒂文·平克（Steven Pinker）曾指出，礼貌的提高导致暴力行为显著减少！我们变得更加厌恶风险，我们知道，人际关系需要长期的努力和维系，如果我们不小心，关系就可能会被摧毁。此外，作为成年人，我们更清楚地知道别人会怎么看待我们，因此，不太愿意透露我们的真实感受。

大家看古装剧吗？皇室成员们虽然结婚了，却还是用正式的称谓、用头衔称呼对方，甚至面对面交谈时也用对待陌生人的冷漠的礼貌对待对方。他们都带着"身份"赋予的面具生活着，扮演着自己的角色！他们之间不可能有我们所说的亲密关系。

但是，在亲密关系中，不恰当的过度展露确实为关系增加了风险！澳大利亚科幻小说家格雷格·伊根（Greg Egan）有个故事叫《更近》（Closer），讲的是一对未来的夫妇利用科技分享更多的体验。使用设备，他们交换身体，最终能直接进入对方的精神生活。毫不奇怪，他们的关系在实验的最后阶段没有存活下来。两人在互相吐露了一段时间内心深处的想法后，不久就分手了。

人类社会属性的核心部分正是对亲密关系的需要！在人际关系中，我们体验着两难困境——想要找了一个可以畅所欲言的朋友，想要接近对方，向往亲密，但是又是一个胆怯的人，害怕逾越边界，破坏关系。

亲密关系是一种人际关系，在人类的生活中占有举足轻重的地位。当人类与生俱来的归属感和爱的需要被满足时，亲密关系就形成了。遵守自我展露的原则（见本书人际关系部分），在自由、信任和安全的环境中，带着勇气和开放的心态去和那些与你分享亲密感受的人分享你的感受吧！

此外，对他人关注、尊重、真诚、同理心、能恰当表达自己等对待他人的态度特征有助于建立适宜的人际关系，同时，我们还需要学习一些增加人际吸引的策略。

3. 生活的热情和有效解决问题的能力

积极心理学家克里斯托弗·彼得森（Christopher Peterson）和马丁·塞利格曼（Martin Seligman）发明了描述人类优势的术语。他们列出了包含 24 种性格力量的 6 种核心美德（智慧和知识、勇气、人道主义、正义、节制、超越）。其中，热情（zest）是人类美德——勇气的组成部分。

热情被定义为对生活充满兴奋、期待和活力。热情本质上是勇气的一个概念，有热情的人把生活当成一场冒险，有动力去处理具有挑战性的情况和任务。面对生活中的起起落落，有能力对自己所做的一切保持乐观的态度。

生活中，为了生存，大多数人被困在朝九晚五的工作中。伴随着挫折、压力、不确定性和挑战，我们感到失落、害怕或沮丧几乎是正常的——更糟糕的是，我们开始对以前喜欢的活动失去兴趣，我们感到深深的倦怠，对生活失去了热情！

你是否感到枯竭而身心俱疲？你是否被负面情绪缠住，感到过于愤世嫉俗、超然或快乐减少？你是否感到缺乏做事情的欲望和动力？……这些都是生活中缺乏热情的表现！

陷入困境而缺乏热情是很正常的，事实上，每个人在一生中至少经历一次困境。

给自己设定一个新的目标！新的目标、新的挑战会带你走出舒适区。它会给你带来一个新的机会，打开一扇门，让你更了解自己，成长为你向往的样子。

健全人格的个体有着热爱生活的热情，还需要具备与自己的年龄相适应的生活能力，主要是处理、解决自己遇到的学习、生活、人际问题的能力。缺乏这种能力，他就不能有效适应环境，满足自己成长和发展的需求。

现代的年轻人被冠以“草莓族”“水蜜桃族”。他们在成长过程中，被父母呵护备至，把精力都集中在学习上，导致他们考试应试能力强，但是，生活能力差，不善处理人际关系，心理素质差，遇到压力和挫折就像草莓一样一压就扁。

除了具备真实的问题解决能力外，个体还需要有“自己能成功解决问题”的自我效能——指一个人对自己有能力完成特定任务的信念。

有心理问题的个体会出现共有的心理痛苦——心力委顿（demoralization）——它起于人的主观无能感，即无法应付他（她）自己以及周围的人都觉得他（她）能够处理的问题。

20世纪六七十年代，临床精神科医生和心理治疗师杰罗姆•弗兰克

（Jerome Frank）将心力委顿引入到临床上，定义为一种存在痛苦综合征（“困扰”“痛苦”），这种综合征发生在患有严重疾病的患者身上，例如身体残疾或精神障碍，特别是在那些威胁生命或生命完整性的患者。个体在应对内部或外部压力方面持续失败，自尊受损，感到被拒绝，没有达到期望时，会出现心力委顿，它是个体寻求心理治疗的最常见原因之一。典型特征是无力感、孤独感和绝望感，但并非每个人都需要具备这些特质。

弗兰克认为心力委顿是痛苦（焦虑、悲伤、沮丧和不满）和主观无能（一种被困或阻塞的感觉，因为没有能力为一个或多个目标计划发起一致的行动）的组合，当与自尊相关的设想被推翻时，它们是共存的。

当出现心力委顿时，个体对自己失去信心，可以从挫折应对章节学习如何如何减少习得性无助的方法！

4. 人格结构具有协调性

人格是一个系统，并非由单一特征构成，它是受一定个性倾向性制约的心理特征组合而成的一个复杂的有机整体，包含着知—情—意系统、心理状态系统、人格动力系统、心理特征系统、自我调控系统等多种成分。

健全人格者拥有统一的人生观和世界观，人格的各个组成部分之间保持协调、平衡。人格统合性是心理健康、健全人格的重要指标。当人格结构各方面失去和谐统一时，可能会出现适应困难，严重的甚至出现人格分裂。

从身份的建构来看，人是多元的存在，是一个由多重的多元个体身份构成的动态系统。每个人在不同的环境中相互作用，获得不同的经验，这些经验有助于形成不同的自我形象，称为主体身份形态（Subjective Identity Forms，SIF），在不同环境中执行的不同角色。主体身份形态系统受自我意识的调控，通过不同主体身份形态之间的积极关系来达到平衡，从而实现整体自我的和谐。这对于生活、工作和学习，建立真实性和积极的协调自我是至关重要的！

但是，童年时期经历过巨大压力或创伤可能会阻止一些个体将他们的经历整合成一个统一的身份，产生分离性身份障碍（以往被称为多重人格障碍、人格分裂）。在美国、加拿大和欧洲，大约 90% 的患者在儿童时期曾遭受过严重的虐待（身体上、性上或情感上）或忽视。有些人虽然没有经历过虐待，但有重要的早期丧失（如父母的死亡），严重的疾病，或其他压倒性的压力事件。

随着个体的成长，他们必须学会把复杂的、不同类型的信息和经历整合成一个连贯的、复杂的个人身份。儿童期人格同一性形成过程中发生的性虐待和身体虐待可能会对个体形成单一、统一身份的能力产生持久影响，特别是当施虐者是父母或照顾者时。

被虐待的儿童可能会经历不同的知觉、记忆和情感被隔离的阶段。随着时间的推移，这些儿童可能会发展出一种越来越强的逃避虐待的能力，通过“离开”，通过把自己从恶劣的物理环境中分离出来，或者通过退回到自己的思想中。是的，如果处在一个完全不可能处理的情境下，你会通过自我防御机制——解离来生存。创伤能及时地使你僵住！这样，每个阶段或创伤经历都可以用来产生不同的身份。

然而，如果这些脆弱的儿童得到真正有爱心的成年人的充分保护和抚慰，那么分离性身份识别障碍就不太可能发展。

电影《三面夏娃》是根据真实案例改编，相信通过影视作品的加工，看完电影你将会对人格分裂有一个更加完整的了解！

图 5.15　人格分裂

知识拓展：各大理论家的健全人格理论

亚伯拉罕·马斯洛（Abraham Maslow）曾说：“我想证明人类有能力做一些比战争、偏见和仇恨更伟大的事情。”

引言

长期以来，心理学中忽视健全人格的研究，而却广泛地关注精神疾病的研究。

然而，在过去的几十年里，越来越多的研究者认识到人类人格的成长和变化能力。这些“成长心理学家”（大多数人更愿意被称为人本主义心理学家）对人性有了一种全新的看法，他们观察到的人与传统心理学派——行为主义和精神分析——所描述的人不同。行为主义把人看作是“外界刺激的被动反应者”，精神分析学家把人看作是“生物力量和童年冲突的受害者”，而人本主义心理学家认为我们可以努力成为我们能够成为的人，并在这个过程中从“正常”转变为“健全人格”。

健全人格被证明是一个难以定义的概念。健全人格的定义足够写一小本书了。然而，杰哈塔（Jahoda，1958）指出，“积极的心理健康”包括个人下列六个方面中的一个或多个方面：

1. 个体达到的个人融合的程度。

2. 个体达到的自主程度。

3. 个体对现实的感知充足。

4. 个体对环境的掌握程度。

5. 个体对自己所表现出的态度。

6. 个体自我实现的方式和程度。

舒尔茨（Schultz，1977）评估了健全人格的组成部分，并陈述了以下被大多数理论家认同的特征：

1. 有意识地、理性地指导自己行为的能力。

2. 掌握自己的命运。

3. 知道自己是谁，接受自己的优点和缺点。

4. 牢牢地扎根于当下。

5. 通过新目标和新体验来追求挑战。

可以看出，健全人格的任何单一定义在某种程度上都是不够的，但有一个工作模式将是有益的，这是杰拉德（Jourard，1963）的提法：

健全的人格表现在个体能够通过可接受的行为来满足自己的基本需求，从而使自己的人格不再是一个问题。他们可以或多或少地把自己视为理所当然，把精力和思想投入到有社会意义的兴趣和问题上，而超越了安全、可爱或地位。

本文选择探讨了高尔顿·奥尔波特（Gordon Allport）、卡尔·罗杰斯（Carl Rogers）、埃里希·弗洛姆（Erich Fromm）、亚伯拉罕·马斯洛（Abraham Maslow）、卡尔·荣格（Carl Jung）、维克多·弗兰克（Viktor Frankl）和弗里茨·皮尔斯（Fritz Perls）提出的健全人格的概念。这些理论已经得到了充分的发展，在当代具有吸引力。每一种人格理论都描述了一种超出正常的人格发展水平，从而导致健全人格。

人格的健全被认为是幸福、心境平和、个人适应和生活成功的重要因素。正如马斯洛（1967）所言："如果你故意计划要做的比你能做的少，那么我警告你，你的余生将会不快乐。"

一、高尔顿·奥尔波特的健全人格——成熟的人（The Mature Person）

奥尔波特认为，人格健全的个体在理性和意识的层面上发挥作用，意识到并控制着引导他们的各种力量。成熟的人是由当下和他们对未来的意图所引导的。他们的观点是面向当下和未来的事件，而不是像神经症患者那样追溯童年创伤和冲突。他发现神经症和健全人格之间存在鸿沟或分裂，两种人格都没有表现出任何相似的特征。神经质的人显示幼稚的冲突和经验，而健全人格的功能在一个不同的和更高的水平。奥尔波特只研究了成熟、健康的成年人，对神经症知之甚少，因此他的理论体系是真正以健康为导向的。

健全人格的动机

奥尔波特指出，成人的动机在功能上是独立于儿童时期的，意味着他们独立于最初的环境。我们不是被过去的激励力量从后面推动，而是被未来的意图推动向前。

正如奥尔波特（1955）所指出的，这种模式的核心是未来目标和意图的重要性："拥有长期目标被认为是个人存在的核心，是人区别于动物、成人区别于儿童、以及在许多情况下健全人格和病态人格的区别。"

个人的意图性本质——朝着未来奋斗——通过整合其所有组成部分以实现目标和意图来统一整个人格。当他或她冒险和探索新事物时，这种人格的意图性也会增加他或她的紧张程度。奥尔波特认为，只有通过这些新的产生紧张情绪的体验和风险，人类才能成长。有趣的是，这种观点不同于减少紧张的动机模型（包括弗洛伊德的理论），弗洛伊德声称人们的动机是减少紧张，从而维持一种稳态。

在奥尔波特看来，幸福本身不是一种目标；它可能是追求抱负和目标的副产品。事实上，他相信健康人的生活是残酷的，充满痛苦和悲伤。

这一模型的另一个矛盾之处是，健全人格所追求的目标归根到底是无法实现的。他以南极的探险家罗尔德·阿蒙森（Roald Amundsen）为例。阿蒙森每发现一个新发现，他都会立即为下一个发现做计划。他被不断探索的目标所激励，但只要还有未探索的领域，这个目标就永远不可能完全实现。为此，奥尔波特（1955）写道："救赎只降临在那些不断地努力追求最终无法完全实现的目标的人身上。"

奥尔波特承认，如果现有的动机不够充分，就有必要创造动机，因此，他提出了组织能量级的原则。以养育孩子为目标的妇女必须找到新的目标，并在孩子成年后重新引导精力。成熟、健康的人经常需要足够力量的动机来消耗他们的能量。

奥尔波特的健全人格动机理论还包括掌控和能力原则，该原则提出，成熟、健康的人在努力满足他们的动机时，不希望表现在普通水平上，而希望表现在高水平的能力和掌控上。

以下七个标准代表了奥尔波特成熟人格的特征。

1. 自我感的扩展

自我从只关注自身发展到广泛关注人和活动。奥尔波特认为，一个人需要把自我扩展到真正的个人亲身投入和参与的活动中去。然后自我投入到有意义的活动中，它们成为自我意识的延伸。这种真正参与的感觉适用于工作、家庭、休闲和生活的各个方面。一个人越充分参与各种活动、人或想法，他或她的心理就越健康。

2. 自我和他人之间温暖的关系

奥尔波特报告了与他人关系的两种温暖：亲密的能力和怜悯的能力。健康的人可以对父母、孩子、配偶或亲密的朋友表现出亲密（爱）。当一个人真诚地参与到所爱的人的生活中，并关心他或她的幸福时，良好的自我扩展感就会带来这种亲密的能力。健康的人的爱是无条件的。

怜悯是第二种温暖，它涉及对人类基本状况的理解，以及与所有人的亲近感。对他人的共情来自一个人对感情的“想象延伸”。反过来，成熟的人会宽容和不评判别人的弱点，理解他们有相同的弱点。

3. 情绪安全

这一健全人格特征包括自我接纳、挫折容忍和情绪控制。

自我接纳是最重要的，包括接纳一个人存在的所有方面，包括弱点和失败，而不是屈服于它们。成熟的人带着自己的缺点生活，内心很少有冲突。他们努力做到最好，在可能的时候改进。

挫折容忍是指容忍压力和挫败欲望。健康的人会想出不同的、不那么令人挫败的方法来达到相同的或替代的目标。挫折感不会像神经症患者那样严重。

情绪控制是一个人对个人情绪的控制，它们不会破坏社会功能。这种控制不是压抑，而是将情绪重新导向更具建设性的渠道。

成熟的人表现出这三个特点是因为他们有基本的安全感。他们在处理生活中的恐惧和自我威胁时，有区分轻重缓急的能力，知道这些压力通常是可以控制的。

4. 现实的知觉

健康的人客观地看待世界，接受现实的本来面目。成熟的人不会扭曲现实，让它与自己的需求和恐惧相容。相反，神经质的人可能对现实有一种个人偏见，他们把人和事分成不同的部分，而这些部分可能不能反映现实情况。

5. 技能和任务

奥尔波特相信工作的重要性和在工作中迷失自我的必要性。他认为不可能找到那些没有将自己的技能用于工作的成熟、健康的人。工作和责任赋予生活意义和连续性。奥尔波特（1961）引用了著名脑外科医生哈维·库欣（Harvey Cushing）的话：“忍受生活的唯一方式就是完成一项任务。”

6. 自我客观化

拥有高水平自我客观化（即自我洞察）的个体能够达到更高水平的自我

理解。他们理解真正的自我与理想的自我之间的差别，知道自己如何看待自己与别人如何看待自己之间的差别。奥尔波特认为，自我洞察力强的人比自我洞察力弱的人更聪明。

7. 统一的生活哲学

健康的人格具有前瞻性，并以长期目标的实现为动力。这种存在方式为他们的人格提供了连续性。奥尔波特把这种统一的动机称为指向性，它引导一个人生活的各个方面朝着一个目标（或一系列目标）前进，并给了活着的理由。因此，在这个模式中，拥有健康的人格取决于对未来的愿望和方向。

价值观对统一的生活哲学的发展至关重要。神经质的人的价值观被认为不足以统一生活的各个方面。

另一个促成统一生活哲学的因素是良心，它包括对自己和对他人的义务和责任感。成熟的人的良心建议："我应该这样做"，而神经质的人的措辞方式是基于童年的顺从和约束，"我必须这样做"。

结论

奥尔波特是第一位研究成熟、正常成年人而不是神经症患者的人格理论家。在发展他的模型时，他挑战了几个已建立的人格理论。例如，他认为神经质人格和健全人格功能上没有相似之处，他们是独立的个体。他认为，健康的人格一旦形成，就不会受到过去童年经历的影响，这一观点与弗洛伊德和其他人格理论家的观点不同。此外，作为一种积极的改变，奥尔波特关注于增加紧张而不是减少紧张，是值得注意的。

在这个模型中，心理健康是向前的，而不是向后的。他的观点是人希望成为的样子，而不是已经发生或无法改变的事情。因此，奥尔波特的人格模式是乐观和充满希望的。

成熟的人会积极参与并致力于超越自我的事情或人。他们沉浸在生活中。健康的人能够去爱，并将自己扩展到与他人的深度关系中。成熟的人知道他们是谁，反过来，他们在与他人的关系中是安全的。

奥尔波特人格理论的优势在于他能够发现心理健康的人生活中的共同主题，并清晰地阐述这些主题。

二、卡尔·罗杰斯的健全人格——机能完善的人（The Fully Functioning Person）

罗杰斯认为，在获得健全人格方面，我们对当下的感知比过去的童年事件更重要。在与病人的治疗工作中，他强调人格必须通过病人的个人观点，他或她自己的主观经验来检查和理解。对病人来说，真实的是他们对现实的独特感知。罗杰斯发展了一种将人格改变的主要责任放在来访者而不是治疗师身上的治疗方法，因此出现了"以人为中心疗法"这个术语。他相信现实是服从于每个人的知觉经验的，反过来，每个人的情况都不一样，但是，他感受到了一种共同的、基本的激励力量：倾向或努力实现。

健康人的动机

罗杰斯在他的人格模型中指出了一个单一的动机——"一个基本的需要"：维持、实现和增强个人的各个方面。人类生长和发育的所有方面都在这种实现倾向中运作，包括生理成熟，如身体的器官和生理过程的发展。生理层面上的实现倾向是不可抗拒的，因为它推动个体从一个成熟阶段前进到下一个成熟阶段，迫使个体适应和成长。罗杰斯（1963）知道这个过程适用于所有生物，他曾这样描述海藻，"在这手掌状的海藻中，有生命的坚韧，生命向前推进，一种推进到令人难以置信的恶劣环境的能力，不仅能保持自己的生存，还能适应、发展、成为自己。"生活的目标不是维持体内平衡、减轻紧张、舒适和安逸，而是向功能的复杂性发展，让我们成为我们能够成为的一切。在生物学层面上，罗杰斯没有看到心理健康和疾病之间的差异，但就自我实现的心理方面出现了显著的差异。自我实现强调从儿童时期开始由生理向心理转变，并在青春期完成。

该模型将自我实现定义为"成为自己"的过程，发展自己独特的心理特征和潜能的过程，是终身持续的，是人的一生中最重要的目标。罗杰斯认为，人有一种与生俱来的创造冲动，最重要的创造性产品就是自己。

自我的发展

当自我在婴儿期开始发展时，婴儿学会了需要来自他人的喜欢、认可和爱，罗杰斯称之为"积极关注"。健全人格的主要要求是接受无条件的积极关注——无论孩子的行为如何，母亲或看护者都给予孩子爱和喜欢。这种自由给予的爱和喜欢，以及它所代表的态度，被婴儿内化为一套规范和标准。

在无条件的积极关注下长大的孩子不会发展“价值条件”——只有在特定的条件下才会有价值感，通常是在行为没有被反对或拒绝的情况下。做被禁止的行为会使婴儿感到内疚和不值得，从而导致焦虑和防御。只有当孩子的行为得到照顾者的认可时，他们才会“爱”自己，从而成为自己的“代理母亲”。在这个过程中，个人的自由受到了限制，因为他或她的真实本性无法得到充分的表达。相反，经历过无条件的积极关注的孩子在任何情况下都觉得自己是值得的，不需要防御行为，也不会在自我和对现实的感知之间产生不协调。

自我在这些健康的人的内心深处，因为它包含了所有可以表达的思想和情感；他们过着完全自由的生活，灵活地接受新的体验。这个人可以自由地自我实现，开发他或她的所有潜能，并朝着这个模型的最终目标前进，成为一个机能完善的人。

机能完善的人

罗杰斯（1961）的健全人格不是一种存在状态，而是一个过程，“一个方向，而不是终点。”罗杰斯在他的著作《成为一个人》中谈到了这一点，这本书描述了这个过程的持续本质。

自我实现是一个艰难而痛苦的过程，包括对自身能力的不断挑战。罗杰斯（1961）写道:“这需要勇气。它意味着全身心投入生活的洪流中。”

与奥尔波特相似，罗杰斯认为幸福是努力自我实现的副产品；幸福本身并不是一个目标。

这个模型的另一个要点是，自我实现的人是真正的自己，而不是假装。自我是人格的主人，独立于他人所制定的规范。

除了以上几点，罗杰斯还提出了机能完善的人具有的五个具体特征：

1. 对经验的开放性

价值的抑制条件的缺失允许一个人体验所有的感觉和态度，因为没有任何经验被视为威胁或必须防御。因此，对经验的开放是防御的对立面。

一个机能完善的人会强烈地体验到广泛的积极和消极情绪，而不会封闭其人格的各个方面；这导致了更大的人格灵活性。

2. 存在的生活

一个机能健全的人充分地生活在存在的每一刻。每次体验都被感知为新鲜的和新的，允许体验每次开始时的兴奋。

自我对新经验开放，适应生活。罗杰斯（1961）认为，这个人实际上是在说："下一时刻我将成为什么，我将做什么，都源自那一时刻，这是我或其他人都无法事先预测的。"

罗杰斯强调，这种存在的生活是健全人格最重要的组成部分。人格对此刻发生的一切都是开放的，它在每一次经历中发现一个结构，可以很容易对下一时刻的经历做出反应而改变。

3. 对自己机体的信任

对罗杰斯来说，以一种感觉正确的方式行事是决定行动过程最可靠的指南，比理性或智力因素更可靠。他写道："当感觉一项活动有价值或值得做时，它就值得去做。换句话说，我已经明白，我对情况的整体感觉比我的智力更值得信赖。"

由于没有运用情感因素，仅根据理性或智力因素来做决定会被认为妨碍个人的发展。在做决定时，应该分析人的所有方面——有意识的、无意识的、情感的和智力的。健康的人相信自己的决定，就像相信自己一样。

4. 自由的感觉

心理健康的人体验选择和行动的自由，而不受抑制或约束。这些人可以自由地在思想和行动之间做出选择。

机能完善的人对生活有一种个人力量感，相信未来取决于他们的行动。这种自由和力量的感觉创造了许多生活选择和伴随的信念，我们能够做我们想做的事情。

5. 创造性

罗杰斯认为，一切机能完善的人都是富有创造性和自发性的。有创造力的人并不以顺从或被动地适应社会规则而被人了解；由于他们缺乏防御心理，他们不关心别人对自己行为的认可。

由于创造性和自发性的因素，一个机能完善的人更有能力在剧烈的生活变化中适应和生存。因此，罗杰斯认为机能完善的人是进化过程中的"适应先锋”。

结论

罗杰斯的理论观点有一种特殊的吸引力，这促成了他的声望——他呼吁成为“我”，成为“现在”。在这个强调自我表现、不受拘束的年代，这种模式很有吸引力。

健康的人能够自我成长，过着不受童年事件影响的生活。存在一种心理成长与自我实现的遗传倾向，一种内在的、自然的心理健康的动机。

积极关注和价值条件的贡献是有价值的，因为这是机能完善的人的特征。对所有经验完全开放，没有感到威胁，为过一种兴奋的生活方式提供了潜力。对生命体验的回应是新鲜的和新的，充实地生活在存在的每一刻是非常值得的。不受约束地自由选择和行动的能力，感觉生活的权力感，创造性和自发性，似乎是健康机能的基石。

三、埃里希·弗洛姆的健全人格——有效率的人（The Productive Person）

在这种模式中，心理健康的基础是社会适应所有个人基本需要的能力，而不是个人适应社会的能力。心理健康更多的是社会事务而不是个人事务。一个健康的社会使其成员能够发展对彼此的爱，富有生产力和创造性，加强理性和客观的能力，并培养充分发挥机能的自我。

弗洛姆认为人类陷入三种矛盾之中：生与死的矛盾，追求潜能的实现与生命短暂的矛盾，个体化和孤独感的矛盾。他把这些矛盾称为“人存在的矛盾性”。

弗洛姆形容人类处境的本质是孤独和渺小（这种观点并不像看上去的那么悲观），由于人类是由低等动物进化而来，这是历史上允许文化获得自由但以牺牲安全和归属感为代价的关键时期。例如，随着成长中的孩子越来越独立于母亲，他或她就会变得不那么安全。而且，根据弗洛姆的说法，与动物不同，我们的行为不受本能机制的约束，相反，我们有知识和意识，但不幸的是，我们也与大自然、社会和我们的同胞隔绝和疏远。

这种模式表明，挑战在于为我们存在的对立找到解决方案，并找到与自然、他人和我们自己结合的新形式。弗洛姆（1955）指出，在“倒退与进步，回归动物的存在与到达人类的存在”之间进行选择。

健全人格的动机

健康的人以创造性和生产性的方式满足心理需求，而不健康的人以不合理的方式满足心理需求。弗洛姆从自由—安全对立中提出了五种需求。

1. 交往的需求

由于我们意识到在这个世界上是孤独和分离的，我们必须寻求与他人的联系，找到与他们的联系。寻找关系的不健康的方式包括对另一个人、群体或理想（如宗教）的顺从，或者试图通过强迫他人服从我们的意志来获得凌驾于他人之上的权力。与世界建立联系的健康方式是爱，不仅是情爱，还包括父母对孩子的爱，对自己的爱，对所有人的团结和爱。这满足了对安全感的需求，并允许一种完整性和个性化的感觉。

2. 超越的需求

这种需求包括超越我们的被动角色，成为生活的创造者——积极的塑造者。通过创造诸如孩子、思想或物质产品这样的东西，我们就超越了被动的存在和偶然的本性，从而达到目的和自由。

创造性的另一种选择是破坏性——破坏生活，它也允许超越被动的状态。显然，只有创造力才能带来心理健康。

3. 寻根的需求

寻根并融入他人会与人类处境的本质——孤独和渺小相抗争。满足这种需求的理想方式是通过兄弟情谊——建立爱、关心，参与社会和人类同胞。

不健康的寻根方式是保持童年时期与母亲的乱伦关系。这个人坚持早期母性关系的安全，这种关系可以扩展到整个家庭，甚至可能是整个社区。

维持乱伦的关系将爱和团结限制在一些人身上，这就不允许他们完全参与整个世界，从而无法达到心理健康。

4. 身份感的需求

人类需要一种独特的身份感；一种使他们与众不同的身份。

满足这种需要的健康方式是个体化，即一个人获得明确的自我身份感的过程。这些人已经断绝了与家庭的乱伦关系，感觉自己能够掌控自己的生活，而不是让别人来塑造自己的生活。

相反，身份可以通过符合一个国家、种族、宗教或职业的特征而形成。在这种情况下，自我是从群体中借来的，并不真正属于个体，也不会实现完整的人性。

5. 定位的需求

这种需要涉及形成一种世界形象，以促进对所有事件和经历的理解。

通过理性，人们对世界形成一种现实和客观的图景，而不因主观的需要和恐惧而扭曲现实。建立定位的不健康方式是通过非理性。这包括对世界的一种主观看法，在这种看法中，事件和经验不是按照它们本来的样子来看待，而是按照人们希望它们成为的样子来看待。

健全人格的本质

弗洛姆提供了一个清晰的健全人格形象；这样的人具有充分的爱，创造性，高度发达的推理能力，客观地感知世界和自我，具有坚定的认同感，与世界有联系并扎根于世界之中，是自我和命运的代理人，不受乱伦的束缚。

弗洛姆将健全人格称为“生产性取向”，这一概念与奥尔波特的成熟人格和马斯洛的自我实现人格相似。它代表了人的潜能的充分实现。弗洛姆用“取向”这个词来说明它是一种涵盖生活各个方面的普遍态度或观点。

生产性是和机能完善或自我实现等术语同义，意味着运用一个人所有的力量和潜能。

健全人格的另外四个方面包括在生产性取向中：生产性的爱、生产性的思维、幸福感和良知。

生产性的爱包括一种平等的关系，在这种关系中伴侣保持自我认同和独立。这个概念包括关心、责任、尊重和对他人的了解，被认为是人生中比较困难的成就之一。

生产性的思维涉及思考者和思考对象之间的一种亲密关系，这样人们就可以以一种客观的、尊重的和关心的方式来检查对象。弗洛姆认为，所有伟大的发现和见解都包含了这样富有成效的思维，因为人们关心的是客观地评价问题的整体。

幸福感是生产性取向的一个重要的部分和结果。它是一种增强活力和实现个人潜能的思想条件。生产性的人是快乐的人。

弗洛姆指出了良心的两种类型——威权主义和人道主义。权威意识代表一种把外部权威内化，如父母或国家，通过害怕违反特定道德准则而受到惩罚来规范行为。这与生产性的生活是相反的，与人道主义良心是相反的。人道主义良心是自我的声音，内在的和个体的声音，而不是外在的声音。因此，富有成效的、健康的人格是自我导向的。生产性取向是人类发展的理想目标，任何社会都没有实现。弗洛姆把这个社会想象成一个没有人被剥削或操纵的社会，相反，目标是自我的最大发展。在这个未来的社会中，我们的人性将是焦点，政治和经济制度的目的将是促进人的成长和机能完善。这个社会的理想是爱，人类团结，兄弟情谊，每个人都参与自己的生活和社会，对每个人的生产性使用。弗洛姆认为，在我们目前的社会结构中，不可能实现全部生产力，但可能实现部分生产力。

结论

弗洛姆强调社会力量对人格塑造的作用。例如，与六十年代那些在富裕时代长大的人相比，在 30 年代大萧条时期长大的人有不同的人生观。尽管如此，即使是在压抑或严酷的社会制度下，弗洛姆对接近生产性取向持乐观态度。积极地说，通过获得关系、寻根、爱和兄弟情谊的感觉，我们注定不会一直孤立和无价值。此外，生产性的人是无私的，与他人进行负责任的互动；为了自己的幸福，我们需要别人。

弗洛姆的生产性人格根植于现实，客观地感知世界，运用逻辑和理性做出决策。这些人在引导自己的人生道路时绝不是被动的；他们掌握着自己和自己的命运，努力充分发展自己的能力。幸福源于生产性的生活，它能促进更高水平的生产力。

四、亚伯拉罕·马斯洛的健全人格——自我实现的人（The Self-actualizing Person）

马斯洛的目标是承认我们对人类全面发展的潜力有多大，他只研究非常健康的个体来获得这一信息。他觉得检查最健康的人格可以让我们了解自己的能力有多强。他的工作始于对两个他认识的人的观察——完形心理学家马克斯·韦特海默（Max Wertheimer）和人类学家鲁思·本尼迪克特（Ruth Benedict）。他发现了这些人与众不同的特点，并试图在朋友、熟人、在世和已故名人以及大学生中推广这些发现。最终，他选择了49名似乎是心理健康典范的个体。马斯洛没有公布活着的人的名字，但历史人物包括：托马斯·杰斐逊、亚伯拉罕·林肯、巴鲁奇·斯宾诺莎、阿尔伯特·爱因斯坦、埃拉诺·罗斯福、约翰·沃尔夫冈·冯·歌德、巴勃罗·卡萨斯、约翰·济慈、阿德莱·史蒂文森、罗伯特·布朗宁和马丁·布伯。

采用访谈，自由联想和投射技术评估活着的对象，对死者分析他们的传记和自传体材料。他的结论是，人天生就有类本能需求——一种普遍的需求，激励我们成长、发展和实现我们的潜能，成为我们所能做到的一切。马斯洛得出结论，只有不到1%的人取得了自我实现，但他觉得大多数人没有意识到自己的潜能，有了这种意识，更多的人可以达到他在自我实现的主体中发现的这种理想的存在状态。

健全人格的动机

达到自我实现的一个先决条件是满足需要的层次，普遍的和内在的需要按从强到弱的层次排列。在自我实现的需要出现之前，这些需要必须至少部分地得到满足：（1）生理的需要，（2）安全的需要，（3）归属和爱的需要，（4）尊重的需要，（5）认知的需要，（6）审美的需要，（7）自我实现的需要。我们并不是同时被所有的需要所驱使，而是被其中的一种需要所驱使，而这一种需要取决于其他哪些需要得到了满足。

生理的需要包括食物、水、空气、睡眠和性。安全的需要包括安全、稳定、保护、秩序和免于恐惧和焦虑。当身体和安全需要达到一定程度的满足时，我们就会被归属和爱的需要所驱动。我们通过与他人建立亲密、关心的关系来满足爱的需要，给予和接受爱是很重要的。归属的需要通过与反映我们价值观和特点的群体或观念合二为一来实现。马斯洛认为，由于过度的搬家和离婚，现代社会很难满足爱的需要。我们在一个地方的时间还不够长，无法扎根。他认为孤独和孤立是无法满足这种需要的必然结果。在满足归属和爱的需要的基础上，我们希望发展自尊感。自尊需要有两种类型：一种是以认可的形式从他人那里获得的自尊，另一种是以自信和安全的方式获得的自尊。尊重的需要是建立在知道“我们是谁”和“我们是什么”基础之上。认知的需要代表了了解和理解我们生活的世界。审美的需要包括美、对称、诗歌、音乐等方面的需要。

所有这些需要的满足导致了最高需要的驱动，即自我实现的需要。这个词的定义是发展和使用我们所有的品质和能力，成为我们有潜力成为的人。令人惊讶的是，即使上述的低层次需要得到了满足，如果我们没有尝试去满足自我实现的需要，我们会感到沮丧和不满，我们不能被描述为心理健康。

统合动机（metamotivation）：自我实现个体的动机

神经症患者和精神健康正常的人被激发去获得较低层次需要的满足和伴随而来的紧张减轻，这提供了所谓的缺乏性动机（deficiency motivation）。自我实现的人关心更高层次的需要：实现他们的潜能，了解和理解他们周围的世界，丰富生活经验，成为他们所能成为的一切，这被称为统合动机。这样的人不是在试图弥补满足需要的不足或减少紧张，事实上，理想的是通过新的、有挑战性的经历增加紧张。马斯洛（1970）指出，这种动机是“性格成长、性格表达、成熟和发展；一言以蔽之，自我实现”。这些个体不再在试图满足较低层次的需要的意义上，相反，他们处于一种存在的状态，自发地表达他们完整的人性。马斯洛描述了一系列“统合需要（metaneed）”，它们是自我实现者追求的目标，是存在的状态而不是成为的状态。统合需要的挫折感产生统合病理学（metapathology），往往不清楚原因，并可能留下一个绝望的感觉。虽然有些人的较低的需要被满足，但不认为他们拥有健康的人格。他们伴随着这样的病理：感觉自己被决定，失去对生活的热情而不是充满活力；尴尬和疲劳而不是轻松自如；抑郁而非有趣；绝望而体会不到意义感。

自我实现的人的特点

根据定义，自我实现的人满足了他们较低的需要，没有精神病和神经症或其他病理障碍，是精神健康的典范。一般来说，他们都是中年人或老年人。马斯洛认为，年轻人没有形成强烈的认同感和自主性，没有获得持久的爱情关系，没有找到献身的使命，或发展自己的价值观、耐心、勇气和智慧。

童年经历被认为对后来的自我实现的发展很重要。建议父母采用控制和自由的健康结合，以及父母对孩子的爱。马斯洛认为生命的头两年是非常重要的，具体来说，孩子必须得到足够的爱、安全感和尊重，否则，他将很难朝着自我实现的方向成长。

除了以上几点，马斯洛指出了自我实现者拥有的15个特征，如下所示：对现实的有效感知；对自然、他人和自己的普遍接纳；自发、简单和自然；关注自身之外的问题；对隐私和独立的需要；机能自治；对欣赏保持持续的新鲜感；神秘或“高峰”体验；社会兴趣；人际关系；一个民主的结构；区分手段和目的，善与恶；无敌意的幽默感；创造性；以及抵制同化。

结论

马斯洛对人性提出了乐观的理论，证明了我们能够成为什么样的人。他还解释了为什么这个层次很少人能达到，他指出，童年经历可以是抑制性的，这个过程需要很多的努力、勇气和毅力，因为自我实现是最高的需要，也是最弱的需要。

统合病理学的概念似乎可以解释为什么许多似乎拥有一切的人并不快乐。他们没有采取额外的步骤满足统合需要，没有感到自我实现的需要正在发挥它的吸引力。

对于那些觉得自己没有充分发挥作用，认为生活应该有更多的人，马斯洛需要层次理论提出了一个挑战，即达到更高层次的成长，并在幸运的条件下，可能达到自我实现。

五、卡尔·荣格的健全人格——自我实现的人（The Individuated Person）

荣格非常重视潜意识对心理健康的影响，事实上，他不仅将我们积累的经验作为潜意识的一部分，还包括所有人类成员和他们的动物祖先积累的经验。他觉得和人类历史的符号、仪式和神话重新获得联系很重要，这些都包含在潜意识里。他认为，人类的一部分痛苦和绝望是由于失去了与潜意识的联系。他的心理健康观是，通过整合这些力量，有意识地引导潜意识的力量，而且，必须允许两方面自由发展。这种人格整合的过程被称为个性化，或自我实现。为了理解荣格所说的个性化，我们必须回顾他关于人格结构的观点。

人格结构

在荣格看来，人格由三个独立但相互作用的系统组成：自我 / 意识、个体潜意识和集体潜意识。

自我是个体自觉意识的心理组织，它包括任何时候在我们意识中的所有知觉、记忆、思想和情感；它过滤掉有害的刺激。

个体潜意识是一个材料的仓库，它不再是有意识的，但可以很容易上升到意识。材料是由不重要的或威胁性的记忆和想法组成，它们被推出意识觉知之外。与这个主题相关的是情结（complexes），指一组一组的心理内容（包括观念的和情感的）聚集在一起、缠绕在一起，形成一簇难以解开的心理丛或心理结。例如，一个有自卑情结的人总是被自卑感占据着，但却没有意识到它的控制，因为情结并不是意识觉知的一部分——它存在于个人的潜意识之中。

荣格相信有一个宇宙进化经验的仓库——通过遗传机制从一代传递到下一代——它成为个体人格的基础并指导所有当前的行为，他称之为集体潜意识。我们采取和祖先同样的方式来把握世界和做出反应。荣格（1953）写道："他所出生的世界的形态已经作为一个虚拟的形象在他身上诞生。"

这些普遍的经验在我们身上表现为意象（images），荣格称之为原型（archetypes）。根据定义，原型是用于创建后续图像的模型。荣格确定了许多原型，包括出生、死亡、力量、上帝、恶魔和地球母亲。我们并没有意识到它们，相反，它们作为存在于潜意识层面作为一种倾向或素质影响我们。

在所有可能的原型中，荣格确定了四种非常重要的类型：人格面具（persona），阿尼玛（anima）和阿尼姆斯（animus），阴影（shadow）和自性（self）。人格面具是指，当我们在扮演一个角色时，为了适应不同的情况和人，而隐藏在后面的面具。我们在生活中扮演许多角色，因此，我们带着许多面具。荣格认为，如果人格面具用来帮助我们应对生活中的事件，它是有益的，但如果它经常被用作欺骗，则是有害的。在后一种情况下，自我只与人格面具认同，而真实的人格并不会发展。这些人有时会意识到他们一直生活在谎言中。健全人格的目标是打击人格面具，允许人格发展。健康的人知道什么时候他们在扮演角色，他们知道自己的真实本性。然而，那些受人格面具支配的人，会逐渐违背自己的本性，不考虑自己内心真实的感情和需要，把自我认同于人格面具，会导致面具膨胀。

荣格意识到女性的人格包含男性成分——阳性基质（animus），男性的人格包含女性成分——阴性基质（anima）。这些原型产生于男性和女性一起生活并获得异性特征的经历。没有表现出他或她性格的两面，健康的人格是不可能实现的。因此，男人必须表现出温柔的女性特征，女人必须表现出好斗的男性特征。如果这种表现没有发生，那么异性特征就会变得不发达，从而导致人格的一部分受到抑制。对荣格来说，不允许人格各方面的充分发展和表达就否定了心理健康。

阴影是最强大的，但可能最有害的原型。它代表了被认为是邪恶和罪恶的兽性和原始冲动，但它也是自发性、创造力、洞察力和深层情感的来源，这些元素被认为是完整人性所必需的。荣格指出：阴影迫使我们去干那些我们通常不容许自己去干的事，干完这些事之后，我们通常又会说某种东西“缠着我们”，荣格认为“缠着我们”的东西，就是本性的原始部分，类似于弗洛伊德所称的本我。

因此，压抑阴影仅仅是为了使人的行为文明，并且允许它积极的一面得以表现。完全压抑阴影将产生沉闷而无生气的人格，然而，被自我调节的阴影产生了活泼而有创造力的人。再一次，我们看到在对立面之间找到和谐的平衡，形成了荣格观点中健全人格的基础。

最重要的原型是自性，是集体潜意识的核心。它的作用是协调人格的各个组成部分，努力实现人格所有方面的整合和统一——即自我实现，包括使用来自潜意识的材料。荣格认为这是人性所要达到的最高目标。这个过程需要对自我有客观的认识，并充分发展所有的人格系统，反过来，它不会在中年之前发生，对大多数人来说，它永远不会完全发生。

荣格对意识的建构有几个方面的贡献。他认为意识的两种取向是外向态度和内向态度。外向的人重视客观现实的外部世界，善于交际，而内向的人重视内心的，主观的生活，经常自省和害羞。他还介绍了思维、情感、感觉和直觉的心理功能，这些功能代表了我们如何体验我们的世界。思维和情感包括对经验进行判断和评估，并对其进行组织和分类。感觉是通过感官体验现实，而直觉是基于预感或某种非感官体验。

最后，两种态度和四种功能相互作用，形成八种心理类型，例如，外向者可以在感知模式下活动，内向者可以在思考模式下活动。

个性化的人

个性化是指一个人愈来愈意识到自己的独特性，愈来愈富于个性，愈来愈不同于他人的过程。

个性化的第一个要求是意识到自我被忽视的方面，这发生在中年。荣格认为，中年的人不再继续被年轻人的价值观所引导——追求金钱、声誉、名望或地位。中年人已经在一定程度上成功地满足了生活的需要，因为他们在前半生的准备活动中投入了精力，但到了 40 岁左右，这些挑战已经迎刃而解。这个人仍然拥有大量的精力，但是，现在必须把它重新投入到生活的不同方面。为此，努力追求个性化就是放弃引导我们前半生的行为、价值观和思想，并进入潜意识，在那里我们真实的自我将会显露出来。

个性化的第二个方面包括牺牲使人能够实现青年时代目标的人格特征。前半生的目标在后半生毫无意义，这一时期的态度（外向或内向）和功能（思维、情感、感觉或知觉）也毫无意义。在个性化中，没有单一的态度或功能是主导的，相反，它们都是能够被表达的，必须被表达的，并且是平衡的。因此，那些 20 多岁时性格外向的人必须意识到自己的内向特质。同样地，那些被思维功能支配的人需要意识到他们的情感、感知和直觉功能。个性化过程中的另一个变化包括在人格面具、阴影、阿尼玛和阿尼姆斯之间改变。第一个变化是通过与真实的自我达成共识来解除人格面具；我们必须成为我们自己。接下来，个性化的人必须对阴影的建设性和破坏性力量有更大的认识。在我们的前半生，人格面具隐藏了我们的黑暗面，不让别人和我们自己知道，现在，我们不再受这些力量的支配，而是接受它们的存在。然后，个性化的过程要求男人表达自己的阴性基质，女人表达自己的阳性基质，从而达到一种平衡。显然，这些过程使人格的一个方面与其他方面更和谐，事实上，在个性化发生之前，这些维度的两方面都必须得到表达。

由于这些变化，健康的人拥有荣格所称的普遍人格，缺乏单一的、主导的人格方面（态度、功能或原型的任何方面），这个人不能被归类为一个特殊的心理类型。

结论

荣格的健全人格理论不同于其他任何理论，因为它偏离了对理性和逻辑的强调，并强调对潜意识力量有更大意识的价值。

关于中年生活转变的心理学文献支持荣格的观点，即这是一个变化的时期，人们借此向内看他们的主观存在，并寻求新的价值和意义来取代那些不再有效的内容。在这个时期，有些人会出现“中年期的心理危机”，指在人生的外部目标获得之后所出现的一种心灵的真空。

荣格发展了对人类人格隐藏一面的极大尊重，并为健全人格理论贡献了迷人的部分。

六、维克多·弗兰克的健全人格——自我实现的人（The Self-transcendent Person）

三年来，弗兰克在大屠杀期间经历了两个纳粹集中营。经历了折磨、饥饿和超乎想象的残忍，他认识到人类在遭受巨大痛苦或面临死亡的情况下，仍然有能力找到生活的意义和目标。

在弗兰克的著作《人类对意义的探索》的序言中，戈登·奥尔波特（1962）写道：“他怎样才能——所有财产都被剥压，所有价值都被摧毁了，忍受饥饿、寒冷和暴行，每时每刻都在企望结束生命——他怎样才能发现生命值得留恋？一位亲身经历过这种极端恶劣环境的精神病医生，是一位值得我们去聆听的精神病学家。”

他从死亡集中营回来后知道，无论命运如何，我们都有自由选择对命运做出反应的态度或方式。弗兰克（1962）引用了尼采的观点：“知道为什么活着的人，几乎可以忍受任何事情。”

弗兰克为那些生活缺乏意义的人创造了一种心理疗法，并称之为意义疗法。这种疗法基于三个原则：意志的自由、追求意义的意志和生命的意义。

意志的自由包括选择我们对生活条件的反应的自由，从而产生超越这些环境的自由。这种观点强烈反对生物本能、童年冲突或任何其他外部力量决定我们的观点。追求意义的意志和生命的意义指的不是寻找自我，而是寻找一种意义，这种意义将为我们的存在提供一个目的。心理健康是建立在超越自我的能力上，通过把自己奉献给一个事业或一个人。

寻找意义需要个人的责任，对找到自己的方式负责，并在找到后坚持下去。意义的缺乏是一种神经症，被称为心灵性神经官能症（noogenic neurosis）——一种以无意义、无目的、无目标和空虚为特征的状态。这导致人们生活在一个存在的真空中，生活没有意义，他们感到无聊、冷漠和无目的。弗兰克观察到存在真空和遍布世界各地的心灵性神经官能症，他认为解决的办法是找到或重获意义和目的的感觉。

意义疗法提供了三种赋予生命意义的方法：通过我们对世界创造；通过体验性价值，发现生命的意义；以及我们对待苦难的态度。

健全人格的动机

弗兰克体系中的主要动机是寻求意义的意志，它要求我们过有意义的生活，这样才有继续生存的理由。意义并不是一种普遍的意志，相反，它对每个人都是独一无二的，它可能会随着情况的变化而变化。当健康的人认识到自己是什么和应该成为什么之间的差距，并为赋予生命意义的目标而奋斗时，这种对意义的探索增加了内在的紧张感。弗兰克认为，紧张的增加是心理健康的先决条件，没有紧张的生活会因为生活缺乏意义而经历心灵性神经官能症。

这个模型提供了三种主要的价值体系，与意义疗法赋予生命意义的三种方式相对应。（前面所讨论的，即通过创造我们给予世界）：创造价值、经验价值和态度价值。

创造价值是通过创造和生产活动实现的；生命的意义是通过创造有形的产品或想法，或通过服务他人而赋予的。经验价值包括从世界上接受强烈的生活经验，可以提供和创造力一样多的意义。例如，这种接受能力要求人们将自己降服于自然的体验之中，并且能够在有足够的个人参与的情况下实现生命的意义。态度价值表现为接受命运，勇于承受苦难，在灾难面前表现尊严。当我们面对无法改变或逃避命运的情况时，这些价值观赋予了生命意义。

发现生命的意义，使我们达到自我超越的境界，达到健全人格的终极境界。

自我超越的人的本质

在弗兰克看来，生活的主要动机是寻找意义，而不是自我。心理健康的人已经超过或超越了对自我的关注，并且与超越自我的某人或某事建立联系。当我们失去了对这个世界的意义和目的的理解而挫败了追求意义的意志时，我们就会专注于自己。这个观点不同于那些相信个体的自我实现是首要目标的理论家。

认为幸福来自实现生活的意义，来自实现自我之外的目标；不建议积极追求。

在这种模式下，健全人格表现出以下特征：自由选择行动方针；对自己的生活行为和对自己命运的态度负有个人责任；不被外界的力量所决定；找到了适合自己的生活意义；有意识地控制自己的生活；能够体现创造性的、经验的或态度的价值感；超越了对自我的关注；面向未来的目标；致力于工作；有给予和接受爱的能力。

结论

弗兰克提出了我们这个时代的一个共同问题：我们的生活缺乏意义。"追求意义的意志"的信念在最恶劣的生活条件下帮助了他，这表明这种方法可能在今天的世界里更适用。

人性被描绘成一幅乐观的画面，因为我们摆脱了过去，不只是被社会和文化力量塑造，我们也不受物质环境的支配，无论它有多压迫。这是令人欣慰的感觉，我们自身包含这样的力量——精神自由——决定我们的结果。

对个人责任的挑战促进生活的意义和目的被认为是健康的，并能导致更大的潜能实现。这个模型通过提出三种方法来帮助我们找到生活的意义：创造性的、经验的和态度的价值。

弗兰克提醒我们，意义存在于每一种情况中，我们可以自由而负责地去寻找它；其结果是丰富的生活，无论暂时的环境。

七、弗里茨·皮尔斯的健全人格——此时此地的人（The "Here and Now" Person）

皮尔斯（1969）把他的生活和他的理论建立在一个基本观念上，通过他的“格式塔祈祷文”（Gestalt prayer）来表达：

我做我的事，你做你的事。

我活在这个世界上，不是为了你的期望，

你活在这个世界上，也不是为了我的期望。

你是你，我是我，

如果我们偶然发现彼此，那很美好。

如果没有，那就只好这样。

他建议别人去做：活在“此时此地”，做真正的自己，他成为一个鲜活的例子。

皮尔斯对人格的研究方法：格式塔疗法

皮尔斯通过格式塔疗法研究人格。“格式塔”一词代表着每一个有机体都趋向于完整或完成。任何阻止或破坏完形的事物都对有机体有害，并造成皮尔斯所说的未完成的情况，出于心理健康的目的，需要完成（完整或完全）。未完成的情境或不完整的完形驱动着我们，作为我们最初的动机。人们对这些不完整的格式图的反应是有序的，将它们按照重要性等级进行排列——最紧急的情况支配着我们的意识，然后是下一个最重要的情况，以此类推。

与处理未完成的情况有关的是自我调节和外部调节。健康的人依靠自己的有机体（心理和身体）的智慧来进行自我调节，而不是被他人的要求或社会准则等外部力量所控制。

这种模式强调自由表达冲动和渴望的需要（从而完成完形），否则，我们会投射——指责别人成为我们想成为的样子，就像害羞的人指责别人太有攻击性的例子一样。皮尔斯认为这些投射反映了我们的内心感受。

皮尔斯研究人格的另一个方面是，把当下作为唯一现实的重要性。此时此刻是我们所拥有的一切，我们必须承担起体验每一刻的责任。不活在当下的危险可以从那些活在过去、具有怀旧特点的人身上得到说明，他们可能会因为自己的错误而责怪别人，或者生活在多愁善感中。同样的，预期未来的人生活在未来，对未来充满幻想，这可能会导致将失望归咎于他人。在每一种情况下，我们都把我们生活的责任交给别人或事情，而不是自己。尽管皮尔斯建议我们生活在当下，但他相信我们必须意识到过去和未来，但不要停留在这些领域。

人格的其他方面

皮尔斯了解到我们在两个层面上发挥作用：公众层面（外显行为）和私人层面（思考和幻想）。思考是一种预演未来行为的方式，是在我们内心的私人层面尝试一些事情，但如果用非自发的或不自然的方式来行动，它可能是不健康的，并导致焦虑——存在于“现在”和“那么”之间的紧张。拥有健全人格的人生活在当下，不会为明天会发生的事情感到焦虑。

“内疚”被定义为投射到他人身上的怨恨，在皮尔斯的理论中发挥了作用。那些心怀怨恨的人没有面对他们怨恨的目标，也没有表达他们的感受，反过来，他们也没有从怨恨引起的内疚中解脱出来。

在这个系统中，意识是心理健康的关键。我们必须意识到我们尚未完成的处境，我们的冲动和渴望，此时此地以及我们的怨恨。有三个层次的意识：对自我的意识，对世界的意识，对介于自我与世界之间的幻想的意识。这个中间层次称为控制区（DMZ，demilitarized zone），包含我们通过它来看待世界和人的偏见和成见。通过偏见看世界不是按照事物本来的样子去体验，而是按照它们在我们面前的样子去体验。那些拥有健全人格的人会意识到他们的恐惧、幻想和偏见，并清空这个中间地带。皮尔斯（1969）这样描述这个过程：“突然之间，世界就在那里……治疗的目的，成长的目的，就是失去越来越多的‘精神’，恢复更多的理智。”

为了实现这个目标，我们必须建立一个“意识的连续体”，这样我们就能对我们周围发生的事情保持警觉；我们的意识就在此时此地。然而，有时我们选择从此时此地转移我们的注意力，因为它是不愉快的或具有威胁，反过来，我们可能逃到过去或未来，理智化，或创造毫无意义的自由联想。皮尔斯称这些逃避当下的方法为意识分离，被解释为逃避或逃离现实。分离是一种病态性恐惧的态度，它打断了意识连续体。无论多么痛苦，我们必须再次把注意力放在当下。皮尔斯看到了两种对立的人格力量在个体内部争夺控制权。处于支配地位的赢家相当于弗洛伊德的超我，如果我们违背它的命令，它就是独裁的、正义的、命令的、威胁的。不被看好的一方用更狡猾和哄骗的方式操控我们，它变得防御性和急于认错。这些力量不断地为控制人格而斗争，于是人就分成了控制者和被控制者。这种冲突导致了一种自我折磨的游戏，在这种游戏中，我们相信赢家的完美要求总是正确的，而当我们不能满足要求时，我们会感觉很糟糕。当我们试图实现真正的内在自我，而不是追求自我的“超我”形象时，问题就解决了。

皮尔斯的人格观中的另一个要素是自我边界，它将自我与世界的其他部分隔开。自我边界的两个特征是认同和疏远。我们认同自我中的元素，例如我们的职业、家庭和财产；我们疏远了边界另一边的事物，例如，属于不同政党的人。根据我们包含或排斥什么事和什么人，边界会变得更大或更小。

自我边界也适用于自我，因为我们可能会拒绝或否认自己的想法和感受，这将导致我们内部的自我边界变得更小，我们的精神能量减少。健康的个体与他们自我的所有方面都有接触，允许夸大自我边界并且提升体验此时此地。

人格的发展

皮尔斯关于人格发展的主要观点是从环境支持到自我支持的转变。从环境支持中解放出来是巨大的挑战，并导致了人类存在的“基本冲突”。这种冲突发生在我们是什么样的人和别人——父母、老师等等——想要我们成为什么样的人之间。皮尔斯认为，“真实的成长”，自我的自然实现，是被社会使用的两种强有力的工具——棍棒和催眠“篡改”的。棍棒的作用原理是灾难性的预期，它告诉我们，如果我们按照自己的意愿行事，而不是按照社会的意愿行事，灾难就等着我们。催眠包括在教室、讲坛或广告中的宣传或说服，目的是说服我们相信某件事。棍棒和催眠使我们保持对环境的依赖，而不是对自己的依赖。

这种模式的另一个关键因素是，是否要宠溺孩子，还是强迫他们克服挫折。皮尔斯认为挫折对成长中的孩子是有益的，因为它导致自主，而不是依赖或控制。对父母指手画脚正在培养一种性格——一种通过不断需要他人的赞扬和鼓励来与世界互动的僵化方式。操纵环境所需的能量耗尽了我们自给自足的潜力。对皮尔斯来说，自我支持——通过反映我们真实的内在本质来实现我们的潜能，而不是为别人扮演角色——是健全人格发展的最终目标。

以下特征代表了皮尔斯关于健全人格的观点：牢固地扎根于当下的存在；自我意识和接纳自我；能够表达冲动和渴望；对自己的生活负责；推卸他人

的责任；同自我和世界相联系；表达不满的能力；不受外部调节；受当下的形势所引导并做出反应；没有狭隘的自我边界；不要去追求幸福（相反，只是做当下的自己）。

结论

尽管皮尔斯很少在学术心理学中得到认可，但他在人类成长运动中的工作是受人尊敬的，全国各地的完形训练中心就足以证明了这一点。

此时此地的人了解他们的冲动和渴望，因此，他们对自己的本性有一个客观的图画。当然，活在当下，接受并为我们是谁和我们是什么承担责任，由自己而不是外部力量来引导，这些都是健全人格的良方。

皮尔斯强调格式塔疗法的目标是促进人类潜能的全面成长和发展，这需要时间、努力和纪律。

健全人格的本质

七位杰出的思想家分享了他们对健全人格本质的认识。分析表明，理论界有一致的看法，也有不同的看法。一些人认为看法必须是客观的，而另一些人指出，健康的人使用他们对现实的主观看法作为行为的基础。一些人认为工作至关重要，而另一些人则根本不提工作。此外，这些理论家在生活的主要动力上存在分歧。但是，很多理论家在以下方面达成了一致意见：关于健康的人理性地指导自己的行为，掌握自己的命运，有自我意识，活在当下，通过寻求新的挑战、目标和经历来增加而不是减少紧张感。

这七种方法对健全人格的影响不仅因人而异，而且对同一个人在不同年龄阶段的影响也不同。我们的价值观和需要在一生中都会发生变化，这表明一种模式可能在20岁时有效，但在40岁时就行不通了；从一个发展阶段到下一个发展阶段的过程中，我们不可能停滞不前。

人们可能会问，我们如何在每个成长阶段找到通向健全人格的道路呢？

答案可能在于，拥有自由和内在的安全感，去试验不同的健全人格模式，以确定哪一种适合我们！

第六章　人际关系

第一节　人际关系概述

建立和发展健康的人际关系是每个人都关心的问题！

其中，你和自己的关系——自我关系（relationship with yourself）是最重要的关系，它是其他一切关系的基础。如果你与自己保持健康的关系意味着你有一个稳定的自我概念，你接纳自己，对自己满意，不需要依靠别人来获得完整感。

我们很容易识别那些与自我相联系的病态的方面，比如消极的自恋、对自己极度羞愧，自我中心或者无法共情他人等。

美国最受欢迎的戏剧演员之一露西尔·鲍尔（Lucille Ball）曾说：首先爱你自己，其他的一切都会井然有序！

研究表明，那些自爱的人，那些表现出利己而不自私的人会更幸福。当你爱自己，对自己感觉良好，它会对你的其他关系起到补充作用。但是，在生活中，有奉献和牺牲精神的我们似乎常常以把自己排在最后而自豪！在爱自己之前，我们很善于爱其他的事物——伴侣、朋友、工作、甚至是我们的宠物。结果怎样呢？我们就像穿着洞洞鞋跑马拉松！

自爱是一切关系的基础。当你开始为自己花时间，当你把自己放在第一位，当你会说“不”，当你说不也觉得 ok 并为自己说话时，你就是在爱自己，自爱是最好的一种爱！美国励志作家路易丝·海（Louise Hay）曾说，爱自己在我们的生活中创造了奇迹！

自爱需要依靠“分化”和“整合”过程发展出有效的心理表征。

心理是大脑的机能，是大脑对客观世界的主观反应。外部世界以表征的方式存在于大脑，让我们以最合适自己的方式去操控真实世界。心理表征不是存储在记忆中的“东西”，而是“一起开火”的各个精神单元（观念、记忆、感觉和情感）之间的联结。它基于以往的激活水平，在某些特定条件下神经元激活的模式。在一些有心理问题的个体身上，自体或客体表征扮演着强大和反复出现的角色，它在个体的经历中被多次激活，并以一种被增强了的可能性状态而存在。

分化创造了自我和他人，内心世界和外部现实之间的界限。一个分化良好的人不会感到“被他人对我们的态度所定义”。整合是把对自我和他人的矛盾的情感体验放在一起，例如，我对你的行为感到失望和生气，但是我仍然爱着你；我虽然有一些缺点，不够完美，但是我仍然爱自己。

在与人建立关系之前，你确定你把自己准备好了吗?

第二节　自尊

《山东体院报》2015 年第 15 期，心灵视窗栏目刊登了一则咨询案例!

心灵倾诉者：小 H，男，20 岁，在校大二学生。小 H 在给我们的来信中说，他做事总是拖拖拉拉，比如明知有重要任务需要完成，却还在玩网游、泡贴吧、刷微信，然后找各种理由自我安慰说:“我明天一定做!”“有压力我能做得更好。”每次到事前草草应付了事，甚至有时根本完不成任务。这个坏习惯让他十分苦恼和自责，他希望可以通过“我爱我”心理信箱得到一些有用的建议，帮他摆脱拖拉的毛病，走出困境。

联络员晨曦、初阳的回复：感谢小 H 给我们的来信，我们帮他分析拖拉的原因：小 H 屡次在完成重要任务前，总是无意识地拖延，营造出“我没尽全力准备”的心理假象。这是一种自我保护性的归因策略，在心理学上被称为“自我障碍”。在成就表现情境中，自我障碍者为了回避或降低因表现不佳可能造成的自尊威胁，会采取将失败原因外化的行动和选择。像小 H 这样，重要任务前故意拖延、热衷于玩乐，或者声称焦虑、身体不适等夸大获取成功的障碍，这些都是“自我障碍”者的常见表现。建议小 H 事前制定合理的目标和计划，用具体行动赶走拖延恐慌。

心理咨询师杨健梅老师的建议：往常人们认为拖沓者懒散、办事效率低是由于他们缺乏时间管理技巧，但从心理层面分析，他们有一定的心理问题。具有不稳定自尊的个体，为了维护自我形象，往往会无意识地采用自我障碍策略来进行印象控制。但是，这种策略虽使个体免受当前负面评价的影响，但从长远看，会降低个体的自信心，增加焦虑感，不利于发展。在行动中，如何从"作茧自缚"蜕变到"全力以赴"，是我们每个人都值得尝试的！

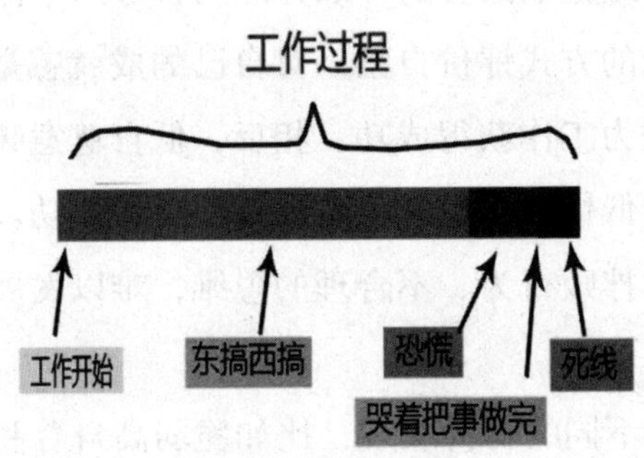

图 6.1　拖延过程

你像案例中描述的 H 吗？你是那位做事拖延，貌似缺乏时间管理技巧，实则是为了防止自尊受伤，而采用"自我障碍策略"维护自我形象的人吗？

成就动机的自我价值理论认为，人们的成就行为是为了保护自我价值。自我价值是指个人内在的价值感和在多大程度上悦纳自己。自我价值主要由个人对自己的能力的觉知或他人对自己的能力的觉知所决定。Convington 认为失败会威胁到个人的自我价值，因为失败被解释为能力低，低能力又与低自我价值是等价的。有两种方式可以用来保护个体的自我价值感：一是避免失败，但这是不可避免的；二是避免失败的消极反应——缺乏能力。

自我障碍（self—handicapping），又叫自我设限，是一种经常采用的保护自我价值的行为。自我设限是指个体针对可能到来的失败威胁，事先设计障碍的一种防卫行为。当自我设限者预期的事情可能失败时，就故意在其前进的道路上找寻、声称或创造某种看起来有说服性的障碍。若结果是失败，则将之归因于自设的障碍，从而避免去直面失败的真正原因——能力不足，达到自我保护的目的。若结果为成功，则可据此吹嘘，因为在“困难”的条件下仍然获得了成功，从而达到自我提升（self—enhancement）的目的。

从长期发展来看，这种自我防御机制会妨碍个体的发展！

自尊是心理学中最重要的研究课题之一，是积极生活态度的基石。它在每个人的生活中扮演着重要的角色，影响一个人如何思考，如何行动，甚至如何与他人相处。

一般来说，自尊是指一个人对自己的感觉或评价。

自尊危机是人类经验中固有的一部分。高自尊的个体尊重并认为自己是有价值的人，以积极的方式评价自己，对自己的成就感觉良好，在整个生命中高自尊激励个人努力工作获得成功。相反，低自尊意味着自暴自弃、自我不满和自卑，往往会低估自己，觉得自己不配获得成功。因此，低自尊的人容易遭受自毁或自我挫败行为、不合理的思维，难以发展和维持健康、充实的人际关系。

高自尊之间有着不同的行为表现，比如脆弱高自尊和安全高自尊。前人的研究认为低自尊是造成很多心理问题的关键因素，后来越来越多的研究发现，和低自尊相比，脆弱高自尊和一些心理问题的关系更紧密，比如，攻击、防御和主观幸福感等。近来的一些研究还发现，脆弱高自尊和一些人格障碍显著相关，比如偏执、边缘和自恋型人格障碍。

柯尼斯（Kernis）在 2003 年提出了脆弱高自尊这一概念，指的是那些依靠自我保护或自我提升策略来维持高自尊的人，这种自尊本身具有脆弱性。脆弱高自尊包含三种类型：

1. 不一致高自尊。

个体外显自尊得分高而内隐自尊得分低，说明个体在意识水平上对自己持有积极的自我意象，但是在无意识或较少意识水平上却持消极的自我价值感。

测量外显自尊常常采用自我报告问卷，诸如“我对自己持积极态度”这样的陈述，回答时需要个体进行有意识的自我评估。采用内隐联想测验测试内隐自尊，比如研究人们对与自己身份有关的刺激的反应（比如，名字里的字）。这些反应是无意识自动化的，更能反映一个人的自我价值感。脆弱高自尊个体的内隐自尊和外显自尊不匹配，这种失调对身心健康造成伤害。

2. 不稳定高自尊

不稳定高自尊个体的自我价值感随时间和情境波动。也许前两天，考了不错的分数，就觉得自己很有价值。但过两天，又小考失误，觉得自己一无是处。

3. 条件高自尊

条件高自尊个体会将其自尊依赖于某种具体的标准或结果，比如达到一个成就目标，考了全班第一名，得到特殊待遇等。

当个体的自尊需要无法满足，又不能实事求是地分析自己时，就容易产生自卑心理。如果你表现出以下任何一种自卑的迹象，你可能需要考虑一下改善如何看待自己：

（1）负面的态度

（2）缺乏自信

（3）无法表达需求

（4）关注自己的弱点

（5）过度的羞愧、沮丧或焦虑

（6）相信别人比你优秀

（7）难以接受积极反馈

（8）极度害怕失败

附：罗森伯格自尊量表

自尊量表（self-esteem scale，SES）由罗森伯格（Rosenberg）于 1965 年编制，用以评定青少年关于自我价值和自我接纳的总体感受。此量表由 5 个正向计分和 5 个反向计分的条目组成，分 4 级评分。总分越高说明自尊水平越高。

1. 我认为自己是个有价值的人，至少与别人不相上下。

2. 我觉得我有许多优点。

3. 总的来说，我倾向于认为自己是一个失败者。*

4. 我做事可以做得和大多数人一样好。

5. 我觉得自己没有什么值得自豪的地方。*

6. 我对自己持有一种肯定的态度。

7. 整体而言，我对自己感到满意。

8. 我要是能看得起自己就好了。*

9. 有时我的确感到自己很没用。*

10. 我有时认为自己一无是处。*

（1）非常同意（2）同意（3）不同意（4）非常不同意

* 号表示是反向计分题。

评分标准：在 1、2、4、6、7、题中，A、B、C、D 的分值分别为 4 分、3 分、2 分、1 分；在 3、5、8、9、10 题中，A、B、C、D 的分值分别为 1 分、2 分、3 分、4 分。

第三节　自信

自信，是指在不侵犯他人权利的情况下，一种直接、公开、诚实地表达自己的感受、观点、信仰和需求的能力。

自信并不意味着咄咄逼人，不考虑别人的想法或权利，不同于“侵略性的”和“消极的”沟通方式。像大喊大叫、骂人、苛求或贬低他人的“侵略性”沟通会让对方感到遭到攻击、不受尊重，会激起防御心理。同样的，不分享感受被认为是“被动的”沟通，对方可能会觉得不理解你的感觉，担忧如何回应你。

在你能舒适地表达你的需求前，你必须相信你有权利这么去做。你有权：

1. 追求自己的梦想和目标，决定如何生活；

2. 不管别人如何看待，你有权尊重你自己的价值观、信仰、观点和情绪；

3. 无须辩护或向别人解释你的感受和行为；

4. 告诉他人，你希望如何被对待；

5. 用“不”“我不理解”“我不愿意”甚至“我不在乎”来表达自己；

6. 不需要对你的需求有负面情绪，去寻求帮助；

7. 即使你不完美，也要喜欢自己；

8. 拥有积极的、令人满意的人际关系，关系中你感到舒适而自由；

9. 如果人际关系不满意，诚实地表达自己，你有权改变或结束它；

10. 以你决定的任何方式，去提升和完善你的生活。

当你不相信自己拥有上述权利时，你对生活中发生的事情会做出被动的反应。当你认为别人的需要、意见和判断更重要时，你可能会感到受伤、焦虑，甚至生气。

很多人担心维护自己的权利和需求，把自己放在第一位是自私的表现。满足自身的需求是处于连续体中一个平衡的位置，一端是极度自私，一端是牺牲自己成全他人。事实上，维护好你的权利，保持好你的决心、力量和内在资源，这样才能够继续照顾和给予他人。请记住，自私只是关心你自己的权利，很少或根本不关心他人。

诚实而自信地表达你的需求、感受和观点，要做到尽可能具体和清晰。自信的表达包括：

1. 描述性的陈述，包括描述事件、表达感受、给出具体的建议并提出妥协方案和可能的后果。比如，我不想因为这样的事情分手，但我想好好谈一谈，看看我们能不能防止这事再次发生。

2. 基本声明或主张，包括拒绝、接受或提出简单的请求。比如，你能解释这个问题吗？谢谢，但我不饿！我不同意你的看法。

3. 表达偏好或意见。比如，我喜欢看电影胜过爬山。

可以采用下面的语句：

1. 我想要……

2. 我认为……

3. 我觉得……

4. 在我看来……

5. 我不希望你……

6. 我喜欢你那样……

7. 这就是它对我的意义……

8. 我有不同的看法，我认为……

当你坚持自己时，你会增强自信，并赢得尊重！

第四节　健康的人际关系

人际关系是指两个或两个以上的人之间的，一种短暂或持久的，强烈的、深刻的或紧密的联系或了解。

健康的人际关系享有平等和尊重，而不健康的人际关系建立在权利和控制基础之上。占有欲、侮辱、嫉妒、指责、羞辱、大喊大叫、拉扯头发、推搡或其他虐待等，都是不健康的，都是权利和控制的表现。

请记住，你有权利被尊重，值得被尊重！

为了发展健康的人际关系，你可能需要增加人际交往能力。人际交往能力是衡量你与他人交往的熟练程度的指标，这种能力可以帮助你减少人际压力、处理冲突、改善沟通，增进理解和亲密。

你的人际交往能力怎样？问问自己下面的问题，你经常：

1. 寻求别人的认可和肯定，害怕被批评？

2. 猜猜什么是“应该”的行为？

3. 觉得自己似乎与众不同？

4. 把自己和权威人士隔绝开来，害怕他们？

5. 贬低自己的成就和善行？

6. 一个项目从开始到结束都有困难？

7. 和生气的人在一起，会感到害怕或紧张？

8. 为了避免冲突而撒谎？

9. 严厉地审判自己？

10. 觉得别人或社会在利用你？

11. 严肃对待自己和其他关系？

12. 在发展和维持亲密关系方面有问题吗？

13. 当为自己辩护或把自己的需求放在首位时，会感到内疚吗？

14. 为他人负责，发现关心别人比关心自己更容易？

15. 在考虑其他行动或可能的后果之前，先采取冲动的行动？

16. 在体验或表达自己的感觉方面有困难吗？

经过自我评估，如果你认同上面陈述的一些观点，那么你需要改进自己的人际交往技巧，可能从下面的一些建议中受益。

1. 自信地表达自己、接纳自己、做自己！

你永远可以增进的关系——就是你和自己的关系！这是保持其他人际关系健康的增效剂！

2. 创造边界，处理冲突。

创造边界是保持健康人际关系的好方法。

创造边界不是要让你感觉被困住，或者让你感觉"如履薄冰"；创造边界并不是秘而不宣的或不信任的表现，它是一种让你感到舒适的表达方式，在关系里你希望或不希望发生什么。通过共同设置边界，你和交往的对象都能对向往的关系类型有更深刻的理解。

来访者小马说，我一直都在努力确保没有人对我生气！我小心翼翼地对待不同意见，试图读懂别人的想法，吞下自己的观点，只要发现有一点点不和的迹象，我就会闭嘴或逃跑……尽管我努力回避人际冲突，但是不吵架似乎正在破坏我的人际关系，我似乎没有亲密的朋友，我真的很苦恼……

你是不是觉得小马的经历听起来有些奇怪？那是因为你不了解亲密关系。亲密关系中出现冲突是不可避免的，也是必要的。常言道，如果两个人总是意见一致，那么其中一个肯定就是多余的！当冲突不被视为威胁或惩罚时，它是一种机制，通过这种机制，我们围绕差异划定了各自的边界，从而使关系中的双方感到自由，有创造力和安全感。

冲突可能是一场激烈的斗殴，比如，有人在巷子里向你猛扑过来，你们狠狠地干了一架；也可能是一场温和的争吵，“请不要用你的评判标准对别人评头论足！”“对不起，以后不会发生了！”无论怎样，冲突为我们创造边界，“你最远可以走到这里，不要再往前了！”关系的双方都知道，我们可以建立并保持这样的边界，在安全的边界内，我们变得足够放松，敞开心扉做真实的自己！

生活中，遇到冲突时，你的反应是怎样的？是像被击败的受气包一样冷漠地保持沉默，还是像火山喷发巨大能量灼伤了自己和他人，带来灾难性的后果。所以，学习如何处理冲突非常重要！

首先，在学习处理冲突前，我们必须认识到：冲突不是一种罕见、邪恶的力量，而是一种不可避免的、具有潜在积极意义的力量！在我们现今的文化中普遍存在一种假定，好的亲密关系总是没有冲突的！因此，为了避免争吵，我们克制住不去设置边界；但当未表达的不满情绪变得无法忍受时，我们就会退缩或爆发！

当你成功地与关系亲密的人讨论争议，并设置边界时，你们会感到“争吵”之后反而更亲近，亲密关系也更持久！

只有你知道自己在做什么时，这才是正确的。以下是一些建议：

（1）就解决冲突的方案达成一致

不管分歧有多大，双方当人事都应该坐下来——在不争吵的时候——就什么是解决冲突的方案达成一致。理想的情况下，参与者可以打印一份规则列表，并张贴在一个可见的地方，双方许诺遵守它。这并非和每个不太重要的熟人都需要做的事情，但在亲密关系中，这样做是无可估量的！

在和我的一个亲密朋友相处的经历中，发生过类似这样的事！因为她的成长史导致她话语中夹杂着骂人的口头禅，尤其是当她情绪激动的时候。当这样的情况发生时，我感受到被侮辱！为了维护我们的亲密关系，我真实地表达了我的感受，并和她达成协议，当她骂人时，我会用语言制止她“不准骂人”！

我也目睹了那些看似注定要失败的婚姻，夫妻双方行动起来讨论他们分歧和受伤的感觉，合作制定并张贴了“不许说脏话”“不许威胁”“不许侮辱”“表达感受”等规则后，婚姻得以修复并健康发展。

（2）遵守一套应对冲突的程序化策略

第一，冲突产生愤怒，发泄“热的”愤怒将产生强烈的“战斗”反应，按照“热的”冲动行事会让你避免因人际压力而产生的消化道溃疡，让你感觉更好。但是，请记住，对峙之前这样做，而不是对峙中！接下来，需要按照“冷静的”愤怒采取行动！

第二，告诉对方，到底是什么让你愤怒。这个信息必须非常具体和精确，不是一类泛泛的表达，比如，你不尊重我的个性！你应该找到实际的情境中的具体行为，比如，你会说，“当我在聚会上表达我的观点时，你说，‘你不是真正那样认为的’，并继续告诉大家我所相信的观点——好像你比我更清楚我自己似的！这让我感到无比失落和愤怒！”

第三，准确描述你的需求。这是健康应对冲突的程序化策略中最重要的部分，你有责任让对方知道如何满足你的需要。“让我做自己！”是一个无用的请求，因为它没有明确规定具体的行动。相反，你应该给对方这样的明示，“下次如果你不同意我的观点，尽管说出来，或者让我解释。不要告诉我‘我的想法’，尤其是在别人面前！”

第四，如果你的需求得不到满足，告诉对方会有什么后果。万一对方不同意配合你的请求，你必须准备好靠自己做任何必要的行动来满足你的需要。比如，你会说，“如果你在谈话中一直控制着我，我就会严厉地制止你，不管在哪儿，也不管周围有谁。然后我会决绝地离开！”

重要的是，制定规则时，不要夸大威胁，一旦制定，就要始终坚持到底。“狼来了”只会带来越来越少的回报——你将不得不提高嗓门，更猛烈地咆哮，而成功的机会却越来越少，这会导致长期的、无效的冲突。

在学习并练习了处理冲突的艺术后，你会发现一个奇怪的悖论：你越适应战斗，你就越不会感到需要被迫去战斗！健康的冲突创造健康的边界，优化了我们的人际关系！

3. 充分利用非语言线索，提高沟通能力

人际关系成功的关键在于你的沟通能力，但不只是你使用的语言，你的非言语线索最能说明问题。你的眼神接触、你的手势、你的身体姿态、你的语气……即使你在沉默的时候，都在无意识传递强烈的信息，表达着你的想法和感受。非言语线索可以让人信任、放松，吸引他人靠近你；也可能让他人觉得你不诚实、感到被冒犯，破坏你和他人的关系。

小张认为自己和同学相处得不错，但是你要是问他身边的每一个人，他们都会说：当他看着你，他的眼神似乎要吞噬你；当他抓你的手，他会猛扑过去，用力紧拽，疼死了……小张的确令人望而生畏！小张令人尴尬的行为让同学和他保持距离……

小梅长得挺漂亮，为人也很有趣，但是她的恋情总是无法维持超过几个月。尽管她喜欢笑，但是她浑身却散发着紧张感——声音尖锐，眉毛和肩膀明显扬起，身体僵硬，和她在一起会感觉莫名的焦虑和不安。小梅的这些缺点引起了他人的不适，削弱了她的魅力。

小李很中意和女友的恋情，认为他们是完美情侣，女友却非常不确定这段关系。尽管小李家境好，帅气，学习工作能力都挺强，但是女友总感到自己被忽视，小李不太关心自己的想法。当女友有话要说时，小李总是不善于听取意见，瞪大眼睛不等她表达完就开始反驳。女友最终离开了他，开始和其他男性约会……

尽管案例中的这些人聪明而善良，却很难与他们建立联系。遗憾的是，他们没有意识到自己传递出的非言语信息对人际关系的影响很巨大！非言语交流意味深长！

沟通影响着我们的人际关系和生命质量，沟通模式代表着每个人的生存姿态。维吉尼亚·萨提亚（Virginia Satir）是著名的心理治疗师和家庭治疗师，她提出了沟通姿态理论。

沟通风格往往从小养成，当我们还是孩子时，为了求得更好的生存——获得爱和信任，避免恐惧和威胁，我们倾向于采用防御性的沟通姿态，它们是低自尊的外在表现。不管我们是否意识或觉察到，我们的身体都在描绘我们的自我价值感。当面对压力或自尊受威胁时，我们习惯采用防御性的沟通方式，它们会疏远我们和同伴的关系，这时风格本身就成为核心问题。

萨提亚理论把日常生活中复杂的人际互动，简化成自我、他人和情境三个方面。根据互动中各个方面考量的多寡，把沟通姿态分成指责型、讨好型、超理智型、打岔型和表里一致型五种。

（1）指责型（The Blamer）

"要是你不那样做，一切都会好的。都是你的错！"

"就是因为你，我才这么痛苦！"

"你到底怎么搞的！"

"你从来就没做对一件事！"

……

指责型的人常常忽略他人，习惯于批判和攻击，不为自己在事件中所起的作用负责，将责任推给他人。他们通常被描绘为难以相处、专横跋扈、脾气暴躁、吹毛求疵、唠唠叨叨，他们是控制欲强的独裁者。极端的指责型可能是偏执狂。

"没有人和我亲近，没有人喜欢我，我不快乐，我很孤独！"

"我很想做得更好，没有人支持我！"

"我要制造恐惧，要震慑住你们，要你们尊敬我、认可我、服从我！"

"我不能暴露自己的弱点，我要与你们隔绝以保持权威，不然就完了！"

……

指责型的人在挫折情境下，学会的防御方式就是攻击。他们将愤怒作为一种胁迫和操作手段，掩盖他们内心深处无法拥有或不能表达恐惧和脆弱。他们的字典里没有"道歉"或"对不起"。他们愿意在任何沟通交流中获胜，这是他们有声望的表现。

（2）讨好型（The Placater）

"都是我的错！"

"都是我不好！"

"我想要让你高兴！"

"不管怎样，只要你开心就好。"

……

讨好型的人忽略自己，往往喜欢逢迎、取悦他人，习惯于道歉和乞怜，行为上过度和善，不喜欢对任何人说“不”。和指责型相反，他们在生活中愿意承担责任，哪怕问题或麻烦是别人造成的。

他们常常感到无助或没有价值，在取悦他人的过程中，压抑自己的发言权和个性，赢取别人的好感，依靠外部认同获得自我价值感。他们不惜任何代价要和平，避免冲突和分歧，最害怕别人抛弃他们或生气；他们把情绪藏在心底，很难表达愤怒，这导致他们常常感到沮丧。

（3）超理智型（The Super-reasonable）

“那不是我的错，因为你的指导不够清楚。”

“我已经告诉过你会发生什么，这是显而易见的”。

“我要用理智战胜你、控制你。”

“关于我们讨论的主题，我最权威。”

“我不要讲感受，要讲客观。”

“一定要沉着、冷静，决不慌乱。”

“我？难过？我不难过？你们为什么说我难过？”

……

正如你所料，超理智型的人极端客观，通常被描述为死板、教条、顽固和迂腐。他们只关心事情合不合规，正确与否，倾向于采用严密的逻辑、权威的资料和准确的数字等控制的方式使自己的行为表现符合逻辑，因此与感受脱节。他们不喜欢表露情绪，在他们眼里，情绪是危险的、不可靠的和不可预测的，他们总是活在自己的脑子里。

超理智的人往往可能会被大家理解为自恋、冷酷、麻木和缺乏同理心。这类人表面很有优越感，举止合理化，实际上，他们的内心敏感，有一种空虚和疏离感。在冷静的外表下，他们需要正义和公平，害怕被发现不完美和缺点，渴望被爱和归属感。

（4）打岔型（The Distractor）

“没有人关注我，我要你们注意我。”
“这里没有属于我的地方。”
“这件事情让我感到害怕，还是做点别的事吧！”
“问题？什么问题？我们去喝一杯吧！”
……

打岔型的人习惯于打岔和干扰，他们被认为是多嘴多舌极度活跃的；他们可能避免目光接触，注意力不集中，不直接回答问题、转移话题或者完全忽略正在讨论的问题。

面对问题是痛苦的，而且风险很大，“如果我忽略问题，那么它就不存在或者会自己消失”，因此，打岔型的人经常改变谈话主题作为回避问题的策略。在内心世界里，他们恐惧、哀伤、焦虑，不信任人，不被人关照、缺少归属感，精神状态混乱、常常被人误解。

（5）表里一致型（The Leveller）

“愿意承担风险，哪怕处于被攻击的位置！”
“对个性的主张”
“利用自身具有的内部和外部资源”
“真诚对自己，并接纳他人”
……

这是萨提亚倡导的沟通姿态。表里一致型的人具有内在觉察，能诚实沟通自己的意图、感受和愿望，将思想、情感和行为以真诚坦率的方式统一起来表达，他们能准确评估现实，解决冲突。

他们拥有较高的自我价值感，情感表露和言语一致，达到自我、他人和情境的和谐互动。通常表里一致型的人可以很容易地适应或处理任何沟通风格。

萨提亚和她的研究小组估计，人群中大约 50% 的人属于讨好型，30% 的人属于指责型，15% 的人属于超理智型，0.5% 的人是打岔型，4.5% 的人属于表里一致型。

我们大多数人都会有一个默认的生存姿态，形成于童年，其背后意图是求生存和自我保护，而运用于一生。在沟通中，我们习惯性地指指点点、带着微笑的面具、僵硬地交叉双臂，这些无意识的肢体语言就像未被充分认识到的情感扳机，在无意识层面上激发了互动对象的交感神经系统，他们或战或逃或冻结。

如何变得表里一致呢？

反对的时候无需指责，能以一种不具威胁性、侵略性的方式说出真相，多倾听、多体谅；道歉的时候不必讨好，以真诚关心他人取代恐惧，说出自己的需求和感受；讲道理时无需冷酷无情或僵化，保持理性和冷静的同时保持真实和脆弱，觉察自我和他人；转移话题时无需心猿意马，避免闪烁其词，保持玩笑的同时紧扣主题，觉察自我、他人和情境，活在当下。

生活中，当涉及压倒性的情感问题或重大议题时，我们感知到被伤害、拒绝或嘲笑的风险，做到表里一致可能存在困难。那么，在开始自动回应之前给自己几秒钟去思考吧，先感受和软化你的身体姿态！

图 6.2 萨提亚沟通姿态图

是的，我们的身体在说话！大多数心理学专家认为，我们与他人的交流至少有一半是在没有语言的情况下进行的。

为了有效沟通，避免误会，建立稳固而信任的人际关系，问问我们自己，在沟通中我们的非言语表达是怎样的？

（1）面部表情

你的面部表情是怎样的？是面具式的，没有表情，还是面带微笑，充满感情和兴趣？

你和对方有目光接触进行眼神交流吗？你的目光总是闪烁游离吗？是过于强烈还是刚刚好？

你低垂眉毛、皱起鼻子，嘴巴紧闭，抬起上下嘴唇并突出，表现出不感兴趣的厌恶了吗？

你轻微抽动嘴角，鼻子发出“嗤”“喊”的鼻息声，表现出不屑了吗？

（2）身体表情和手势

你整个人看上去平淡冷静，不感兴趣，还是夸大其词，极具戏剧性？

你的身体是僵硬的还是放松的？

你的肩膀是紧张抬高的，还是自然下垂？

你的双手环抱胸前，呈现一副防御的姿态，还是开放而放松呢？

你禁闭双腿，很不自信吗？

你的身体是否略微前倾，表现出对谈话的兴趣？

你是否弯腰驼背，佝偻着身体，显得慵懒？

你是否来回搓自己的手，很拘谨？

你坐立不安，不耐烦吗？

别人发表观点时，你轻微点头表示赞同和尊敬了吗？

（3）语调表情

你的声音是温暖、自信和有趣的，还是紧张和压抑的？

你说话的速度、节奏、语气、声音高低、音调变化，“读”起来暗含讽刺、嫉妒、愤怒还是自信和喜爱？

你会用“是的”“恩”“哦”让话题继续下去吗？

（4）触摸

你和他人有身体接触吗？

是否适合你们交往的情境？

让你们感到不舒服吗？

一个温暖的熊抱，一次轻轻地拍肩，或者控制性地握一下手臂，都传递出关心和鼓励！

（5）空间距离

你是否离对方太近而侵占了别人的空间，让他们感到不舒服？

美国人类学家爱德华·霍尔（Edward Hall）提出“人际空间”理论，认为人际空间距离表现了人与人之间的密切程度。分为四种：

亲昵区（0—44 厘米）。属于亲密的爱人、家庭成员和最好的朋友。可以有身体接触，如拥抱、爱抚、亲吻等。

个人区（44—120 厘米）。同事、朋友、邻居等在此区域内。

社会区（1.2—3.7 米）。此区域的人相识但不熟悉，可进可退，进可发展成朋友，退可仅停留在寒暄和应付。

公众区（3.7 米以上）。主要是公共活动区域，如作报告、乘飞机等。在此区域的人难以单独交往。

我们都对物理空间有需求，人际空间因文化背景、亲疏关系、社会地位、性别差异、谈话内容不同而不同。交谈时要与对方保持恰当的距离，太近让对方不安，太远会让人有疏远感。你可以利用物理空间来传达许多不同的非语言信息，包括亲密和爱，也可以传递攻击性或支配性。

人际交往能力是生活幸福、事业成功的宝贵财富！拥有它们，生活会为你打开一扇门！

第五节　人际吸引

人际吸引是个体与他人之间情感上相互喜欢、相互需要和相互依赖的状态，是人际关系中的一种肯定形式。人际吸引是发展人际关系的前提！

我们向往成为受欢迎的人，渴望被赞美、被欣赏、被喜欢。尽管如此，我还是建议你：按照你的价值观生活——做真实的自己！走你自己的路，不要让别人的意见和判断过多地左右你！不要太在意人们是否喜欢你！如果有人不喜欢你，You are OK；当然，如果有很多人喜欢你，那太好了！是的，没有人愿意孤独终老！

那么，我们怎样才能讨人喜欢？我们怎样才能人气爆棚呢？除了需要一些基本人格特点外，比如真诚、正直、友好、体贴，我们还可以试试以下策略。

1. 请求他人帮你一个忙

是的，你没有看错，就是想办法让他人帮你一个忙！

俄国文学家列夫·托尔斯泰（Leo Tolstoy）曾说：我们爱别人，不是因为他们对我们做的好事，而是因为我们对他们做的好事。请求他人帮你一个忙，给别人一个帮助你的机会，这会让他们感觉很棒，会更喜欢你。

美国社会心理学家利昂·费斯廷格（Leon Festinger）提出认知失调理论。认知失调，又曰认知不协调，是指由于做了一项与态度不一致的行为而引发的不舒服的感觉。失调会造成心理紧张和压力，个体有保持认知、情感和行为协调的内部动力，做到知、情、意统一！

行为跟随认知和情感——某人不错（认知），喜欢他（感情），愿意帮助他（行为）；反过，认知和情感跟随行为——帮助了某人（行为），他不错啊（认知），喜欢他（情感）。如果帮助了一个很糟糕，而且很不喜欢的人，容易引起认知失调！

因此，请求他人帮你一个忙，他会更喜欢你！

2. 真诚地征求他人的建议

向他人寻求建议，你可能会担心自己被看成无能或薄弱，也可能担心别人会烦！

实际上，人们喜欢别人向他们征求意见。真诚地征求他人的意见，这表明你尊重和钦佩他们的专业知识和见解，就像给他们一个微妙的赞美，他们会自我感觉良好——感觉被欣赏、很重要、很能干、很有帮助。

就像第 1 条，如果他们花时间和精力给你建议，为了防止认知失调，那你一定是好人，他们也会喜欢你，对吗？

请注意，寻求建议时，一定要真诚！

3. 不要追求完美，偶尔展示你的缺点和不足

我们喜欢完美的人吗？

不！因为他们像“圣贤”一样近乎完美的行为让我们对自己感觉不好，自惭形秽、怀疑自己，我们可能会嫉妒他们。

固然，才能平庸者不会受人仰慕，才能会增加个体的人际吸引力。但是，全然无缺点的完美者未必讨人喜欢，非常有才的人偶尔犯点“小过失”“小错误”，反而会增加他的人际魅力，这种现象叫作犯错误效应、出丑效应或仰八脚效应。

社会心理学家埃利奥特·阿伦森（Elliot Aronson）和他的同事用实验证明了这一点。在研究中，被试被随机分为两组，听两段略有差异的录音。两段录音带都与一名学生有关，详细介绍了他在一次常识测试中的表现，他表现很好，答对了90%以上的问题，然后他谦虚地承认自己一直都很成功。在其中一个录音带中，录用快要结束时，被试听到该学生无意中打翻了一杯咖啡，毁坏了一套新衣服。要求所有的被试评价他们对这名学生的喜爱程度。尽管两段录音唯一的区别，在于加入了一段虚拟的弄翻咖啡杯的声音……研究结果表明，那个犯错误的学生被认为更遭人喜欢，更可爱。

所以，完美的你不要怕偶尔的失误，这会让你看起来更有人情味，让他人更喜欢你！

4. 记住别人的名字

几个星期以前，我在街上遇到一个人，他居然记得我的名字，还主动上前问候我。我太惊讶和开心了，因为我们只见过一次面，聊了几分钟！

戴尔·卡耐基（Dale Carnegie）曾说：普通人对自己的名字比对地球上其他所有人的名字加一起更感兴趣。记住这个名字，轻松地叫出来，你已经给予了对方一个微妙的、非常有效的赞美。但是，忘记或说错——你把自己置于明显的不利地位！

记住别人的名字，似乎在告诉对方：你很重要，我当然记得你啊！

在谈话中记住和使用对方的名字，他们会因此更喜欢你！

5. 找个你们共同的话题

俗话说：物以类聚，人以群分！

科学研究告诉我们，我们容易被和我们相似的人吸引，长相相似、名字相似、着装风格相似，兴趣、态度、人格等方面越相似，我们越接纳和喜欢对方。

英国的心理学家招募曼联足球队的球迷参与研究。当他们从一幢楼经过时，看到了一名运动员在草地上滑倒，抱着脚踝疼得尖叫。球迷被试会帮助受伤的运动员吗？研究发现，这取决于运动员所穿的T恤。当他穿一件普通T恤时，只有33%的人愿意帮助他；当他穿曼联球队的T恤时，92%的被试愿意帮助他。T恤激活了“共同身份”，出现内群体偏好，即个体对内群体及其成员总是给予正面评价和分配更多资源的倾向。

充分运用“相似性—吸引力”理论，把你们的谈话引向你们都感兴趣的话题，或者讨论你们有相同观点或态度的话题，这会帮你建立更好地建立人际联系。

6. 越接触越有好感

还记得电影里惯用的桥段吗？

大学校园里，一个男孩在食堂碰到一个女孩，不久又在操场上遇见，过几天又在图书馆偶遇，这时，男孩微笑着说：嘿，又见到你啦！一场美丽的爱情故事开始了……

美国心理学家纽科姆（Newcomb）曾断言，互动的频率是吸引力的重要决定因素！

互动的频率越高，暴露在某一刺激下越多，我们就越可能对其产生好感，这就是“曝光效应”。我们不仅偏爱熟悉的面孔，甚至对熟悉的无意义单词、陌生文字等都会产生偏好，事物越为我们所熟悉，越能增加在我们心目中的积极意义。这样一种熟悉偏好具有生物进化意义，有助于人类祖先避免与陌生事物或个体接触，而引发灾难性的后果。

但是，要切记，当对方对你没有好感时会适得其反，曝光越多越不讨人喜欢！

7. 聊点私人的话题，自我展露

自我展露是指个体把自己个人的信息告诉他人，与他人共享自己内心的感受和信息。谈论个人话题，告诉他人有关你的一个秘密，这是你喜欢和信任他的标志，会让对方觉得自己是局内人，这种感觉总是很好！

自我展露是发展亲密关系最常用的，也最有效的方法。是否合适的自我展露是判断个体人格健康的重要标志。从来不自我表露的个体把自己密封起来，不让他人靠近；我们可以根据人际关系的深浅，从兴趣爱好开始，到深层次的隐私。

自我展露有助于我们建立稳固的、令人满意的人际关系，但是，我们得遵守一些原则：

（1）展露那些你希望别人也向你展露的信息

（2）只有在你感觉很安全的时候，才展露较亲密的信息

（3）当有回报时才继续亲密的自我展露

（4）渐进式地将自我展露推向较深的层次

（5）只向关系牢固的亲密朋友展露内心深处的感受

坚持这些原则，否则你可能在人际关系中受伤！

8. 喜欢别人，别人也会喜欢你

《圣经》上说：你用什么量器给别人，别人也会用什么量器给你！

这就是心理学中投桃报李式的“互惠喜欢”——我们喜欢“喜欢我们的人”，当我们喜欢别人时，别人会同样喜欢我们。

在实验研究中，把被试配对，然后（私下）告诉配对者他的搭档喜欢他、不喜欢他或者什么也不说。实验发现，那些相互“喜欢”的配对者更友好、争论更少，也更喜欢最先“喜欢”他的人。

不带偏见地真诚地喜欢别人，看到优点，忽略缺点，那么，别人也会喜欢你。

像别人喜欢你那样去喜欢别人，像你希望别人如何对待你那样去对待别人吧！

9. 微笑

大量的研究表明，微笑是一种强大的社会力量，它以各种各样的方式积极地影响着人们对人际关系的判断。人们认为真诚微笑的人比不微笑的人更友善、更善于交际、更诚实、更令人愉快、更无忧无虑、更有礼貌。

当别人对你微笑时，你会怎么想？哦，那人对我微笑，他看起来很友好，我打赌他对我印象不赖！由于互惠喜欢，你也喜欢他！

常常微笑，会让别人更喜欢你！

第七章　爱情

第一节　爱情三元素

我们一生都在渴望它、寻找它、谈论它，这就是爱情！

爱情是什么？如何定义它？

当我们被另一个人吸引坠入爱河时，会体验到强烈的生理反应：手心出汗、心跳加快、头晕目眩、注意范围缩小、精力充沛……许多积极的感觉和体验，用爱的眼光看待世界！在人类身上，发现了一些与爱情有关的特殊的化学物质，比如多巴胺、苯乙胺和催产素，它们与安非他命类似，是大脑奖赏系统的一部分，让人产生飘飘欲仙的快感，警觉、陶醉、想要结合！

尽管诗人和词曲作者可以用文字把我们许多浪漫的想法和感情表达出来，但是爱情是迷人而复杂的！爱情是社会心理学研究的一个重要课题。

我们对爱情了解多少？

在下面的一段关系中，我们或多或少会给它贴上“爱”的标签。

你还记得小时候，那个与你青梅竹马一起玩耍的玩伴吗？你们无话不谈、相互关心、亲密无间，你们甚至计划着未来成为国王和王后，养育一大群王子和公主！这是严格意义上的柏拉图式的亲密关系！

你还记得你们中学篮球校队的队长吗？那时，你可是为了他神魂颠倒！他健硕的身材、精湛的技艺、灿烂的笑容，都让你疯狂地迷恋上他！你的眼里满是他，想不到别人，也想不出别人。但你这完全是单相思，他却对你一点也不感兴趣，你们几乎没有说过话。你对队长的感觉是一种激情——没有亲密感——一种迷恋的爱！

大学生活中，你遇到了心仪的男孩。刚开始你们都感觉很好，但是随着时间的推移，恋爱关系慢慢冷却下来！你们似乎生活在不同的道路上，矛盾和分歧越来越多，你们不断重复着“分手——复合——再分手”的模式，尽管关系已经破裂，你们还在拼命坚持！最终，精疲力竭的你们意识到爱情中仅剩承诺，你们决定分手了！

这三种关系构成了心理学家罗伯特·斯滕伯格（Robert Sternberg）的爱情三角理论的基础。爱情由三个元素组成：亲密（intimacy）、激情（passion）和承诺（commitment）。斯滕伯格根据三元素的不同组合，把爱情分为七种类型。

喜欢（Liking）：只有亲密。这种类型的爱情有亲密和信任的感觉，彼此分享感受、相互支持，但缺乏激情和长期的承诺。友谊是这种类型爱情的完美例子。

迷恋（Infatuation）：只有激情。这种类型的爱情具有高度的身体吸引力和冲动，没有考虑过将来，多为“一见钟情”，通常发生在一段关系的开始阶段。迷恋的爱缺乏亲密和承诺，通常很短暂和肤浅。夏日恋情或旋风式恋情是这种类型爱情的好例子。

空洞的爱（Empty love）：只有承诺。这种类型的爱情以坚定的承诺致力于维持关系。空洞的爱在下列两种情况下看到：中国古代包办婚姻的开始，亲密和激情都没有得到发展；或者在一段较旧的关系中，两人经历“逝去的爱”——亲密和激情都恶化了。在这两种情况下，承诺是维系关系的唯一因素。

浪漫的爱（romantic love）：只有亲密和激情。这种类型的爱情同时存在性激情和情感亲密，崇尚过程，不在乎结果。这是恋爱关系发展到一定阶段所感受到的爱，身体相互吸引，也享受在一起的时光，觉得彼此是最好的朋友。浪漫的爱缺乏认真的承诺，在青少年和青年时期更为流行。

伙伴的爱（companionate love）：只有亲密和承诺。这种爱通常出现在较长的婚姻关系中，激情已经消失殆尽，但夫妻双方仍然感到有一种深深的情感纽带和承诺。伙伴的爱可以是一段非常令人满意的关系，通常是持久的。

愚昧的爱（fatuous love）：只有激情和承诺。这种类型的爱情被称为幻想的爱，没有亲密的激情顶多算是生理上的冲动，没有亲密的承诺也不过是空头支票，愚昧的爱没有真正的情感纽带。旋风式的闪婚就是很好的例子，婚姻的缔结不是建立在深厚的情感基础上的稳定关系，承诺仅仅是基于性的激情。

完美的爱（Consummate love）：同时具备激情、承诺和亲密。在斯滕伯格看来，前六种只是类爱情，本质上并不是爱情，只有完美的爱才是爱情的庐山真面目。

如果三个要素都不具备，完全缺乏亲密、激情和承诺，叫作无爱（non-love），就像我们和一个熟人的关系。

在恋爱关系中，三要素中任何一个薄弱或缺失，大多数人都会时常感到不快乐。缺乏亲密感，尽管你们的爱情关系忠诚，你也可能会感到孤独和分离；缺乏承诺，你会感到沮丧、愤怒和背叛；随着时间推移，激情从爱情关系中消退，很多伴侣体验到对激情的渴望。

斯滕伯格的理论在恋爱双方或一方对爱情关系感到不满意或仿佛感到缺点什么时，是很有帮助的！如果从三角理论审视爱情关系，可以很具体的确定是什么导致伴侣的不满和关系的不和，以便加强和改善关系！

研究发现，当恋爱双方的三角关系匹配时，或者说双方追求的东西或多或少相同时，关系往往走向成功！例如，恋爱双方都期望浪漫的爱，都还没有准备好承诺，爱情将是匹配的！但如果一方渴望承诺，爱情就不太可能进展顺利！

第二节 爱情四阶段

小谭，女，在校大二学生。小谭说，自己和男友已相恋一年，感情本来不错。不过最近有些嫌男友烦人，感觉男友不理解自己，总是限制自己的自由，比如，刚分开就不停打电话问自己在哪，在干什么；更可气的是，有时候参加学生会的活动，或者去上自习，男友也问东问西。而且，男友抱怨自己，嫌不多陪陪他，对他冷淡，说自己没以前爱他了。听男友这么说，小谭感到非常生气和失望，同时又不明白自己是否真的做错了？本来甜蜜的爱情让她变得非常困扰……

心理学家认为爱情是有阶段性的，成熟美满的爱情可分为四个阶段：

共存阶段（热恋期）：又叫“甜蜜期”，这是一段亲密关系的开始，是谈恋爱最幸福的时期，也是两人情感联结最强烈的时期。这个时期，两人不论任何时候都希望腻在一起。

反依赖阶段（矛盾潜伏期）：随着恋情日趋平淡，恋爱的一方想多一些时间和空间做自己的事，另一方就会产生被冷落的感觉。

独立阶段（矛盾突发期）：这是第二阶段的延续，是恋爱关系的高危期。如果矛盾潜伏期的问题没有很好解决，这个阶段问题会变得更尖锐。

恋爱一方要求更多独立支配的时间和空间，而另一方则十分怀念甜蜜期的卿卿我我。巨大的心理落差让一方怀疑双方的感情，为了挽回爱情他们开始频繁地表达愤怒和不满，另一方则会感到对方无理取闹、胡搅蛮缠，自己被约束和控制。一方要求独立，另一方要求依恋，恋爱双方处于对立关系，不断升级的冲突导致分手！

共生阶段（情感稳定期）：这时新的相处之道形成。恋爱双方相互扶持、互相成长，成为彼此最亲密的人，爱更易保鲜，也更持久！

案例中的小谭已恋爱一年，恋情正处于反依赖期。这个阶段恋情已趋于平淡，没有了甜蜜期的新鲜感，不再希望天天腻在一起，而是希望能腾出一点私人空间处理自己的事情。但是，如果恋爱双方不能够设身处地地为对方考虑，就可能会产生一种被冷落、被忽视的感觉，恋爱出现矛盾。

恋爱过程的四个发展阶段都有其特殊表现形式及规律。但是，很多恋情夭折于第二、三阶段种种矛盾的严峻“考验”中，没有等来柳暗花明的情感稳定期！

第三节　依赖共生关系

“我会永远把你放在第一位，愿意为你牺牲一切，甚至是我自己。我不在乎自己有多疼，我永远都会那样做！”这是理想的恋爱关系吗？爱是以牺牲来衡量，是这样吗？

当你为另一个人牺牲自己的时候，恋爱关系已经变得不健康了！健康的关系有一个正常的给予和接受的量，相互依赖是健康的，支持和投入让双方成长，成为更好的人！

在亲密关系中，你是这样的吗？

意识到伴侣有不健康的行为，但内心存有这样的信念：没有我，他会无法生存，会崩溃的！他只有我！对伴侣有一种夸大的责任感；

夸大孤独和被遗弃的恐惧；

感觉需要对伴侣的感受和问题负责；

需要“被需要”，把伴侣看得比自己更重要，放弃和牺牲自己去帮助他；

当你为自己做一些事情时，会感觉自私和内疚；

觉得自己不够好，或者总是拿自己和别人比较；

很难说“不”；

发现自己在关系中担当的主要角色是一个拯救者和殉道者，混淆了爱和怜悯；

觉得自己被困在关系中，对关系不满，感觉身心俱疲；

忽视生活中其他重要关系；

关系中的两人在某种程度上发展受阻而停滞；

……

如果你的情况如上所述，那么你可能处于一种依赖共生的关系中。

依赖共生关系（codependency）是一种伴侣间病态的相互依赖关系，由亲密关系的双方共谋达成，关系看似稳固，难以分开。依赖共生关系最初出自和物质成瘾相关的语境，酗酒者的配偶被称为共同酗酒者（co-alcoholics）。一对伴侣有这样的特点：一方有生理或精神上的问题，比如物质成瘾、赌博成瘾、性成瘾、心理健康问题、不成熟、低成就等，导致其自身功能低下，对自己极端不负责任；而另一方则高度依赖伴侣的“社会生活功能低下”和“不负责任”，过分地强制性地照顾对方，获取自我的价值感，满足自己的精神需求。也就是说，依赖别人对自己的依赖。

依赖共生关系是一种功能障碍的关系，本质是一个人无法依赖自己的内在自我或自身完全的意志来决定自己的行动。一方对自己不负责任、上瘾或行为不良，另一方依靠强迫性照顾满足自己几乎所有的情感和自尊需求，双方的行动和自我价值都依附于外界的事物，可能是人，也可能是物质成瘾等。

在依赖共生关系中通常会有一种不平衡，一方在挣扎和需要帮助，变得缺乏自信、更加被动、经常难以做决定，依赖照顾者；另一方则专注于满足伴侣的需要，更具支配性、更负责任、控制欲更强。

研究发现，尽管“依赖共生”最初适用于酗酒者的配偶，但在普通人群中，共生依赖者比想象的要普遍得多，在功能失调的家庭中长大的个体可能患共生依赖。

在恋爱中，女方有“救世主”情结，觉得对男友有强烈的使命感，牺牲自己来满足对方的困难，她们竭尽全力去改变男友不完美的地方，比如邋遢、睡懒觉、打游戏。当对方拒绝帮助时，会产生极大的情绪波动，但依然插手对方的事，弄得双方都筋疲力尽。

改变不健康行为的第一步就是理解它！当你对依赖共生了解得越多，知道成瘾的过程和恶性循环，以及它如何影响双方的关系，那么，病态的依赖行为就越容易被承认和制止。同时，伴侣双方有必要做出更多的成长和改变，找到自由和爱，过上健康的生活！

第四节　假性亲密关系

你与伴侣之间存在深刻、自由和互相回应的联结吗？你们之间的亲密关系是真正的亲密关系吗？

你有下面的一些想法或体验吗？

你认为爱主要是为了照顾你的伴侣，或者你的伴侣照顾你；

你忙着为伴侣做事时，是否感到缺乏同理心或互惠；

你经常感觉你们的关系更多像工作而缺少乐趣，有说不出口的不适；

你想表现出真正的关心时，感到疲惫不堪、精疲力竭；

你们的关系没有丰富你的生活；

……

如果你的回答是肯定的，这意味着你和伴侣之间的亲密关系并不是真正的亲密关系，真正的亲密关系代表着相互关心，彼此共情及情感付出。这是一种假性亲密关系（irrelationship）。

假性亲密关系是一种伪伙伴关系。伴侣双方默认的一种状态，利用形式上的在一起来回避真正在一起。它是双方共筑的心理防御系统，两人携手防御那种“需要双方一起创造的真正亲密状态”。很多时候，暴露自己的灵魂太危险，我们害怕“允许某人在自己的生活中成为重要的人”或者“真的在乎一个人”。真正的关心和爱会让人恐惧和焦虑，会让人冒着被伤害、被拒绝、被抛弃的风险。简而言之，假性亲密关系不是一种疾病，而是一种与伴侣在一起的方式，一种逃避爱的方式。

在假性亲密关系中，伴侣双方处于一种“情感禁闭”（brainlock）状态。真实的自己被看到，或者被爱的想法都非常令人不安，因为爱情并不总是安全的，我们无法控制对方对我们的感觉，情感投资变得不可预测，因此，双方不自觉达成协议——情感退出——共同保持情感上的麻木。双方开始“闭锁”情感，拒绝进行深刻的情感联结，以避免亲密，他们对某种类型的情感具有很高的忍耐度，比如情绪痛苦，尤其是孤独。实质上，“情感禁闭”可以被理解为一种解离。

假性亲密关系是一种后天习得的关系模式，它可能会困扰那些童年时主要照顾者无法满足他们的情感需求的个体。当他们处在很小的儿童时期，经历了功能失调的照顾，他们的主要照顾者——通常是母亲无法提供所需的照顾和安全，而且还指望他们为母亲提供情感安慰行为，依靠他们满足情感需求和支持，他们颠倒角色，自己成为看护者，试图安抚和拯救母亲。随着时间的推移，他们逐渐依赖这种管理他人感受的能力，来使自己或他人感到安全。同时，他们已混淆了“照顾”和“爱”！

情感禁闭是一系列生理和心理上的适应过程。生理上，大脑功能的组成部分，比如荷尔蒙、神经递质和特定类型的蛋白质都与情感禁闭有关；心理上，适应过程隐藏在假性亲密关系里，确保个体不会“太接近”另一个人，以避免焦虑。

假性亲密关系像一座监狱，表面上看，它确实能防止焦虑感，让你免受很多事情的伤害。但是，伴侣双方按照剧本演爱情，避免危险的狭隘愿望迫使他们长期重复习得的模式，没有为爱情中的不确定因素——激情和欲望等留下太多的空间，永远学不会如何形成真正的亲密而互惠的关系！

一旦你意识到你们处于一段假性亲密关系中，你需要和伴侣沟通，对彼此进行真正的情感投入，发展一种更健康的亲密关系。

记住：勇敢不是不恐惧，而是心怀恐惧，仍然向前！

第五节　处理分手

小魏，女，在校大二学生。小魏说，大一军训结束后，我和男友确定了恋爱关系。我们在一起就像一个美丽的梦，我们生活在一个完全由彼此组成的世界里，沉醉而满意。但是，大二一开学，男友突然在电话里和我提分手，我约他见面他也回避。他告诉我我们没有各自的生活，除了我，他不知道自己是谁，他想去找答案……在内心深处，我承认他是对的。这一年，除了是他的女友，我不知道我是谁……但是，我太痛苦了，我告诉他离开他我活不下去，我希望他改变主意……我记得我们第一次拉手、我记得我们第一次看电影、我记得我们共同设计的梦想和未来……我变成了一个脱离了快乐的躯壳，多少次我哭着醒来，希望一切都是梦……我对什么都没什么兴趣，总想赖床，这学期也缺了好多课……

分手从来都不是一件有趣的事情，不管情侣间为何分手，也不管你愿不愿意，一段关系的破裂都会让你的整个生活发生天翻地覆的变化，引发痛苦和不安。分手可能是大学生活中极具压力的事件之一，它代表着多种丧失——恋爱关系的丧失、共享的梦想和承诺的丧失，陪伴和情感支持的丧失，当恋爱关系失败时，深深的失望、悲伤和痛苦随之而来！

如何应对分手：

1. 承认分手后有不同的情绪感受是正常的，不要与你的感受战斗

分手后情绪有起伏很正常，你可能会感到很多矛盾的情绪，比如悲伤、愤怒、怨恨、困惑和恐惧，而且这些感觉可能会很强烈。不要压抑或忽略它

们，试着去识别、承认和接纳情绪，虽然体验它们注定是痛苦的，但是情绪不会永远存在，情绪反应会随着时间的推移而减少。

允许自己去感受丧失带来的痛苦，允许自己悲伤！这听起来有些荒谬，你可能担心自己会被永远囚禁在一个黑暗的地方，怕悲伤太强烈而无法承受！记住，悲伤在帮助你放弃旧的关系，保持继续向前，悲伤是治愈过程中必不可少的！任何让你分心的人或物，只会延缓和推迟悲伤的过程，阻碍你继续前进！不管悲伤多么强烈、多么痛苦，坚持一下，它终将过去！

请注意，要正确区分正常的悲伤情绪和抑郁。分手一段时间后，悲伤会开始消散，但是，如果你仍然感受不到生活的动力，你可以患上了抑郁症，需要求助于专业的咨询机构。

2. 和你的前任保持一定距离

分手后，你可能认为，"不能做恋人可以做朋友"，但是分手后不是继续朋友关系的时候。你需要暂时屏蔽他们的信息，不要打电话、发微信或者QQ 联系，也不要向朋友间接打听他们的消息。这可能是一件困难的事情，但是如果你把注意力放在前任身上，你就无法前进，你需要专注于你自己！当然，当你把自己厘清后，你们仍然可以继续一段友谊。

3. 寻求社会支持，关注健康，放松自我

不要孤立自己，这样只会增加你的压力。去寻求家人和朋友的社会支持，分享你的感受，让他们帮你度过这段难熬的日子。

当你在与糟糕的分手做斗争时，好好照顾好身体。去健身房动一动你的身体，你需要酣畅淋漓的内啡肽释放来减轻焦虑和抑郁；去看一场电影或去吃一顿美食，做一些对你身体有益的事情！

分手后的一段时间内，允许自己在一个不太理想的水平上生活和学习。没有人是超人，当你无法保障以往的效率时，放松自我，自愈后再出发！

4. 接受一些观点

在大学生活里，约会和分手都是正常和健康的。不是每一个人都能在大学生活中遇到我们的 Mr.right。我们只是在和那些可能会成为未来伴侣的人约会！我们在不断地了解自己，了解"我是谁"，了解想要过的生活，了解和我们相匹配的人。

任何事情都有两面性，你可以从分手中吸取重要的教训！

当你正在经历分手的痛苦时，你感到悲伤和空虚，很难看到这一点！但是情感危机时期正是播种成长的种子的时期，你可以更好地去了解自己，让自己变得更加明智和强大！

问自己几个问题，看看在恋爱关系中发生了什么，你对关系的破裂所起的作用？

1. 你做了什么导致了恋爱关系出现问题？

案例中的小魏，过度依赖爱情，为爱情放弃了自己的兴趣和爱好、放弃了自己的社交圈，除了恋爱赋予的身份外不知道“自己是谁”。经历一场毁灭性的大学分手，是找到“自我”的必要条件！你全心全意爱自己，即使没有恋爱，你也能爱上生活，你为自己而活！找回那些因恋爱忽略的乐趣、那些你一直想干的事、那些你束之高阁的雄心壮志！

2. 在一段又一段令人挫败的感情中，你是否倾向于犯同样的错，还是选择了错误的人？

3. 你处理压力和冲突的方式怎样？能以更建设性的方式解决吗？

4. 你能有效控制和表达自己的情绪，做情绪的主人，还是一直扮演着情绪的囚徒，任由消极情绪为所欲为？

5. 你能接受恋人“本来的样子”而不是“应该成为”的样子吗？是否活在对爱情的幻想中？

当面对分手时，不要纠结谁该为这段感情负责，也不必自责。客观回顾和审视这段恋爱关系，了解你与他人相处的模式，你处理压力和管理情绪的能力，以及你需要解决的问题。你能从错误中吸取教训，就能在下一段恋情来临时，避免重蹈覆辙，做出更睿智的选择！

第八章　关于心理健康的其他问题

第一节　挫折

现代社会竞争越来越激烈，人们的生存压力比过去社会大得多！但是新时代的草莓族、水蜜桃族的抗压能力却越来越弱，挫折容忍力也越来越低。

挫折（冯江平，1991）是指人们在有目的的活动中，遇到自己能力无法克服或自认为无法克服的障碍与干扰，造成本身需要或动机不能获得满足时所产生的消极的情绪反应。

挫折包含三方面的含义：第一是挫折情境，比如考试失利、比赛成绩不佳、飞机延误等；第二是挫折认知，也就是个体面对挫折情境时的知觉、认识和评价；第三是挫折反应，当个体的需要不能获得满足时，所产生的情绪和行为反应，比如愤怒、烦恼、焦虑、困惑、躲避或攻击等等。负面情绪交织而成的心理感受，即挫折感。一般来说，挫折情境越严重，挫折反应就越强烈。其中，挫折认知是最核心的因素，它决定了挫折反应的性质和程度。

常言道“人生不如意十之八九”，挫折是生活中常见的现象！有些人经历一点小挫折就一蹶不振，而另外一些人却表现得坚韧无比，“他们就像细细的树枝会被大树吹得弯下去，却不会断裂”，即使经历严酷的战争、灾害或攻击，却依然能够恢复！比如，苏联作家尼古拉·奥斯特洛夫斯基瘫痪在床、双目失明，口述完成了伟大的长篇小说《钢铁是怎样炼成的》；司马迁在身体和精神上遭受了巨大创伤后，忍辱含垢，奋发创作了中国第一部纪传体通史《史记》；自幼高位截瘫的张海迪，学会了4门外语，翻译了数十万字的外文著作，编著了《生命的追问》《轮椅上的梦》等书籍……

布鲁克斯（Brooks）和戈德斯坦（Goldstein）认为，当遭遇挫折或失败时，个体能够勇敢面对，不致造成心理或行为失常，并且还能从挫折创伤中复原的能力，被称为“挫折容忍力”。挫折容忍力是心理健康的核心组成部分。能够处理和容忍挫折的人更可能会坚持他们的目标，帮助他们感觉更好，实现自己的成就；而挫折容忍力低的人，更可能会轻易放弃，或者干脆逃避棘手的任务。因此，在高度竞争的社会中，挫折容忍力是个体必须拥有的最重要的能力之一！

低挫折容忍力的常见迹象：

1. 由于无法忍受艰难任务带来的挫败感，经常拖延；
2. 避免做那些引起压力的事情；
3. 缺乏耐心总是试图“修复”环境，不是等待问题自行纠正；
4. 夸大暂时的不适感；
5. 追求即时满足；
6. 遇到挑战或障碍时，立马放弃；
7. 对日常压力易怒或生气；
8. 持有“我受不了了”的信念；

……

和大学生息息相关的挫折情境就是学习！有些学生会经历失败—挫折循环。

在考试中，学生努力希望获得好成绩，结果遭遇失败或表现不佳。最初的失败并不可怕，因为努力不一定产生向往的结果，努力和结果之间会存在差异。但是，如果一个学生总是失败，“特定的行为‘努力’会产生特定的结果‘成功’”这一信念屡次遭遇破坏，学生就会认为他们无法控制自己的学业成功或失败，产生“无论我怎么努力也没有用”、“我期盼的结果不会发生”的预期，导致放弃尝试和努力。“难学—畏学—厌学—更难学—弃学”，陷入失败—挫折循环，最终导致习得性无助感（Learned Helplessness）！

习得性无助是指个体经历了某种失败后，在认知、情感和行为上表现出消极的特殊的心理状态，最终导致其害怕失败，极力避免做可能失败的事，情绪抑郁、焦虑，并以自暴自弃的形式表现出来。

习得性无助现象在人类和动物身上都可以观察到。在印度和泰国的街头巷尾，到处可以看到驯养的大象。你会看到一种奇怪的现象，身材巨大的大象只需要一截细细的链子拴在细小的柱子上，而幼象却要用粗大的铁链拴着！铁链束缚了小象的自由，它们努力挣脱，当多次努力而无法成功时，它们的尝试变得越来越少，当它们长大以后，即使力气足够，也会放弃努力！一旦大象在幼年时期习得挣扎努力是无用的，就不再试图去挣断铁链了！

谢里（Cherry，2017）认为，当个体条件反射式地预期自己将会遭受痛苦、折磨并且认为自己对此无能为力时，就会产生习得性无助。当人和动物意识到自己无法控制环境或发生在自己身上的事情，他们将会以一种消极、被动的方式去思考、感受或行动！

20 世纪 60 年代，马丁·塞利格曼（Martin Seligman）和史蒂文·梅尔（Steven Maier）合作进行动物实验，提出了习得性无助理论模型。

实验分为　AB 两组：A 组，狗接受无法控制、无法预测的电击（实验员随机、无规律地实施电击）；B 组，狗在一定程度上有控制权（实验员对狗进行有规律的电击或给狗设置逃脱条件躲避电击）。随后，把狗放置于一个由低矮的障碍物隔开的“双分电击笼”中，笼子的一边通电，另一边不通电，狗只要跳过障碍物就可以避免电击。当研究者打开电闸时，A 组中的狗完全放弃了逃脱的念头，根本不会尝试跨过障碍物到安全的另一边去。它们首先狂乱地跑一会儿，然后躺下，无奈地屈服于下一个电击。换句话说，在遭受了不可控的精神创伤后，小狗失去了做出反应的动机，只剩焦虑和情绪低落了。

研究者按照上述实验程序，对小老鼠进行研究，得出同样的研究结果。那些“无法躲避电击”的小老鼠习得了“自己的行为无法改变被电击的命运”，因此，即使眼前有逃脱恶劣情境或痛苦的方式，它们也会视若无睹。

如何改变人类的习得性无助感，增加成功的概率？

研究表明，学生如何解释自己的学业表现或学业失败至关重要！在心理学领域，归因理论关注的是个体如何解释事件，以及这与他们的思维和行为之间的关系。

归因是指人们推论自己和他人的行为或态度之原因的过程。海德(Heider)是归因理论的创始人，他认为在日常生活中每一个人都对各种行为的因果关系感兴趣，并力图弄清楚周围人行为的前因后果。海德把人们的行为表现分为两种：情境归因（外因）和个人倾向归因（内因）。维纳（Weiner）发展了一个归因理论框架，成为社会心理学的主要研究范式。

维纳的归因理论主要集中在成就归因上。他认为归因可依据控制点、稳定性和可控性三个维度进行分类，控制点是指影响成败因素的来源，是个人因素（内控），还是来自外在环境（外控）；稳定性是指影响成败的因素在性质上是否稳定，是否在类似情境下具有一致性；可控性是指影响成败的因素在性质上是否能由个人意愿所决定。因此，维纳认为对成功与失败的解释有以下四个方面：能力高低、任务难度、努力大小和幸运与否。

表 8.1　维纳对成功和失败的归因

稳定性	内在性	外在性
稳定	能力	任务难度
不稳定	努力	运气

维纳指出，归因决定了个体对成功和失败的情感反应。例如，当个体从一位评分随意的老师那里得到“A”，或者打败一个总是输球的运动员时，他不大可能体验到能力感或自豪感。另一方面，如果老师评分严厉，很少给出“A”，或者经过艰苦的大量练习后战胜了一位水平很高的运动员，那么，等级“A”和成功会给他带来巨大的积极影响。学业自尊较高的学生，倾向于将成功归于能力，而将失败归因于努力或运气等；而学习障碍的学生似乎更可能将失败归因于内部、稳定、不可控的因素，这是一种能力归因，会产生习得性无助感！

阿布拉姆森（Abramson）等人依据习得性无助感的研究对韦纳的归因理论做了补充和修正，提出了“普遍性—特殊性”因素。如果一个学生数学考试总是失利，他放弃对数学的努力，这是习得性无助的表现，如果这种无助感只表现在数学课程上就属于特殊方面，如果泛化蔓延到所有学科，则属于普遍方面，会使学生形成“我很笨”“我什么也学不会”等消极的自我概念。将坏的结果归因于内在的、稳定的、普遍的特质，倾向于这一解释的归因风格会导致个体抑郁！

内在（personal）指问题的产生是由于自己的错，将降低个体的自尊；

稳定（permanent）指个体认为问题不会被改变，这使失败的消极影响会更持久；

普遍（pervasive）指个体认为问题不仅仅影响到这类问题本身，而是影响到生活的各个方面，这使失败的影响泛化。

这三种角度被归纳为 3Ps，理解这三个角度会帮助习得性无助的个体走出心理困境！

那些学习成绩不好的学业困难个体更容易采取内在的、稳定的、普遍的归因，认为是自己的学业能力不足导致失败；而非采用外在的（运气不佳或某次考试比较难）、不稳定的（努力程度不够）、特殊的（仅仅不擅长某个学科）的归因，他们有极大的挫败感，预期下次考试也会失败，“任何努力都无济于事”的感受让他们放弃动机和行动以改变现状！

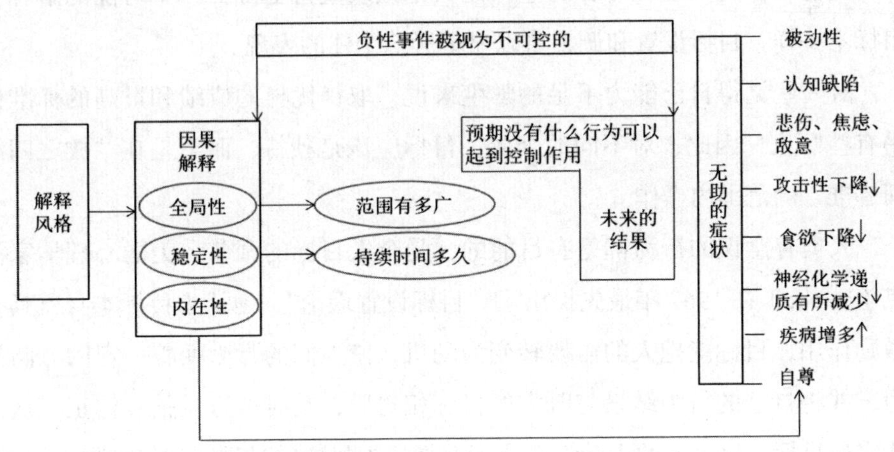

图 8.1　习得性抑郁的模式图

（图片来源：克里斯托弗·彼得森 史蒂文·迈尔，马丁·塞利格曼．习得性无助 [M]. 戴俊毅，译．机械工业出版社，2010.）

如何提高个体对学业挫折的容忍力，帮助个体减少习得性无助，可以试试下面的建议：

1. 遇到挫折时，检查自己的归因模式，避免习得性无助引起更大的损失

比如，英语考试失败，我们会分析“原因”？

首先，分析失败是由内在因素（个人）还是外在因素（环境）引起？如果是外在因素，比如题目太难或运气不佳，那么下次考试结果会有变化；

其次，如果是内在因素引起，那么是稳定的还是不稳定的？稳定的因素和能力有关，不稳定的因素和努力有关，当你认为“自己缺乏英语天分”（能力）时，你会放弃努力，下次考试结果会以失败证实你的自我概念，产生习得性无助感。当你认为“自己努力不够”导致失败时，下次你会认真准备，增加成功的机会；

最后，如果考试失败打击特别大，你认为“自己不光学习差，干啥都不行”，这是一种普遍性归因，会导致抑郁！

所以，我们要谨慎归因，尽量为失败寻找不稳定的、特殊的原因，不要把一时的失败夸张成永远无法克服的障碍。

2. 设置科学合理的目标

为什么在完成任务时，有些人比其他人表现得更好？一个可能的解释是目标不一样，目标设置和调整可以显著影响个体的表现。

对一些觉得自己能力不足的学生来说，取得优异的成绩和过高的标准似乎有些吓人！因此，对不同的个体，目标应该是独特，而不是在“放之四海而皆准”的范围内操作。

人类有意识的行为都是有目的的，受个人目标的调节。美国心理学家洛克（Locke）在1967年最先提出了“目标设置理论”，他认为目标本身就具有激励作用，目标能把人的需要转变为动机，使人们的行为朝着一定的方向努力，并将自己的行为结果与既定的目标相对照，及时进行调整和修正，从而能实现目标。每个人的生活都取决于选择追求目标的过程，如果你保持被动，那么，你就不会成为一个成功的人！

在设置科学合理的目标时，需要考虑以下几个关键点：

承诺 承诺是个体在面对障碍时，对目标的依恋程度和达到目标的决心。

有了强烈的承诺，个体更有可能去做他们想做的事，目标和表现之间就会有显著的相关。

清晰 清晰的目标是明确、具体、可进行数量分析的精确目标，当目标模糊时，它的激励价值有限。当你有了清晰的目标时，你清楚地知道需要做什么，这是成功的动力来源。

挑战性 目标必须具有挑战性但可以实现，“跳一跳，够得着”。具有挑战性的目标可以增加满足感，激励个体寻找合适的策略实现目标并把技能和表现推向极限。如果，目标不在能力所达的范围内，就会让个体产生不满和挫折感，怀疑自己，放弃努力。

反馈 目标设置在有即时反馈的情况下更有效。如果表现没有达到目标所要求的标准，反馈可以让个体反思自己的能力，并制定新的、更可能实现的目标。

任务定向 成就目标定向分为自我定向和任务定向。自我定向强调横向的自己与他人相比，注重社会参照，以超过他人为目标的心理定向；任务定向强调纵向的自己与自己相比，注重个人努力，以掌握技能、完成任务为目标的心理定向。任务定向有助于个体寻求挑战性的任务，面对困难坚持性更高，而自我定向的个体担心失败威胁到自尊，导致焦虑和羞耻感，会采用“自我设限”的防御手段避免失败，对完成任务表现出厌倦、拖延或故意不努力。

3. 正视内心，把挫折感转化为行动

有时候无助的沮丧感会压倒我们，“我完蛋了”“我不能再忍受了”“我实在受不了再失败一次”……这类型的想法会增加挫败感。注意到这些想法，我们不妨试试把它具体化一些，比如“我遇到了什么问题，让我感觉很糟糕”“我可以做些什么来改善情况”，然后开始行动！

4. 让你的身体平静下来

挫折产生的沮丧感会导致生理症状，比如心率加快、血压升高、食欲下降等。身体的变化可能让你怀疑自己应对挫折的能力，导致难以打破的恶性循环。因此，让你的身体平静下来，深呼吸、渐进式肌肉放松和体育锻炼都可以帮助你处理沮丧带来的身体症状！ calm down 你的身体，calm down 你的大脑！

附：渐进式肌肉放松

渐进式肌肉放松技术的创始人埃德蒙·雅各布森（Edmund Jacobson）认为，放松的身体里是不会住着一颗焦虑的心灵。所以，如果你觉得你的心是不好控制的，那么就控制你的身体吧！找一个安静的地方，舒适地躺着或坐着，然后按照以下步骤操作。

首先，深呼吸三次，每次都慢慢地呼气。吸气时，自己的肚子会慢慢地鼓起来，像一只充了气的气球；呼出气时，这只气球就会慢慢地瘪下去。呼气时，想象身体的紧张开始消除。

握紧拳头，坚持7-10秒，然后放开15-20秒。在绷紧、放松所有其他肌肉群时，使用同样的时间间隔。

绷紧肱二头肌（手臂外侧），把前臂举起来，靠近肩膀，双臂同时用力。绷紧……放松。

绷紧肱三头肌（手臂内侧），笔直地伸出手臂，绷紧肘部。绷紧……放松。

绷紧前额的肌肉，尽可能地抬高眉毛，绷紧……放松。想象你前额的肌肉在放松时变得又光滑又柔软。

绷紧眼睛周围的肌肉，眼睛紧紧地闭起来，绷紧……放松。想象深度放松的感觉散布在眼睛的周围。

绷紧下巴，尽可能地张大你的嘴，伸展下巴周围的肌肉。绷紧……放松。让嘴唇分开来，下巴自然地发放松。

绷紧颈部背面的肌肉，头尽可能地向后仰，似乎要碰到自己的后背（为了避免这组肌肉群受伤，动作轻柔一些）。把注意力只集中在绷紧颈部的肌肉。绷紧……放松。由于这部分肌肉通常总是很紧的，所以我们做两个回合。

深呼吸几次，让头的重量尽可能完全地依靠在靠着的地方而不是你的脖子。

绷紧肩膀，把肩膀抬起来，似乎要去捧自己的耳朵。绷紧……放松。

绷紧肩胛周围的肌肉，把肩胛往后伸展，似乎要让它们碰到一起。绷紧……放松。由于这部分肌肉通常总是很紧的，所以我们做两个回合。

绷紧胸部的肌肉，深深地吸一口气，屏住至少10秒钟，然后慢慢地放松。想象你胸部的任何多余的紧张都随着呼气而消逝了。

绷紧腹部的肌肉，腹部紧缩，绷紧……放松。想象有一股放松的感觉散布在腹部。

绷紧腰部，使之呈弓形（如果你腰疼的话，可以省去这步练习）。绷紧……放松。

绷紧臀部，把两边尽量并拢，绷紧……放松。想象臀部的肌肉变得放松、柔软。

把大腿的肌肉朝膝盖的方向挤压。由于大腿肌肉与盆骨是相连的，所以在绷紧大腿时你必须同时绷紧臀部。绷紧……放松。感受你大腿肌肉的平滑，完全放松。

绷紧小腿肌肉，把脚趾朝向身体弯曲（小心弯曲，以防抽筋）。绷紧……放松。绷紧你的脚，脚趾向下弯曲。绷紧……放松。

用心感受一下全身，看看还有没有残余的紧张。如果某个部位还是很紧张的话，那组肌肉群再重复做一两次绷紧……放松练习。

现在想象一股很放松的感觉像波浪般慢慢地散步全身，从头开始，慢慢地渗透到每组肌肉群，直到脚趾。

第二节　失眠

你存在入睡困难吗，在床上翻来覆去躺了半个小时也没睡着？

你是否在夜里醒来好几次，再难以入睡？

你是否早醒？

你是否感到睡眠质量下降，睡眠浅、多梦？

睡了一整夜后，你是否感觉没有休息好？

白天你感到头昏、疲劳或嗜睡吗？

你持续担忧睡眠吗？

你易怒、抑郁或焦虑吗？

你感到难以集中注意力，难以专注于任务或记忆吗？

生活中，你犯错误或事故的频次增加了吗？

……

如果是这样的话，你正在经历着某种形式的睡眠—觉醒障碍。

睡眠—觉醒障碍是指睡眠的量、质或定时异常，或者是在睡眠中或睡眠觉醒转换时发生异常的行为或生理事件。

睡眠是一种重要的生理过程，是有机体规律的、反复出现的可逆状态，它是人类生存所必需的一种相对自动化的行为。人的一生有 1/3 的时间都处于睡眠中。正常成人一天睡多少小时才算足够会因人而异，但大多数成年人每晚需要 7-8 小时的睡眠。

科学家们根据睡眠时大脑和身体的特征把睡眠周期划分五个睡眠阶段（见图 8.2）。前四个阶段合称为“非快速眼动睡眠（Non-REM Sleep，nREM）”（休闲的脑，可动的身体），第五个阶段称为“快速眼动睡眠（REM Sleep，REM）”（活跃的脑，瘫痪的身体）。

一般来说，脑电图（EEG）的脑波频率和振幅用来区分睡眠的不同阶段，此外，还可以用眼动（EOG）和肌肉运动（EMG）等其他生物节律来区分。

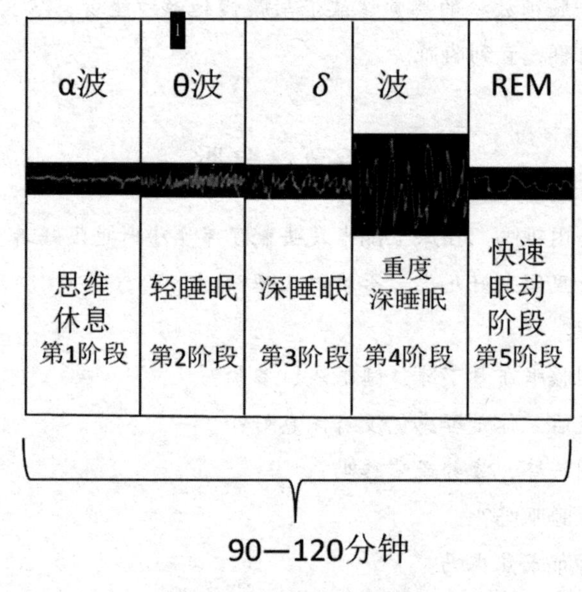

图 8.2　睡眠阶段示意图

第一阶段

第一阶段是睡眠中最轻的阶段，是你从清醒状态过渡到睡眠状态时的进入状态。脑电图的脑频率比清醒时稍慢，骨骼肌中存在肌张力，呼吸有规律。

第二阶段

第二阶段代表更深睡眠，睡眠者很容易被惊醒。第二阶段睡眠的特征是睡眠纺锤波。

第三、第四阶段

这两个阶段的睡眠被称为“慢波睡眠”（Slow Wave Sleep，SWS），或 δ 睡眠。δ 睡眠是最深的、最具恢复性的睡眠阶段。

在慢波睡眠期间，脑电图显示一个非常慢的频率与高振幅信号。慢波睡眠被称为深度睡眠，个体通常有最大的觉醒阈值，很难被唤醒。一些研究已经证明，有时超过 100 分贝的非常大的噪音也很难将慢波睡眠状态下的人吵醒。个体第三阶段被唤醒后，通常会感到昏昏沉沉，随后进行的认知测试显示，在长达半小时左右的时间里，与从其他阶段醒来的人相比，智力表现中度受损。这种现象被称为睡眠惯性。当睡眠被剥夺时，慢波睡眠通常会急剧反弹，这表明人们需要慢波睡眠。

儿童的 δ 睡眠占据所有睡眠时间的 40%，随着个体年龄增长，花在慢波深度睡眠的时间将越来越少，而花在第二阶段睡眠的时间将越来越多。

第五阶段（REM 睡眠）

在快速眼动睡眠期间，脑电图类似于清醒的时候，然而，骨骼肌是弛缓的，呼吸更加不稳定和不规则，心率加快，这个阶段可能会出现栩栩如生的梦境。REM 睡眠代表快速眼球运动。如果你观察个体在这一阶段的睡眠，你会看到他们的眼睛在移动。快速眼动睡眠之后，身体又回到第二阶段睡眠。

在某种程度上，许多成年人都经历过短期（急性）失眠症，持续数天或数周。例如，在听到坏消息后的一两个晚上会睡不着。在这种情况下，如果个体半夜起床看书或者睡前喝酒试图放松，那么，这些不健康的睡眠习惯会让失眠持续下来。一旦这种情况发生，“我永远都睡不着”这类的担心和想法就会和就寝时间联系起来，每次无法入睡，都会强化失眠模式。当这种情况连续几周（或几个月）发生时，仅仅是想到不能入睡，你就感到焦虑或恐慌，焦虑和失眠相互助长成为一个循环。慢慢地，失眠发展成长期（慢性）失眠（持续一个月或更久）。

常见的失眠原因包括：

压力。对学业、就业、未来等的担忧会让你在晚上思维活跃，难以入睡。创伤——比如亲人的意外死亡或疾病——也可能导致失眠。

精神健康疾病。失眠经常与其他精神健康障碍一起发生。焦虑障碍，比如创伤后应激障碍，可能会扰乱你的睡眠。醒得太早可能是抑郁的迹象。

药物。许多处方药会干扰睡眠，比如某些抗抑郁药和治疗哮喘或血压的药物。许多非处方药——比如一些止痛药、过敏和感冒药，还有减肥产品——含有咖啡因和其他会扰乱睡眠的兴奋剂。

身体疾病。与失眠相关的身体疾病包括慢性疼痛、癌症、糖尿病、心脏病、哮喘、胃食管反流病、甲状腺过度活跃、帕金森病和阿尔茨海默病。

睡眠障碍。睡眠呼吸中止症是另一种与失眠有关的睡眠障碍。患有睡眠呼吸中止症的人，在睡眠过程中，气道会部分或完全阻塞，导致呼吸暂停和氧气水平下降，个体整个晚上会短暂而反复地醒来。患有睡眠呼吸中止症的人有时会出现失眠症状。不宁腿综合征是一种神经系统疾病，会让腿产生不舒服的感觉，有一种几乎无法抗拒的想要挪动腿的欲望，这意味着入睡和保持睡眠状态可能会很困难。

咖啡因、尼古丁和酒精。咖啡、茶、可乐和其他含咖啡因的饮料都是兴奋剂。大多数人了解咖啡因的提神作用，在早上使用它来帮助开始新的一天，感到精力充沛而高效。但是，咖啡因会在体内停留长达 8 小时，在下午晚些时候或晚上喝会让你难以入睡。烟草制品中的尼古丁是另一种会影响睡眠的兴奋剂。酒精是镇静剂，可以帮助你入睡，但是它会阻止你进入更深的睡眠阶段，并且经常会导致半夜醒来。

旅行或工作安排。昼夜节律就像一个内部时钟，指引着你的睡眠—觉醒周期、新陈代谢和体温。打乱你身体的昼夜节律会导致失眠，比如，跨多个时区旅行引起的时差反应，加班或者频繁换班。

不良的睡眠习惯。不良的睡眠习惯包括不规律的就寝时间、小睡、睡前刺激性活动等会造成失眠（没有任何潜在的精神或医学问题），或者会使由其他问题引起的失眠变得更糟。

如果失眠使你白天无法正常工作和学习，那么，请去看医生，找出睡眠问题的原因。

在这里，提供给大家一些改善睡眠的好习惯：

1. 管理你的睡眠时间表。试着每天在差不多相同的时间睡觉和起床，即使在周末也坚持。

2. 白天不要打盹。如果你晚上睡不好，而白天又打盹，那么你的生物钟就会被打乱，晚上睡觉就会更加困难。

3. 醒来后不久就把自己暴露在明亮的灯光或阳光下，这会提示你的大脑该起床了，将有助于调节你身体的自然生物钟。同样，睡觉时尽量保持卧室黑暗，这样光线就不会干扰你的休息。

4. 安排在早上锻炼。锻炼会刺激身体，使入睡更加困难。

5. 限制咖啡因、酒精和尼古丁。

6. 睡前喝温牛奶。牛奶和奶制品能舒缓情绪，它们中含有色氨酸，会提高体内的血清素水平，让你感到困倦，是一种天然的睡眠促进剂。温暖可能会暂时增加你的体温，随后体温下降可能会加速睡眠。也可以食用其他一些含有色氨酸的食物，比如鸡肉、腰果、大豆和金枪鱼等等。

7. 睡前听轻音乐，告诉你的身体，是时候慢下来准备睡觉了。

8. 当你瞌睡的时候才去睡觉。

9. 避免精神刺激。不要想任何与工作相关的事情，也不要看电视。电视广告和新闻节目会使你警觉。

10. 记下你的担忧和烦恼。在睡觉前想好可能的解决方案，这样你就不必在半夜里反复思考了。写日记或待办事项的方法可以帮你把担心的事情放到明天去做。

图 8.3 失眠

第三节 时间管理

你是否花太多的时间看微信、刷微博？

你是否发现在你漫无目的地浏览网页的时候，时间已经过去很多了？

在学习的时候，你倾向于发短信或接听电话吗？

……

这些事的确耗费时间，也容易把你的注意力从学习和作业上转移开。

大学的学习主要是一种主动学习，大学生活更加自由、宽松，主要靠学生的自觉和自律。自觉性差、自律性不强的学生生活没有规律、学习没有规划，沉迷于娱乐活动，这样的行为虚度光阴，透支未来！

小桑，女，在校大一学生。小桑说，大学的课程挺轻松的，没有什么我做不到。我和室友相处得很好，还结交了一些朋友。我看电影、参加聚会、社团活动……生活过得挺充实！然而，生活发生了一些小插曲，熬夜刷手机后想睡个懒觉，翘了早上 8 点的课；没有按时完成老师指定的专业书籍阅读，原本以为周末很容易补上；为了准备考试不得不翘了一些其他课程；为了完成一篇研究论文熬整整一夜……。我有些不知所措，吃饭也觉得没有滋味，最近晚上无法入睡。今天刚考了英语，在考场上我完全“昏了头”，肯定考砸了！后面还有好几门重要考试呢，我不知道该怎么办？

作为一名大学生，你的时间管理能力可以决定你的成功或失败！小桑很聪明，可以应付大学生活，但是她没有明智地管理她的时间，导致生活一片狼藉。心理学家威廉·克瑙斯（William Knause）估计，90% 的大学生都有拖延症，其中，25% 的人成为慢性拖延症，许多人最终从大学退学。

你能管理时间吗？这或许用词不当。有些人把时间看作不可再生的资源，当时间嘀嗒过去，它就消失了。你能做什么呢？你真正能做的就是控制你自己，创造方法来安排时间。每个人每天都有 24 个小时，学会管理你的时间是一种技能，帮助你更好地把时间分配到最重要的任务上，你会经历更少的压力、犯更少的错误，有更多的时间和空间追求新的机会，帮助你在学校和今后生活中取得成功！

如何进行时间管理，实现自己的目标，成为高效行动的达人呢！我们从以下做起：

1. 树立珍惜时间的观念

雷巴柯夫说：用“分”来计算时间的人，比用“时”计算时间的人，时间多 59 倍。做好时间管理的前提，首先从思想上重视时间，树立珍惜时间的观念。

2. 创建待办事项清单，提前做好规划

时间有限，需要完成的事情很多，如何合理安排呢？

首先，把需要做的事情记录下来，养成创建待办事项清单的好习惯。这一工作会让你心情平静，因为你不用担心忘记一些事务。

接下来，你需要分析清单上的事情，哪些任务是必须立即完成的？哪些是可以等待的？必须对这些任务进行分类处理，设定明确的优先级，把不重要的或“浪费时间的”任务从重要的活动中区分出来，你就可以在不同的任务中合理分配精力。

史蒂芬·柯维（Stephen Covey）提出了时间管理的四象限法则，开发了一种通过检查每项任务的重要性和紧迫性来设定优先级的方法。

把需要完成的任务写在索引卡片上，按照重要性和紧急程度两个维度划分成四个“象限”：重要又紧急，重要但非紧急，紧急但非重要，既不重要也不紧急（图 8.4）。

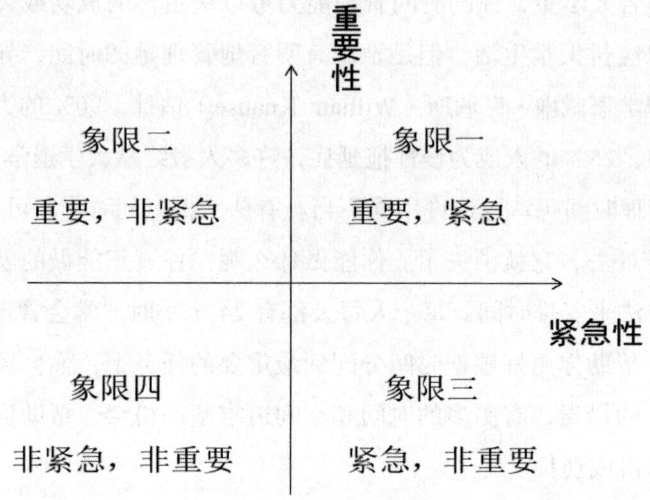

图 8.4　柯维的四象限图

象限一：重要而紧急的任务——“必然象限”。这些是我们必须优先解决，现在就完成的任务，比如工作中出现的危机，或者在最后期限内完成学校的项目等。这样的任务要安排的越少越好，太多了会增加压力，尽量安排到象限二。

象限二：重要但非紧急的任务——“机会象限”。这些是我们必须做但不必立马做的任务，比如建立人际关系、对专业知识的深度学习、锻炼等。针对象限二中的任务，我们可以制定计划，每天完成一部分，我们每天可能忙碌但不盲目，按部就班地在重要任务变得紧急之前完成它们。

象限三：紧急但非重要的任务——“欺骗的象限”。这些任务并不重要，但很紧急，比如某些电话、不速之客的来访、可参加可不参加的活动等。象限三之所以被称为“欺骗的象限”，是因为活动的紧迫性有时候让人相信活动也很重要。象限三的事务常常会让我们变得忙碌而盲目，但重要的事却什么也没抓住。那么，你是可以授权委托交给他人去做，或者通过委婉的拒绝减少这类活动的产生！例如，当你在忙于重要的考试复习时，你可以找室友帮忙做卫生或跑腿，这样可以腾出时间来专注学习。

象限四：非紧急非重要的任务——“浪费象限”。比如没完没了地追剧、花大量的时间煲电话粥、刷抖音等，这些活动都属于象限四。建议大家尽量不要去做象限四的活动，偶尔放松可以，但是不能沉溺其中。

根据柯维的四象限理论，可以按照以下流程图（图 8.5）来处理任务。

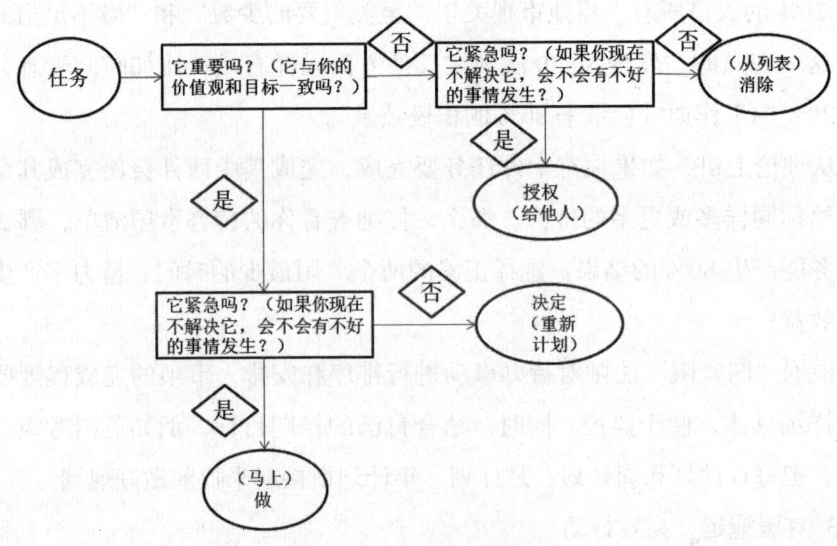

图 8.5　任务处理流程图

细心的同学已经发现一个问题，四象限理论在阐述管理时间时，建议我们把时间和精力放在优先完成重要任务上，这是为什么呢？

大家或许经常以不同形式重复听到“加仑罐”的例子：取一个玻璃加仑罐，在里面装满大石头。罐子满了吗？然后，你加入砾石，摇晃瓶子。现在，它满了吗？接下来，你加入小石子。罐子满了吗？添加沙子。现在，罐子是满的，对吧？不，你最后把罐子装满水。当我们听到这个故事时，很多人错误地以为这个例子的寓意是——你总是可以在一天中安排更多的活动。不，事实上，这个例子想说明——如果你想把大石头放进你的加仑罐中，你必须先把它们放进去。大石头代表大学生活中对你来说最重要的任务和目标，比如，通过各种等级考试、按时完成学位论文、培养社会实践活动能力。如果你的加仑罐中装满了沙子和水（代表参加很多没有必要的聚会、追泡沫剧等），然后试着把那些重要的“大石头”放进去，你会发现根本实现不了！

帕累托法则（也称 80/20 法则）指出，约仅有 20% 的变因操纵着 80% 的局面。也就是说：所有变量中，最重要的仅有 20%，虽然剩余的 80% 占了多数，控制的范围却远低于“关键的少数”。80/20 的概念是由意大利经济学家弗雷多·帕累托（Vilfredo Pareto）发现，他注意到，意大利约 80% 的土地为约 20% 的人口所有。当他审视关于“至关重要的少数”和“微不足道的多数”这一观点时，发现 80/20 法则在其他方面同样有效，比如时间管理，因为“20% 的工作通常会带来 80% 的积极结果”。

从理论上讲，如果你有十件任务要完成，完成其中两件会比完成其余八件带给你同样多或更多的价值。那么，仔细查看你的待办事项清单，哪 20% 的任务能产生 80% 的结果？选择正确的两个，用最少的时间、精力来产生最大的效益！

根据“四象限”法则对待办事项进行排序和安排，事项的完成程度要尽可能详细具体，便于监控。同时，结合自己的长期目标，例如英语考级、减肥等，把每日计划和周计划、月计划、年计划衔接起来提前做好规划。

3. 克服拖延，高效行动

你已经列好待办事项清单，确定了优先级，甚至用不同的颜色标注了列表。你知道需要做什么，需要现在就开始。但是，你就是什么也不想干。比如，明明知道下周有重要考试，却不想复习；计划每周至少阅读一本书，从图书馆把书借回来，一页也没翻过……这其实是一种拖延，我们每个人每一天都在以不同的方式拖延。老子说：千里之行始于足下！如何克服拖延症，激发动力，开始行动，我们可以试试下面的“窍门”。

五分钟计划：强迫自己用五分钟的时间去完成任务清单上的事情！设置一个计时器，在你工作五分钟后，你就可以休息了。记住，开始是任何工作中最困难的部分！

拆解目标，降低任务的难度：把一个大目标，拆解成一个个小任务。从更短、更简单的小任务开始，做起来相对容易，接二连三地完成小任务后，转移到更大的项目或任务上。

从最糟糕的第一个入手：有时最好采取相反的方法，先处理你最害怕，你认为最糟糕、最难处理的任务。这样，你就有理由为自己感到骄傲了，剩下的任务就 OK！

番茄工作法：这种方法让人在很短的时间间隔内工作，并进行短暂的、有规律的、定时的休息。准备一个计时器，将时间设置为 25 分钟，专注工作，中途不做任何与该任务无关的事，时钟响起，短暂休息 5 分钟，接着继续工作，每四个番茄时段，休息更长一段时间。一个番茄时间一旦开启，就不能打断，否则作废，需要重新开始。

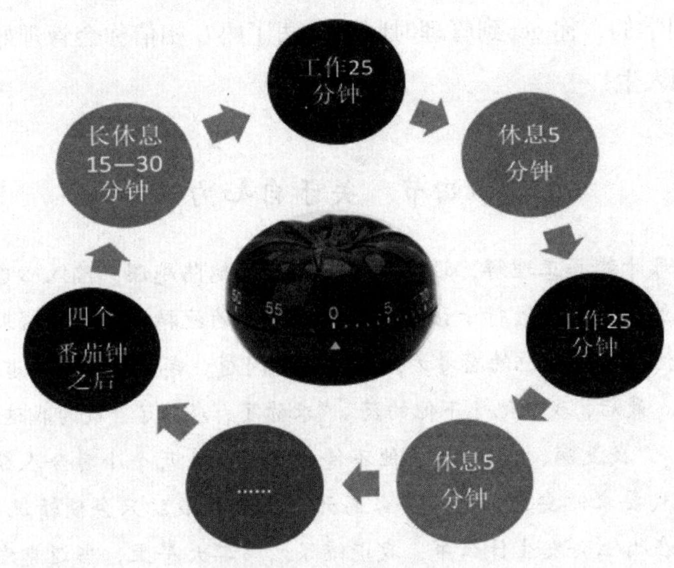

图 8.6　番茄工作法

4. 运用 PDCA 循环方法，回顾检查

使用 PDCA 循环方法回顾计划完成情况，对没有按计划完成的或完成不顺利的事情，进行调整。

P（plan）计划，包括目标的确定以及计划的制定。准确地决定你想完成什么任务！

D（Do）执行，根据计划执行，实现计划涉及的内容。评估你的现状，找到解决问题的方法，你认为哪一种方法最好？在执行中考虑如何让自己坚持下去，一直保持动力！

C（Check）检查，检查计划执行情况，分清哪些对了，哪些错了，明确效果，找出问题。

A（Act）处理，对检查的结果进行处理，对成功的经验加以肯定，并进行推广运用；对于失败的教训也要总结，引起重视。

问题的解决不是一蹴而就的，以上四个过程周而复始，未解决的问题进入下一个循环，阶梯式上升！

时间管理可能是帮助我们获得成功的一项最重要的技能，学生管理自己时间的好坏会影响到个体的总体幸福感，糟糕的时间管理技能会侵蚀整体生活质量。同学们，你 get 到管理时间的方法了吗？相信你会管理好时间，管理好自己的人生！

第四节　关于自知力

只有父母才能真正理解，眼睁睁地看着孩子越陷越深，陷入心理深渊是多么痛苦！当然，我试图进行干预。我告诉迈克他的抗精神病药会帮助他更清晰地思考。但他告诉我，他的思考方式没有任何问题。我试图让他知道他有幻觉，但他不认可。最后，我求他吃下他的药。“求你了，求你了，就为我这样做吧！”但他不愿意。“我没病、我没病”，他不停地重复。在几个小时令人精疲力竭的谈话之后，我要求他要么吃药，要么离开家。这种威胁只会使情况变得更糟。由于害怕他在街上会发生什么事，我退缩了。第二天早上，当迈克发现我在他的早餐麦片里加药时，他勃然大怒……

这是临床心理学家哈维亚·阿玛多（Xavier Amador）博士在《我没病，我不需要帮助：如何帮助精神疾病患者接受治疗》（10 周年纪念版）中的案例！

当一个人不知道自己生病时，我们该如何帮助他呢？

1914 年，神经学家约瑟夫·巴宾斯基（Joseph Babinski）在医学期刊上发表了一篇文章，他发现他的两位病人右侧大脑都有损伤，导致他们左半边身体瘫痪。但是，这两位病人都坚称自己很好，根本没有意识到身体出了问题。当他向其中一位病人推荐电击疗法时，病人说：“你为什么要电击我？我又没有瘫痪”。病人并没有说谎，他们真的没有意识到自己的半边身子瘫痪了。巴宾斯基为描述这种症状创造了一个新词：病感失认症（anosognosia）。

病感失认症的意思是病人不能认识或理解他所患疾病的本质。在患中风、脑损伤或阿尔茨海默氏症等脑部疾病后，人们有时会经历病感失认症。

疾病失认症是某些精神疾病的常见症状，患有急性精神疾病的人不知道自己的精神健康状况，或者不能准确地感知自己的状况。他们拒绝接受精神疾病的诊断。过去，人们将这种无法识别自身精神疾病症状的原因归结于"否认"——我们都在使用的一种自我防御机制——拒绝承认可能会伤害我们自我价值感的事实。其实，他们可能没有足够清晰的思维来有意识地选择否认。相反，他们或许正在经历"病感失认症"（或称为"自知力缺乏"）。

幻觉、妄想、思维不连贯、情绪高涨、情绪低落、情绪快速波动、混乱、自杀想法、记忆改变、成瘾行为、毫无意义的行为——这些都是精神疾病症状。

许多精神疾病都有一个共同的特征：自知力受损或减弱。

传统上，自知力被定义为"对自身病态改变的正确态度及对精神疾病的认识"。目前普遍认为自知力是连续的，存在一个从完全丧失到自知力完整之间变动的连续范围。

传统上还把自知力作为鉴别神经症和重性精神病的标准。临床上将有无自制力及自知力恢复的程度，作为判断病情轻重和疾病好转程度的重要指标。

患有精神疾病的人在某些情况下，根本无法理解自己有病。这使得他们容易和他人之间产生误解，冲突和焦虑增加；他们鲁莽的或不受欢迎的行为加剧了人际冲突；他们逃避治疗、停止服药，使治疗和治疗依从性都充满挑战性。

缺乏自知力与不理解某种疾病的本质是不同的。比如，大多数糖尿病患者都能充分意识到自己生病了，需要专门的药物来控制症状。他们不需要了解细胞水平上胰岛素抵抗的生物学原理。尽管患有医学疾病的人可能不了解其疾病背后的机制，但他们通常知道自己生病了，知道自己将从治疗中获益。他们越感到不适，就越想要得到解脱，越会主动求医。

依靠心理咨询和治疗，那些拒人于千里之外却又渴望亲密的人，领悟到"他们的行为源自于被抛弃的恐惧"，那么他们可以从中受益；那些经常发现自己处于有害关系中的人，意识到他们的行为在破坏自己的幸福，因为童年的创伤，他们认为自己不应该得到幸福……这些都涉及“机制自知力”——精神疾病的心理机制——的问题！

然而，我们这里要谈论的是“症状自知力”，即对自身精神病性症状的认识。患有精神疾病的人往往意识不到有什么不对劲，他们认为自己没病，不需要帮助，不太可能主动寻求治疗并坚持治疗。的确，这其实很符合逻辑，我们为什么要为自己都不知道的疾病服药呢？

虽然缺乏自知力是许多精神疾病的共同特征，但这种缺乏自知力的表现可能因疾病而异。

一个人在躁狂发作的过程中，有夸大妄想、精力充沛、几乎不需要睡眠、自我评价过高、判断力差和无节制的消费等症状，他可能不理解为什么朋友和家人认为自己有问题。精神分裂症患者出现幻听或被害妄想症时，可能无法理解这些声音和妄想是不真实的。一个患有严重抑郁症的人可能无法理解为什么其他人没有意识到他是一个可怕的人、一个彻底的失败者，是周围所有人的负担。

为什么很多精神疾病都伴随自知力减弱的特征呢？

精神疾病会干扰大脑的动机、认知和情绪系统。大脑的生理变化引起大脑系统失调，导致“自知力”的缺乏。

例如，最近的一项研究利用磁共振成像（MRI）技术分析了患者识别精神分裂症各方面的能力与大脑不同区域灰质体积之间的关系。大脑特定区域的灰质越多，对精神分裂症的意识就越强。大脑的不同区域负责识别问题的存在，并将这些问题与疾病联系起来。

2012年《精神病学与神经科学杂志》上发表的一项研究显示，大脑某些区域的血液流动可能也会导致精神分裂症患者无法识别自己的病情。

多种大脑加工过程缺陷可能导致自知力的问题，因此，在精神疾病中，自知力必须克服由于对外部世界经常不准确的感知而产生的高内在情绪和低动机的状态。自知力需要注意力、工作记忆和认知控制下的高级大脑网络的功能。不幸的是，在许多精神疾病中大脑高级系统都有功能障碍，即便不是全部。

一份针对精神科护士的报告表明，试图让患者承认自己生病了可能注定要失败，因为他们缺乏现实检验的能力，可能无法理解这些症状。我们无法说服缺乏自知力的患者让他们相信需要治疗和帮助。那么，在这种情况下，没有必要强迫他们接受诊断结果。

研究表明，一个人越早接受药物治疗，预后就越好，住院次数越少，住院时间也越短。而且，大多数精神疾病的治疗方法即便不能完全消除症状，也有助于减少症状。然而，为了使治疗有效，病人必须有参与治疗的自知力。

那么，如何帮助缺乏自知力的病人呢？

医生与病人和病人家属建立信任关系是很重要的。当病人信任他的医生时，即使他认为自己不需要帮助，他也更有可能接受医生的建议。病人与朋友和家人的社会关系越强，他就越有可能听取他们的建议。

实际上，强大、积极的社会关系可以帮助患者对外部世界做出更准确的评估，成为患者自身认知的代理人或验证者。某些心理治疗方法也有助于培养自知力。例如，认知行为疗法（CBT）的“认知”成分鼓励患者使用他们的注意力、工作记忆和认知控制网络来评估他们的内部思维与外部世界可观察到的事件之间的关系。

但是，即使在病人、家人和医生之间关系最好的情况下，精神疾病也会损害一个人接受治疗的能力。当疾病达到一定程度，病人有伤害自己或他人的危险时，住院治疗是必要的。短期住院，包括非自愿住院治疗，它的目标之一是提供一个安全的环境，使病人有时间发展出足够的自知力，以便在限制较少的环境中得到安全的治疗。

特别要注意，当精神疾病患者被贴上“精神分裂”或“双相障碍”等负面标签后，他人可能戴有色眼镜看待他，他自己也容易产生“病耻感”，不利于社会功能恢复！

1973 年，美国斯坦福大学心理学系的教授罗森汉恩（Rosenhan）博士进行了著名的罗森汉恩实验（后来也被称为“假病人实验”），这项研究当年发布在《科学》杂志上。他招募了 5 男 3 女 8 个人来假扮病人，这 8 人被安排进入一所精神病院，他们告诉医护人员自己幻听严重。他们在精神病院表现正常，在他们身上没有任何精神病理学症状，但是在下诊断书时，却没有一个医护人员认为他们是正常的。当他们陆续要求出院时，医护人员认为他们的“妄想症”越来越严重，把他们的闲聊看作“异常交谈行为”，把他们做笔记看作“异常书写行为”……罗森汉恩的研究有力地揭示了诊断标签的危险性——标签效应：一旦医护人员认定某一个人患有精神分裂症，就会把他的一切行为和举止视为反常。原本正常的人被贴上精神病的标签后，在他人眼里就顺理成章的变成精神病患者。“标签”具有一定程度的导向作用，会强烈影响个体的“自我认同”。

在前面部分我们已经论述过，缺乏自知力应该是导致重大精神疾病的大脑处理缺陷之一，而不仅仅是患者不信任我们或表现傲慢。

生活中，我们应该多给他们一些宽容！可以尝试为病患提供日常任务或需要遵守的规则，也可以帮助他设定个人目标，通过具体的步骤来实现这些目标，鼓励他管理自己的状况，适应和融入社会！

第五节　精神药物治疗

当个体处于精神类疾病急性发病期，考虑使用精神病药物治疗时；或者心理咨询师建议你去精神科，心理咨询配合药物一起使用，这时需要考虑药物的用途、副作用和其他因素。

精神病药物（也称为精神药物）影响大脑和中枢神经系统。它们改变了神经递质——大脑中的化学信使——的作用。精神药物有助于控制焦虑、烦乱、极度悲伤、抑郁、食欲或睡眠模式紊乱、思维混乱、注意力不集中、感知觉改变以及身体疼痛等症状。当精神或情绪疾病的症状严重、持续，并干扰了个体正常功能时，精神科医生会开出药物处方。

精神科医生为医学的和神经系统的疾病开出一些精神药物，并可能开出多种药物以减轻多项症状。处方药物取决于个人的特征，如症状的严重程度、健康状况、年龄等因素。所有的精神药物治疗都需要仔细监控，可能需要进行血液测试、特殊的饮食限制以及生活方式的改变等。

精神科医生，或在诊断和治疗精神和情绪问题方面接受过培训的医生，通常会开出精神药物处方并对其进行监控。你的心理医生也可以向精神科医生咨询或推荐你进行诊断和治疗，同时，精神科医生也会建议你去接受心理咨询和治疗。心理咨询和药物一起使用，有助于恢复健康和幸福！

当你咨询精神科医生以确定精神药物是否适合你时，可以询问以下问题：

1. 诊断是什么，医生为什么推荐这种特殊的药物？

2. 你可以期待什么症状缓解，什么时候减轻？

3. 如果你错过服用一剂该怎么办？

4. 常见的副作用有哪些，会持续多久？

5. 如果出现不良反应，如皮疹、严重头痛、恶心、呕吐或呼吸困难，应如何处理？

6. 需要哪些医学测试？

7. 你需要服药多长时间，如何停止或逐渐减少用药？

8. 你需要限制日常活动或饮食吗？

9. 你应该如何跟进药物治疗过程？

第九章 如何做一个健康快乐的人

第一节 流畅状态

想要提高你的幸福感、创造力和生产力吗？如果是这样的话，你可能需要培养“流畅状态”，它是一种完全专注于一项活动的体验。

驱动人类行为的一个内在组成部分就是行为的意义感。那么，是什么构成了人类行为的目的并产生了意义呢？正如美国著名心理学家米哈里—齐克森米哈里（Mihalyi Cskszentmihalyi）所描述的那样，生活的目的感来源于我们有一个目标，这个目标具有足够的挑战性，足以消耗高水平的身体和精神能量。这个目标赋予个人生命意义或重要性。通过认同、追求和实现对一个人来说至关重要的目标，从理论上讲，个体可以获得一种深深的享受感和幸福感。“流畅状态”体现了实现目标的核心理念。

20 世纪 70 年代，齐克森米哈里首先提出了流畅理论（Flow Theory）。齐克森米哈里和其他学者通过调查人们舞蹈、阅读、手术操作、做数学题等活动发现，许多人由于全神贯注而暂时忘记了自身的存在，不同程度地感受到时间快、效率高。齐克森米哈里把这些感受统称为“Flow—流畅心理状态”，并指出，“流畅心理状态”是学习、工作时的“最佳体验”（Optimal Experience），那个时候，个体完全为了某项活动而参与其中，自我消失了，感到光阴似箭，每一个行动、动作和思想都不可避免地跟随前一个动作，就像演奏爵士乐一样。整个生命都参与到活动中，最大限度地运用了个体的技能。它带来的内在满足感能使人们在从事任务时满怀兴趣，忘记疲劳，不停探索，不断达到新的目标。

齐克森米哈里认为，幸福是一种内在的状态，而不是外在的。1990年，他出版了畅销书《流畅状态：最佳体验的心理学》，基于这样一个前提：幸福水平可以通过引入流畅状态体验来改变。

第二次世界大战期间，齐克森米哈里是一名囚犯，在这段时间里，他目睹了周围人的痛苦和苦难。齐克森米哈里注意到，很多在战争中失去工作、家园和安全保障以后，就无法过上满意的生活。战后，带着“什么创造了值得过下去的生活？”这样的疑问，他开始对“幸福的原因”进行研究。

齐克森米哈里（1990）说：我们生活中最好的时刻不是被动的、接受的、放松的时候……最好的时刻通常发生在当一个人自愿努力完成一些困难的和有价值的事情，他的身体或心灵伸展到极限时！在他看来，幸福不是一种僵硬的、固定不变的状态，相反，幸福的表现需要付出努力。

当你完全投入到一项具有挑战性但可行的任务时，你能体验到流畅状态，体验到幸福！

流畅体验是普遍的，据报道，在所有阶层、性别、年龄和文化中都有发生，它可以在许多类型的活动中体验到。

不同的人以不同的方式体验着流畅状态！有的人可能在从事运动时体验到，比如滑雪、网球、足球、跳舞或跑步；其他人在绘画、写作时可能会有这样的体验。当你从事一项你喜欢并且非常熟练的活动时，流畅状态经常发生！

想象一下，你完全沉浸在一项活动中的感受！你正在参加一场比赛，你的注意力完全集中在身体的运动、肌肉的力量、脚下的速度上。你完全沉醉在当下，时间似乎在流逝，你很累，但是你几乎没有注意到！

有趣的是，体验流畅状态的能力因人而异。

那些对生活具有浓厚兴趣、坚持不懈的人倾向于经历更多的流畅状态。

研究发现了流畅状态和大五人格特质的关系，流畅状态与神经质之间存在负相关，而与责任心之间存在正相关（Ullén et al., 2012）。可以推测，神经质的人更容易焦虑和自我批评，扰乱了流畅状态；相比之下，有责任心的人更有可能花时间掌握具有挑战性的任务——这是流程状态体验的重要组成部分。

你在冲浪生活的浪潮吗?

你经常处于流畅状态吗?

根据齐克森米哈里的说法，流畅体验发生时，你可能体验到：

1. 具有明确的目标，虽然任务具有挑战性，但仍然可以实现
2. 高度专注和注意力集中
3. 完全专注于活动本身
4. 活动在本质上是有益的
5. 自我意识丧失，宁静的感觉
6. 扭曲的时间感，太专注于当下，以至于忘记了时间的流逝
7. 精确、即时的反馈
8. 技能水平和挑战之间的平衡
9. 对情境和结果的掌控感
10. 缺乏对身体需求的意识

处于流畅状态时，我们的大脑发生了什么?

它可能与大脑前额叶皮质活动的减少有关。

前额叶皮层是负责我们的意识和外显的精神状态的区域，是负责高级认知功能的区域，如自我反思意识、记忆、时间整合和工作记忆等。

在流畅状态下，这一区域被认为会在一种称为“短暂前额叶减退”（transient hypofrontality）的过程中暂时下调。前额叶区域的暂时失活可能会引发时间扭曲的感觉、自我意识和内心批评的丧失。

此外，前额叶的抑制可能使更多的大脑区域自由交流并参与创造过程。也有研究表明，流畅状态与大脑的多巴胺奖励回路有关，因为在流畅状态过程中好奇心被高度放大了。

如何实现流畅状态?

1. 爱上你从事的活动

人类大多数有意识的行为都需要动机，动机是推动一个人进行活动的心理动因或内部动力，可以分为内在动机和外在动机两种基本类型。

内在动机以生物性需要为基础，通过积极参加某种活动，应付各种挑战，从中展示自己的能力，实现自己的价值，体验到莫大的快乐和效能感。简单来说，因为你喜欢某件事所以你做它。齐克森米哈里说，最高的内在动机是一种失去自我意识的流畅状态，一个人完全屈服于当下，时间变得毫无意义。想想，一个卓越的音乐家不假思索地演奏，或者一个冲浪高手一次次追逐海浪，与海浪搏击，他们都乐在其中，体验着流畅心理状态！

外在动机以社会性需要为基础，人通过某种活动获得相应的外部奖励或避免受到惩罚以满足自己的社会性需要。外在动机指行为受外部控制，比如你做一些事情以避免陷入麻烦或努力学习是为了获得奖学金。这种激励是短暂的。在完成任务的过程中，就算你做得很好，你似乎仍然需要一个老师来验证你的努力，缺少了对活动本身的乐趣。

以色列有句著名的谚语：我老是向外寻求力量和信心，但它们其实来自内在，而且一直都在那。个体追求成功的动机是一种发自内心的动力，与外在奖赏无关，更能体验到流畅状态！

2. 处理好技能水平和挑战之间的平衡

诱导流畅状态是关于技能水平和即将到来的挑战之间的平衡，一方面，当挑战超过技能水平时，个体会变得焦虑和紧张；另一方面，当技能水平超过了挑战时，个体会变得无聊和分心。比如，创造性写作对一个有足够技能水平的人来说是难以置信的内在回报，而对另一个人来说则是无聊或焦虑。

3. 避免干扰和分心

如果受到分心干扰，那么你就无法体验流畅状态。因此，要体验这种状态，就必须远离现代快节奏生活中常见的注意力劫匪们。比如，关掉你的智能手机、停止刷抖音和微博、选择一个安静的学习场所。

日常生活中的流畅体验是幸福感和创造力的重要组成部分！为了幸福生活，我们从创造流畅体验吧！

第二节　活在当下——实现内心的平静与幸福

如果你大脑中各种想法、担心或不安等在不断地进行心灵赛车，那么，你可能被这些过度刺激所压倒。

最困难和最有意义的事情之一是学习如何活在当下，这是通往内心平静和幸福的途径。

孩子是持久幸福的终极例子！他们可以很容易地专注于正在做的事情，享受每一刻。他们没有太多的过去值得后悔，也不急于跳到未来，一直活在当下！

当下是唯一真实的东西，其他一切都只存在于我们的脑海中！但是，我们中大多数人挣扎在过去的悔恨和未来的焦虑中！尽管过去、现在和未来组成了生命不可分割的整体，但是，如果我们允许这些想法或情绪过度消耗我们的时间，那么，这就会变成一个问题。

思考和反思过去能让我们从错误中吸取教训，否则，至少在某种程度上我们永远不会发展成有智慧的生物。但是，我们大部分的不快乐都是反思过去所引起，尤其是那些给我们带来悲伤、愤怒、伤害、遗憾或不安的事情。

不管我们多么想停留在过去，过去发生的事情都是不可以改变的！

如果我们不能放过过去，沉迷于过去，抑郁经常发生。我们把太多的精力集中在已经做出（或者没能做出）的选择上。随着时间的推移，对“错误”的过度分析会塞满我们的大脑，压倒我们的感官，让我们感觉沮丧和绝望！

似乎，我们被“过去”定义了！

但是，请记住，只有在我们允许的情况下，“过去”才能定义我们。与其把过去当作现在情况的替罪羊，更有效的方法是承认过去并从中学习、从中成长。把过去放到该放的地方！从过去的经验中吸取教训，为当前的决策提供依据。

同样的道理也适用于未来的计划。

人们总是情不自禁地规划未来！这可能说是现代人类最自然的特征之一。我们一觉醒来，就开始定计划。吃什么早餐？几点到学校？为了省钱，现在开始定暑假旅游的机票？学期末了，我的考试成绩会怎样？

的确，不计划未来是不现实的。

当你为未来做计划时，你就能更好地处理可能发生的不可预见的事件。认清你的需要制定大目标，再分解成一些可以达到的小目标，日复一日地坚持，减轻攀登山峰的重压！

但是，未来并不存在。你可以（也应该）为它做计划和准备——但请记住，未来还没有发生，它只是一个抽象的概念。

人们经历的绝大多数压力和焦虑是由对未来事件和境况的担忧所引起。尤其是面临艰巨的任务或决定时，我们的大脑被所有想象出的灾难性结果狂轰滥炸。而且，无论如何努力，我们仍然无法完美地控制自己的生活。我们可以思考未来，想象它将如何实现，但我们永远无法真正确保每件事都将按照我们希望和想象的方式展开。漫画家比尔·沃特森（Bill Watterson）曾说过："我们总是忙于关注即将发生的事情，而没有时间享受当下的生活。"

图 9.1　活在过去或未来

焦虑和抑郁是丑陋的表亲。抑郁和焦虑的主要区别在于，抑郁根植于对过去的依恋，而焦虑则过度关注未来。

过去一去不复返，未来是不确定的，当下是我们所拥有的一切！

现在心理学界最流行的"正念"疗法，就是训练我们活在当下，觉察当下身体和心灵的一切！

什么是正念？

人们常常把正念（mindfulness）等同于冥想（meditation）。冥想确实是练习正念非常有效的一种方法，但并不是正念的全部。

根据美国心理协会（APA.org，2012）的定义，正念是"……对自己的体验不加判断的瞬间觉知。从这个意义上说，正念是一种状态，而不是一种特征。虽然它可以通过某些实践或活动来促进，比如冥想，但并不等同于正念。"

正如我们所看到的，正念是一种将注意力和心灵的焦点从过去或未来转移到当下的精神状态，是一种可以通过练习获得的状态。那么，它不是静态的，也不是有些人天生就比别人更专注。它包括觉知，以及从这种觉知中获得的公正。在网络社交媒体发达的时代，人们的评论、意见和点赞越来越多，那么，不带评判性的觉知是一种受欢迎的改变。

另一个定义来自正念减压创始人乔•卡巴金博士（Jon Katat-Zinn），他被称为当代正念之父。1979年卡巴金在美国麻省大学医学院创设正念减压课程（MBSR）。四十多年来，正念减压在内科医学、精神医学、心理学等领域发展，已然成为一股风潮，享誉全球。卡巴金认为，正念是指有意识的觉察，以一种特殊的方式集中注意力，有意识地、不做评判地专注于当下。

这是正念从业者和学术文献广泛接受的定义，对于那些想要开始实践的人可能更具有描述性。除了觉察，卡巴金告诉我们有意识地把注意力集中在“此时此地”（right here，right now）。“此时此地”是大多数练习冥想的人都已经熟悉的概念，这也是为什么正念和冥想经常联系在一起。很多人听到“正念”首先想到的就是冥想。事实上，研究已经揭示了冥想练习经验和正念水平之间显著正相关。

正念一种觉察，不带评判地对每时每刻的体验过程予以觉知和接纳。

卡巴金认为正念是为了自我理解和智慧。

我们每个人都把自己看得太认真，我们扮演着自己电影的明星。《我》的故事，主演当然是我！其他人都是配角！我们花费很多时间叙述“I”“me”和“mine”，它们已经和大脑的某些区域认同了，就像叙事默认模式一样，形成了连锁的“selfing”。但是，我们忘了这是一个建构的过程。

我是一个不受欢迎的人！我是一个情绪化的人！我是一个失败者！……我们对自己失望、难过、厌恶……我们习惯性地建构自己体验中的“真实”，嵌入在与客观现实混淆的主观体验中！

我们需要一个内部观察者——反思性自我，让我们从表征和体验中后退一步！我们可以这样说，“‘我’认为‘我是一个不受欢迎的人’”，“我”不确定为什么？发挥反思性自我的元认知功能，我们发现自己目前处于“我就是一个不受欢迎的人”这种特定的嵌入姿态，而不会自动化地认同它。通过反思性自我来调节或者过滤我们对于外部现实的表征和体验，成为自己人生的作者和解释者。

反思性姿态关注的是表征和体验的内容！

问大家一个问题，“到底是谁正在进行反思呢？”“你在哪里？”“你是谁？”

你是你的名字吗？你是你的年龄吗？你是你的想法吗？……

那部名叫《我》的电影，剥开它，你找不到真正的“你”。那个浸润着我的历史、我的身份认同，占据我的大量心理空间的“I”—“自我”在哪里？思考这个问题，我们会有突然而强烈的困惑，没有“自我”本身——“无我”，留存的只有“觉察”。

根本没有“自我”，只不过是“一种持续流动的觉察的体验”。人生就是各种体验的总和，而不是“我是谁”！

觉察的体验促进对觉知过程本身逐渐认同，而不是与我们察觉到的、不断转换的自我状态（积极的或消极的）相认同。

觉察性姿态是一种对觉知的觉知，是一种彻底的无我状态。我们全然临在此时此刻，对体验“温和以待”，不纠缠也不回避，接纳它们。

经历过严重创伤的人，他们原有生活错觉的外壳被打破，导致创伤情境持续性闯入、闪回，大脑处于高度警觉状态，对创伤相关刺激或创伤相关线索情境下的中性刺激信息加工增强。创伤者表现出的症状像他们有一种受虐倾向，其实不然，这是一种功能。为了生存，他们主观上认为需要高度聚焦于那些他们体验为危险的线索或处境上，以便应对。比如，那些经历过残酷战争的战士，听到零星的鞭炮声会下意识摸腰间；那些遭遇过地震并幸运地逃过一劫的人，经常感觉房子在晃，感觉地震又来了一样。

很多心理痛苦可以被视为（无意识地）自我繁衍的，心智化姿态和觉察姿态推动我们认识到主观体验主要是一种心理建构，两者都有潜力把我们从体验的嵌入中拔出来，降低自动化的心理运作方式，养成平静安宁的心理状态！

正念练习带来很多好处，牛津大学临床心理学教授威廉·库伊肯（Willem Kuyken）甚至认为，卡巴金的开创性工作有一天会与达尔文和爱因斯坦相提并论。因为，卡巴金在为新的前沿科学——人类思想和心灵而工作！

正念研究主题在积极心理学的流行也可以让我们看出它的好处（见图9.2）。

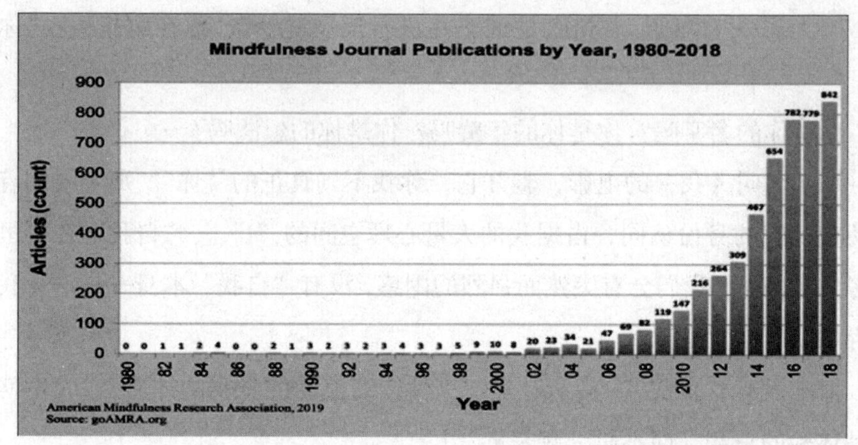

图 9.2　正念研究论文数量（出处：https://goamra.org/resources/）

正念在改善工作记忆、提高元认知意识、降低情绪的反应性、降低焦虑水平、增强视觉注意处理、缓解压力、管理身体疼痛、改善睡眠、减少对过去负面事件的反刍、增加幸福感诸多方面都有显著优势！

生活中大多数人没有活在当下！事实上，正念的反义词是 mindlessness，一种像“自动驾驶状态下的无意识的恍惚状态”。比如，在高速公路上开车，在你意识到之前已经到达了目的地，你完全不记得旅途中的所见所闻。

那么，我们一起学习一些正念练习的技巧（Smith，2012）：

1. 花一些时间有意识的呼吸。

呼吸是一切的基础，是衡量精神、身体和情绪状态的真实晴雨表！

专注于你的呼吸是正念最简单也是最有力的方法之一。深呼吸实际上有刺激我们身体内的副交感神经系统的作用，可以减少压力、降低血压和心率。想想看，当你有压力的时候，你的呼吸又快又浅；当你放松的时候，你的呼吸变深变慢。

开始意识到你的呼吸是如何吸入和呼出的，你的肚子是如何随着每次呼吸而起伏的。

2. 注意你正在做的事情。当你坐着、吃饭或放松的时候，你的感觉——而不是你的思想——在告诉你什么？

注意此时此地。例如，如果你在拉伸，注意你的身体在每个动作中的感觉。如果你在吃东西，不要看短信、接电话或看电视，细嚼慢咽，品尝每一口，关注食物的气味、味道和颜色。

3. 如果你要去某个地方，关注当下。不要让你的大脑不知不觉地陷入思考，把它们带回到走路的身体动作中。你感觉怎么样？

少关注你要去的地方，多关注你在走路时做了什么，以及你脚的感觉。在沙子或草地上行走，这是一个很好的尝试。

4. 你不必每时每刻都在做事。存在就好了。

只是存在和放松。再说一次，这是关于此时此地的。

5. 如果你注意到自己又开始思考了，只要再一次关注你的呼吸。

你可以把注意力重新集中到你的呼吸如何进出你的身体上，如果你能感觉到你的肌肉在你这样做的时候放松了，那就更好。

6. 理解你的心理过程只是想法；它们不一定是真的，也不需要你采取行动。

正念就是简单地存在，放松地接受你周围事物的本来面目。这也适用于内心——这是了解你精神的一部分。

7. 试着以一种完全没有评判的方式倾听。

你可能会注意到你越来越意识到自己的感受和想法。不要评判它们，接纳它们。

8. 当你的思想重新转向评判时，让自己注意一下。记住，这是很自然的，并不一定是你“自我”的一部分。

正念练习的一部分意味着将你的思想从诸如判断这样的练习中解放出来。你会发现随着时间的推移和练习，这会变得更容易。

9. 在你的一天中灵活安排正念练习。你正在做什么或体验什么？

生活中有很多平凡的事情要做，从走路、洗碗、洗澡，甚至到刷牙。当你做这些事情的时候，可以练习正念。如果你正在洗澡，感觉温暖的温水爱抚和清洁你，全身心地专注于“那里”！

10. 花点时间享受大自然。

大自然放松的环境可以帮助你更轻松地活在当下！

附：培养正念的呼吸冥想练习法

毫无疑问，正念、怜悯和智慧比以往任何时候都更重要——正念的本质是永恒的，它与当下有关，与任何当下有关，它让你有能力去接触你的体验。

以下内容改编自乔•卡巴金的引导冥想系列书籍。完成冥想练习，你大约需要花 20 分钟的时间，在这一过程中，除了保持清醒和觉知外，没有其他议程。

选择你的姿势。当我们一起进入正式练习的阶段，在这段时间里和你一起，独自一人，以一种最能体现尊严的姿态建立自己。不管你是坐在椅子上，或者躺在地板上，或者站着，如果你需要站着的话。让你的眼睛要么睁着，目光稳定而温和，略微向下方注视，不要特别地盯着某一物体，或者轻轻地闭上。

请认识到，我的话只是对你本来就知道的事情的指导。同时也确立了那种温柔而坚定的意向，尽可能的保持清醒，尽可能地接触真实的当下，不管对你来说是什么，用我的话来指引你的内在性，你的内在体验，所以重要的是你的体验。

在任何时候，在我说话的时候或者在寂静的时候，都展示你自己的体验。

探索你的动机和呼吸。因此，在这一点上，让我们想到——或者我们可能会说到你的内心——把这段时间花在自己身上的最深层的动机或渴望上。当你这样做的时候，慢慢地让你的注意力轻落到呼吸上，进入和离开身体。以你身体的某个区域为主要焦点，那里的呼吸感觉对你来说是最生动的。那可能是在腹部，在这里你可能会体验到在吸气时腹部慢慢膨胀，呼气时腹部慢慢收缩。或者在鼻孔里，当空气进出的时候，你可以感觉到它的流动。或更大的整体感觉的每一次呼吸移动从鼻孔向下到腹部，如果你愿意，或在身体的任何其他地方，呼吸对你来说是最生动的。

让你的呼吸顺其自然。不强迫，不斗争，不费力，尽你所能，只是轻轻地漂浮在你自己呼吸的波浪上，一刻接着一刻，就像一片叶子漂浮在池塘表面的波浪上。无论你的注意力集中在哪里，都要感受与空气吸入和呼出相关联的身体感觉，吸气和呼气，没有任何强迫。只是让呼吸顺其自然，一刻接着一刻，呼吸、呼吸、呼吸。

让你的注意顺其自然。允许你的意图温柔地完全拥抱每一次呼吸，轻轻地带着正念，这样在它升起的那一刻，呼吸被了解，被感受，被体验。吸气完全展开，呼出气息逐渐消失，下一个升起，所有的一切，尽你所能在觉知中拥抱，一刻接着一刻。

在觉知中休息。就在这一刻，随着呼吸的流动，顺其自然地感受、觉察、了解呼吸，一刻接一刻，呼吸、呼吸、呼吸，在觉知本身中休息。

观察你的思绪。或迟或早，我们会不可避免地发现思想有它自己的生命。非常活跃、忙碌、好奇，有时它强迫性地存在着。因此，即使我们有强烈的意愿来保持我们的注意力在呼吸上，并一次又一次地保持它，过了一段时间，我们也很难不注意到，这个意愿可能会被转移，劫持，转移，我们会被其他的思维活动所吸引。脑海中不断上演着各种各样的场景和故事：也许是对未来的期待和担忧，或者是对未来的规划和幻想。或者它是在回忆过去的事情，被过去的记忆和感觉冲昏头脑。或者是和我们自己争论这个或那个，或者和别人争论这个或那个，反对这个或那个。它几乎可以是任何东西，在这个过程中我们所关注的呼吸，这个呼吸可以迅速从我们的觉知中消失，尽管它仍然在身体里进进出出。

注意你走神的时候。即使我们已经做出承诺，只是觉知到呼吸。但在任何时刻，你发现意识不再与呼吸，或在呼吸上，不要把它变成一个问题，或以任何方式谴责自己注意力的疏忽。简单地、开放地、深情地记录下你此刻的想法。如果呼吸不再是意识领域的中心舞台，那什么是呢？注意、观察、感受、觉察你头脑中的东西。

允许自己再次觉知到呼吸。然后让呼吸在此刻成为它的一部分，因为它现在也在这里，允许思想活动移动到任何地方，不管怎样呼吸都在，此时此刻，再一次在腹部，在鼻孔，在身体呼吸感觉的流动上重新建立注意力的首要地位。所以当你意识到思绪飘忽不定时，识别功能已经恢复。这就是觉知，觉知本身。我们只需要了解此刻的呼吸是如何的。

漂浮在呼吸的波浪上。如果你愿意，引导注意力集中在呼吸上，靠漂浮在呼吸的感觉上尽量把注意力集中在呼吸上，反复不断地，温和地、善意地、富有同情心地注意现在的想法。让它顺其自然，重新连接到呼吸，再一次把它放在意识领域的中心舞台上，用开放和深情的品质来关注你呈现的生命，就像它就在这里展开一样，呼吸，每时每刻。

拥抱这种仁慈的行为。也许感觉到这种注意的行为，坚持着以这种方式活在当下为目标的行为，以体现尊严和存在的方式建立自己，是一种从容的、有意的行为，是一种完全对自己彻底仁慈的行为。那是彻底的爱的行为，只是满足呼吸，以这种方式拥抱呼吸和你自己的心灵的波动。

保持清醒，除了清醒之外没有其他议程。坐着，躺着，站着，就像你的生命依赖于它一样。呼吸，知道呼吸在流动，仿佛你的生命依赖它，当然它确实如此，每时每刻，完全清醒地在这里休息，除了清醒，没有其他议程，了解这种呼吸。你并不是在意识的领域里把声音或其他任何东西关在门外，而是简单地以呼吸中心舞台为特色，让其他一切都在舞台两侧。

让每一次吸入都是完全新鲜的，一个新的开始。允许每次呼气都是一次彻底的放手。每一刻遇见每一次呼吸，以它最初的形式遇见，我们对过去的释怀，甚至是最后一次呼吸。放下未来，甚至放下下一次呼吸，只是完全活在当下，这一次呼吸，这一刻，这一个人，清醒着，用呼吸来表达自己。

拥抱此刻的每一次呼吸。在这剩下的几分钟里，如果你的姿势崩溃了或者你的注意力在某种程度上崩溃了，看看你是否能重新建立最轻的触碰。你坐在或躺在这里，拥抱呼吸，休息，意识到呼吸完全超越了时间。就在这一刻，就在这呼吸，就在这空气中畅饮。空气在身体里的流动，空气的给予和接纳，每时每刻，生命在觉知中呈现。

参考文献

1. https://www.verywellhealth.com/

2. https://www.psychologytoday.com/

3. https://www.simplypsychology.org/

4. Jon Kabat-Zinn. *Meditation Is Not What You Think: Mindfulness and Why It Is So Important*[M].Little Brown and Company,2005

5. Jon Kabat-Zinn. *Coming to Our Senses: Healing Ourselves and the World Through Mindfulness*[M].Hachette Book Group USA,2013

6. 郭念锋. 国家职业资格培训教程心理咨询师（基础知识）[M]. 贵州：民族出版社. 2011.

7. 缪小幼，李鸣. 温尼科特的客体关系理论观 [J]. 精神医学杂志. 2009 年第 3 期.

8. 杨健梅，刘亚男. 一例体育学院大学生疑病倾向心理咨询个案报告——心理危机干预研究 [J]. 湖北体育科技. 2013 年第 12 期.

9. 杨健梅. 心灵视窗 [N]. 山东体院报，2015-10-31（15）

10. 杨健梅. 心灵视窗 [N]. 山东体院报，2015-11-30（17）

11. 杨健梅. 一项 PTSD 的质性研究—山东体育学院大学生心理咨询个案研究 [J]. 湖北体育科技. 2012 年第 3 期.

12. 李彩娜，石鑫欣，黄凤、马婧. 安全依恋的概念、机制与功能 [J]. 北京师范大学学报（社会科学版）. 2013 年第 6 期.

13. 刘艳，谷传华. 人际敏感：从社会认知到心理危险因素 [J]. 心理科学进展. 2015 年第 3 期.

14. 温祖满，苏得权. 赫布学习、镜像神经元与情绪理解 [J]. 心理研究 .

2018 年第 2 期.

15. 杨健梅. 运动领域中自我设限的研究进展和方向 [J]. 武汉体育学院学报. 2005 年第 1 期.

16. Robinson，Shaver&Wrightsman.《性格与社会心理测量总揽》[M]. 中国台北：远流出版公司，1997.

17. 杨健梅，张凉. FSS—流畅状态量表在学业情景中的应用研究 [J]. 湖北体育科技. 2011 年第 6 期.

18. 江光荣.《心理咨询的理论与实务》(第 2 版) [M]. 北京：高等教育出版社，2012.

19. 俞国良.《社会心理学》(第 3 版) [M]. 北京：高等师范大学出版社，2016.

20. [美] David J.Wallin 著，巴彤，施以德，杨希结等译.《心理治疗中的依恋——从养育到治愈，从理论到实践》[M]. 北京：中国轻工业出版社，2014.

21. [美] Judith Rustin 著. 郝伟杰、马丽平等译.《婴儿研究和神经科学在心理治疗中的运用——拓展临床技能》[M]. 北京：中国轻工业出版社，2015.

22. [美] Karla McLaren 著，林琳译.《情绪的语言》[M]. 北京：科学出版社，2012.

23. 郑雪.《人格心理学》(第 2 版) [M]. 广州：暨南大学出版社，2017.

致谢

本书由山东体育学院高水平应用型立项建设特殊教育专业（群）资助出版，感谢特殊教育专业对本书的支持。

同时，本书也得到湖北省高等学校哲学社会科学研究重大项目《筛查、分类、评估、干预——青少年健康成长路径研究》的资助。

在书稿内容的选取和组织、书稿结构的设置和文字的润色等方面，课题负责人孙利红教授做了大量工作，在此向她表示衷心的感谢！

致谢